国家社科基金
GUOJIA SHEKE JIJIN HOUQI ZIZHU XIANGMU
后期资助项目

国家社科基金后期资助项目（17FZZ005）

城乡一体化进程中的乡村软治理研究

陈洪连　著

山东大学出版社
SHANDONG UNIVERSITY PRESS
·济南·

图书在版编目（CIP）数据

城乡一体化进程中的乡村软治理研究 / 陈洪连著
. —济南：山东大学出版社，2023.12
ISBN 978-7-5607-7854-9

Ⅰ.①城… Ⅱ.①陈… Ⅲ.①乡村-社会管理-研究
-中国 Ⅳ.①D638

中国国家版本馆 CIP 数据核字（2023）第 096520 号

责任编辑 肖世伟
封面设计 王秋忆

城乡一体化进程中的乡村软治理研究
CHENGXIANG YITIHUA JINCHENG ZHONG DE
XIANGCUN RUANZHILI YANJIU

出版发行 山东大学出版社
社　　址 山东省济南市山大南路 20 号
邮政编码 250100
发行热线 （0531）88363008
经　　销 新华书店
印　　刷 济南乾丰云印刷科技有限公司
规　　格 720 毫米×1000 毫米 1/16
16.75 印张 290 千字
版　　次 2023 年 12 月第 1 版
印　　次 2023 年 12 月第 1 次印刷
定　　价 67.00 元

国家社科基金后期资助项目
出版说明

后期资助项目是国家社科基金设立的一类重要项目，旨在鼓励广大社科研究者潜心治学，支持基础研究多出优秀成果。它是经过严格评审，从接近完成的科研成果中遴选立项的。为扩大后期资助项目的影响，更好地推动学术发展，促进成果转化，全国哲学社会科学工作办公室按照“统一设计、统一标识、统一版式、形成系列”的总体要求，组织出版国家社科基金后期资助项目成果。

全国哲学社会科学工作办公室

目　录

第一章 绪 论

城乡一体化语境下的乡村社会正发生深刻变化，工业化、市场化和城市化步伐不断加快，农民的流动性、异质性和开放性不断增强，生产生活方式、价值取向、文化习俗和行为规范日益多样化；农民由“身份制”向“职业制”变迁，乡村“空心化”现象日益突出，乡村治理目标、主体、内容、形式、手段、方式等逐渐发生变化。乡村原有的硬治理模式不能与时代发展深度契合，难以实现预期成效；乡村治理的内部结构和要素在悄然发生变化，治理主体的多元化趋势日渐明显，道德、价值、文化等因素在乡村治理中的作用日益凸显。推进乡村软治理，顺应乡村治理综合化的趋势，对于提高乡村软实力、落实乡村振兴战略、加快城乡一体化进程、促进乡村治理体系和治理能力现代化具有重要意义。

一、乡村软治理问题的提出

（一）城乡软治理的破题

近年来，软治理作为治理模式变革的新动向，正引起理论界的高度关注和实践者的孜孜探求。在当前乡村治理生态环境发生重大变化、传统乡村硬治理模式弊端日益凸显的背景下，实现乡村治理由“硬性控制”走向“软性规约”，与健全自治、法治、德治相结合的乡村治理体系内在契合，体现了乡村治理现代化的精神和要求，具有逻辑自洽性、历史合理性和现实必要性。

党的十八届三中全会通过的《中共中央关于全面深化改革若干重大问题的决定》（以下简称《决定》）提出“创新社会治理体制，改进社会治理方式，坚持系统治理、依法治理、综合治理、源头治理，激发社会组织活力”，其中综合治理要求治理手段从单一手段向多种手段综合运用转变。《决定》要求：“坚持综合治理，强化道德约束，规范社会行为，调节利益关系，协调社会关系，解决社会问题。”道德作为软治理的工具，属于非强制性的手段，是处理社会关系的行为准则。《决定》虽然没有提出“软治理”的概念，但强调道德约束等软性手段的使用，蕴含深刻的软治理命题。

伴随中国经济社会转型和全面深化改革步伐的加快，软治理在推进国家治理现代化进程中发挥着重要作用，成为独具特色的治理模式。实践证明，充分发掘现代中国软治理的传统资源，创新软治理机制，实现创造性转化，能够提升国家治理体系和治理能力现代化的总体效应和预期效果。因此，必须整合国家治理当中的各种软治理资源，协同政党、国家和社会等多方面力量，以软治理能力的塑造推动国家治理体系和治理能力现代化，完成时代赋予国家治理现代化的历史使命和全面深化改革的总目标。

党的十八届四中全会指出，新时期城乡治理要“发挥市民公约、乡规民约、行业规章、团体章程等社会规范在社会治理中的积极作用”。《中共中央、国务院关于实施乡村振兴战略的意见》（2018 年 2 月 5 日）指出：“发挥自治章程、村规民约的积极作用。”《关于做好村规民约和居民公约工作的指导意见》（2018 年 12 月 27 日）强调：“到 2020 年全国所有村、社区普遍制定或修订形成务实管用的村规民约、居民公约，推动健全党组织领导下自治、法治、德治相结合的现代基层社会治理机制。”《中共中央、国务院关于加强基层治理体系和治理能力现代化建设的意见》（2021 年4 月 28 日）指出，乡镇（街道）指导村（社区）依法制定村规民约、居民公约，健全备案和履行机制，确保符合法律法规和公序良俗。《中共中央、国务院关于做好 2023 年全面推进乡村振兴重点工作的意见》（2023 年 1 月 2 日）指出，推动各地因地制宜制定移风易俗规范，强化村规民约约束作用，党员、干部带头示范，扎实开展高价彩礼、大操大办等重点领域突出问题专项治理；推进乡村丧葬风俗改革。上述政策蕴含丰富的软治理思想和智慧，为统筹城乡发展、加快乡村治理变革、充分激发社会活力、彰显村规民约的软治理作用、形成刚柔并济的治理格局指明方向，为加强基层治理体系和治理能力现代化建设提供行动指南。乡村软治理回应乡村治理体系和治理现代化的要求，适应乡村治理综合化的发展趋势。

在城乡一体化背景下，乡村治理需要借鉴城市治理的成功经验。近年来，城市管理者推动城市文明公约实施，逐渐把硬法治理与软法治理相结合，把刚性控制与柔性约束相联结，改善城市的硬环境和软环境，提高城市的硬实力和软实力，城市软治理已经破题并取得卓越成效。统筹城乡发展，实现城乡一体化，要求乡村治理适当借鉴城市治理的有益经验，推动乡村治理与城市治理同频共振、紧密互动，即在依法治理的基础上适当引入软治理模式，整合法治和德治资源，不断丰富“治理工具箱”，实现硬性控制和软性约束的深度交融，最大限度地发挥二者的叠加效应。概而言之，城乡一体化进程要求乡村治理引入新的治理模式，以适应乡村治理体系和治理能力现代化的需要。

（二）城乡一体化的内涵解读

城乡一体化作为中国现代化和城市化发展的一个新阶段，旨在把工业与农业、城市与乡村、城镇居民与乡村居民作为一个整体，统筹谋划、系统推进，促进城乡在规划建设、产业发展、市场信息、政策措施、生态环境保护、社会事业发展等方面实现一体化，改变长期形成的城乡二元结构，实现城乡在政策上的平等、产业发展上的互补、国民待遇上的一致，让农民与城镇居民权利平等，共享改革开放和现代化建设成果，实现城乡经济社会全面、协调和可持续发展。

党的十八大报告提出城乡发展一体化是解决“三农”问题的根本途径。习近平总书记在中央政治局第二十二次集体学习时指出：“推进城乡发展一体化，是工业化、城镇化、农业现代化发展到一定阶段的必然要求，是国家现代化的重要标志。”[①] 党的十九大报告明确提出实施乡村振兴战略，建立健全城乡融合发展的体制机制和政策体系，让广大农民平等参与现代化进程、共同分享现代化成果。党的二十大报告进一步强调，着力推进城乡融合和区域协调发展，推动经济实现质的有效提升和量的合理增长。习近平总书记关于城乡一体化的重要论述，是对城乡关系进入新的发展阶段的准确把握，是以人民为中心实现公平共享发展的新发展观，具有重要的战略意义和实践指导意义。[②]

城乡一体化是对城乡关系的重塑，遵循“城乡分化、城乡分离、城乡对立”到“城乡融合”再到“城乡一体”的发展规律和趋势。根据国际经验，前工业化时期，城市化率低于10%，由于刚刚出现城市，城乡分化初现端倪；工业化和城市化初期，城市化率保持在10%～30%，乡村人口流向城市，形成城乡二元结构，城乡关系进入“城乡分离”阶段；工业化中期，城市化率为30%～50%，涌现出大批城市，生产要素流向城市，乡村日渐萧条和衰败，城乡关系进入“城乡对立”阶段；工业化后期，城市化率达到50%～70%，大城市和城市群涌现，城市支持乡村，“城乡融合”发

---

① 中共中央文献研究室编：《习近平关于社会主义经济建设论述摘编》，北京，中央文献出版社，2017年，第188页。

② 参见粟实：《加快推进城乡一体化发展》，《山西日报》2018年8月7日。

展成为大势所趋；后工业化时期，城市化率超过70%，城乡二元格局被打破，城乡高度融合，城乡差别越来越小，呈现“城乡一体”的格局。

“城乡一体化不仅是指人口在城镇和城市相对集中，还包括城市文化、生活方式和价值观在农村地区的扩散，这些扩散引起了农民思想观念、行为方式、农村社会组织结构及治理规则的巨大变化。”① 在城乡一体化进程中，城市与乡村的人口、技术、资本、资源等要素的流动加快并高度融合，城乡自由开放度提高，在经济、社会、文化、生态上协调发展。在城乡一体化的初始阶段，城市现代因素对乡村传统因素的冲击增强，乡村社会往往面临“现身居何处”“将往何处去”的焦虑和困惑。

在百年未有之大变局背景下，中国乡村社会正在悄然发生巨大变迁，传统乡土中国、城乡二元结构、城乡一体化发展是中国乡村社会发展的三个阶段。在传统乡土中国阶段，国家税收依赖农业，国家治理重心在乡村；在城乡二元结构阶段，城乡隔离、城乡分立，乡村治理和城市治理缺乏互动和联结；在城乡发展一体化阶段，城乡融合的体制机制日渐成熟，“以工促农、以城带乡、工农互惠、城乡一体的新型工农城乡关系”逐渐形成，乡村治理和城市治理的逻辑日益趋同，彼此借鉴和相互融合的因素日益增多。“城乡一体化的乡村治理要适应人口和精神价值的城市取向，在城乡开放互通的趋势下有所创新。”②

（三）城乡一体化给乡村治理带来的机遇和挑战

1. 城乡一体化给乡村治理带来的机遇

当前，统筹城乡经济社会发展，构建城乡经济社会发展一体化格局，已经被纳入国家发展战略。在城市化进程加快的背景下，城市文明向乡村文明渗透，推动乡村社会分化和变迁，乡村社会治理亟须借鉴城市治理的成功经验，实现模式转换和价值重塑，乡村软治理模式应运而生，乡村软治理价值重塑提上日程。一是矫正城乡二元结构价值偏失，推动城乡一体化发展；二是促进基层政府和乡村社会合作互动，实现乡村社会善治；三是增进多元主体相互信任和团结，推动乡村社会协商民主调适和转型。

2. 城乡一体化给乡村治理带来的挑战

与此同时，城乡经济社会发展一体化也给乡村治理带来诸多挑战，要求在治理对象、治理任务、治理议题、治理角色、治理手段等方面进行调整和革新。

---

① 朱宝丽:《论城乡一体化进程中的乡村治理问题》,《山东社会科学》2012年第10期。

② 徐勇:《城乡一体化进程中的乡村治理创新》,《中国农村经济》2016年第10期。

第一，治理对象发生改变。新中国成立后至改革开放前，乡村治理对象较为单一，主要针对本村村民和村庄公共事务进行管理。改革开放后，经由村民自治时期到乡村治理时期再到社会主义新农村建设时期的过渡，土地制度改革、农村税费改革、乡镇机构改革、城乡公共服务均等化等大力推进，统筹城乡发展、促进城乡融合、实现城乡发展一体化进程大大加快，大量新型乡村社区如雨后春笋般涌现。乡村治理对象日益多元化，除了本村村民之外，还包括外来务工人员、乡镇企业、新型乡村经济合作组织，等等。

第二，治理任务有所变化。长期以来，乡村治理是以家庭联产承包责任制和统分结合的双层经营体制为背景的，主要围绕修公路、建水渠、办学校、保治安等村集体公益事项展开。当前，伴随城乡一体化进程的深入推进，新型乡村社区纷纷涌现，乡村一、二、三产业融合发展，乡村社区就业人数增加，外来人口大量涌入。在此形势下，乡村治理主要是大力发展集体经济，增加农民收入，提供公共服务，繁荣乡村文化，维护社会秩序，创造安居环境。同时，还要维护外来人口的平等权利，为乡村外来人口提供各种服务和保障，这无疑增加了乡村治理的难度。

第三，治理难题逐渐增多。从政治层面看，乡村小微权力腐败、干群关系紧张等问题长期以来没有得到妥善解决。为全力实施乡村振兴战略，中央和地方惠农资金投入力度逐渐加大，乡村干部掌握的公共资源日益增多。乡村干部能否做到清正廉明，小微权力能否公正行使，资源分配是否公平合理，备受村民关注。然而，个别乡村干部为一己之私利，欺上瞒下，侵吞集体财产，小微权力腐败屡见不鲜，进一步恶化了干群关系，恶化了乡村政治生态。从经济层面看，城乡经济社会发展不平衡、不充分的矛盾仍然比较突出，相当数量的乡村集体经济状况不容乐观，村民对美好生活的向往日益迫切，需要深入探索现代乡村产业兴旺的共富之路。从文化层面看，伴随农业机械化的实施，农业生产劳动强度降低，村民闲暇时间增多，个别村民沉迷于赌博、迷信等活动；有的乡村婚丧嫁娶大操大办的陈规陋习还颇有市场；个别乡村还存在大规模入教的现象，宗教活动比较活跃。从社会层面看，有些地方实施大规模的村庄合并，原有的“熟人社会”逐渐演变为“半熟人社会”甚至是“陌生人社会”，村民的社会关联度较低，认同感和归属感较弱，村民之间的融合难度较大；合村并点，建立新型乡村社区，村庄之间、家族之间、当地村民和外来人口之间的关系日益复杂，加上错综复杂的利益矛盾和现实纠葛，乡村治理难度增加。

第四，治理角色需要重新定位。近年来，我国全面实施乡村振兴战略，国家加大了对乡村的投入力度，每年涉农资金投入超过万亿，“资源下乡”的力度空前加大。我国乡村基层治理工作悄然发生根本性变化，正由过去的“管制型”模式向“服务型”模式转换。这一变化对乡村治理提出了更高要求，既要履行好上级有关部门指定的“代理人”职责，又要具体承担乡村事务“当家人”责任；既要善于采用硬治理模式，又要善于运用软治理工具。

第五，治理手段需要重新调整。城乡一体化发展进程中，既需要发挥正式制度的作用，形成一体化的法律法规政策体系并公正实施，又需要发挥非正式制度的功能，让长期交往中自发形成并被人们广泛认可的伦理规范、道德观念、风俗习惯、村规民约等落地生根和切实有效。

乡村治理情景和形势的变化呼唤治道变革，系统治理、依法治理、综合治理、源头治理等催生乡村治理的主题变迁；政府“强制性权力”和经济“诱惑性权力”的硬治理模式存在明显的短板和缺陷；“用金钱解决内部矛盾”的思路导致行政成本高昂；社会负面情绪和心态需要重拾文化价值领域的软治理：这些因素期待和呼唤乡村软治理。在当下的中国，乡村软治理具有深厚的根基和坚实的基础，以德治国的传统和儒家文化的熏陶，使乡村软治理受到历史文化的浸润；基层政府日益重视软法资源的利用和软法之治的实施，乡村多元主体的协商民主和协同治理蔚然成风，村民的权利意识增强并渴望柔性治理方式的运用，为乡村软治理提供了政治支持；开放、平等、民主、自由等价值观念，为乡村软治理提供了价值支撑，上述因素共同推动了乡村软治理的实施。

（四）城乡一体化与乡村软治理的内在关联

城乡一体化是站在国家发展的全局，推动工业和农业、城市和乡村协调发展，以统筹规划、体制改革和政策调整为抓手，实现全体人民的共同富裕。① 为实现城乡一体化目标，需要调整和改变治理目标、治理手段、治理方式。党的十九大报告中指出：“要坚持农业农村优先发展，按照产业兴旺、生态宜居、乡风文明、治理有效、生活富裕的总要求，建立健全城乡融合发展体制机制和政策体系，加快推进农业农村现代化。”党的二十大报告强调：“健全共建共治共享的社会治理制度，提升社会治理效能。”事实证明，无论是乡村治理体系的健全还是乡村治理能力的提高，都有助于实现城乡一体化的发展目标。实施乡村软治理，是提高乡村治理

① 参见郑丽果：《城乡一体化与乡村振兴如何协同发展》，《人民论坛》2018年10月(下)。

体系和治理能力现代化的题中应有之义，与城乡一体化相融相通。城乡一体化需要兼顾城乡文化建设、社会治理和生态文明的协调发展，不断丰富村民的精神文化生活，引导村民自觉践行社会主义核心价值观，涵养人与自然和谐相处的生态道德，等等。不难看出，城乡一体化内在地蕴含软治理的成分或要素。乡村软治理和城乡一体化都需要实现城乡公平正义的价值目标，都要推动城乡物质文明、精神文明、社会文明和生态文明的协同共进。城乡一体化与乡村软治理在价值诉求、发展方式、变革过程等方面内在相通。

二、国内外研究现状述评

（一）国内研究现状

过去，长期的“城乡分治、一国两策”使城市和乡村分属两个世界、两种学术研究范本。随着国家政策的调整和变迁、学者问题意识的形成、底层关怀的彰显、公共精神的弘扬，乡村治理研究呈现繁荣活跃之势，取得诸多颇有创见的成果，部分学者开始涉足乡村软治理。当前我国正处于实现中华民族伟大复兴的关键时期，传统国家统治、国家管理逐步向现代公共治理转型。与之相适应，需要实现治理观念、治理体制、治理机制、治理模式、治理工具等全方位的转变。国内学者敏锐觉察到软治理的积极效用并对其进行深入探讨，取得一系列颇有见地的代表性成果。

1.“城乡一体化”与“乡村软治理”核心概念内涵研究

“城乡一体化”概念的提出最早是在1983年，苏南地区由于乡镇企业快速发展，城乡收入差距不断缩小，形成了城乡一体化发展趋势。① 自20世纪90年代以来，学界的研究主要聚焦城乡一体化发展目标、战略特征、发展方向、动力机制等方面。城乡一体化有四种类型：一是制度一体化，强调户籍制度、公共服务、规划布局等城乡均等②；二是经济一体化，重视城乡收入差距、产业结构、基础设施等的协调发展③；三是硬件设施一体化，强调交通体系、基础设施体系等城乡共同发展；四是多元发展一体化，包含经济、社会、人口、资源与生态等形成城乡融合。④ 城乡

---

① 参见夏建红、崔占峰:《镇域城镇化发展与城乡一体化的演变逻辑》,《东岳论丛》2019年第10期。

② 参见应雄:《城乡一体化趋势前瞻》,《浙江经济》2002年第13期。

③ 参见倪鹏飞、蔡书凯、王雨飞:《中国城乡一体化进程研究与评估》,《城市观察》2016年第1期。

④ 参见高波、孔令池:《中国城乡发展一体化区域差异分析》,《河北学刊》2017年第1期。

一体化可从社会发展一体化、经济发展一体化与空间发展一体化三个维度进行度量，属于多元发展一体化概念。① 近年来，学者还对城乡一体化的特征进行研究，主要集中在以下几个方面：（1）城乡一体化的双向性。2010 年，经济学家厉以宁发表论文《城乡一体化》，首次提出“双向城乡一体化发展”的概念。② 2014 年，学者罗来军等基于对北京怀柔地区城乡一体化发展的调研，认为双向一体化就是指劳动力、生产资料与社会资源在城乡之间的双向流动，从而实现城乡之间的良性互动、协调发展，实现一体化目标。③（2）城乡一体化的阶段性。其衡量标准分别为城市化率和经济收入水平，以 30%的城市化率为标准，低于该标准时体现的是城乡文明的分离，高于标准则城市文明向乡村进行渗透，而达到 50%时，城乡融合程度较高，城乡差距缩小，达到 70%时城市文明在乡村普及，城乡一体化目标基本实现④；当人均 GDP 达到约 5000 美元，城市化水平达到约 40%时，城市经济中心外移至郊区，而当 GDP 超过 10000 美元，城市化水平约 70%时，城乡一体化基本实现。⑤（3）城乡一体化的差异性，主要是地域差异性和时间差异性。⑥

另外，自 20 世纪 90 年代以来，国内学者开始使用“治理”理论工具研究乡村社会和村民自治问题，提出“乡村治理”“乡政村治”“基层治理”等概念，拓展了乡村研究的视野和路径。由于研究领域、研究方法、掌握史料、学术立场等的不同，学者提出了各不相同的研究范式。其中，乡村软治理即是一种较为典型的研究范式。

近年来，中国学者围绕“软治理”学术命题展开研究。付春认为，软治理是从精神角度规范人们的理想信念、调节人们的价值观念和行为方式的机制。⑦ 刘祖云等认为，软治理是多元治理主体以民主协商、调解说服、人文关怀为基本方式，以软法和软权力为治理手段，治理乡村人心、

---

① 参见夏建红、崔占峰：《镇域城镇化发展与城乡一体化的演变逻辑》，《东岳论丛》2019 年第 10 期。

② 参见厉以宁：《论城乡一体化》，《中国流通经济》2010 年第 11 期。

③ 参见罗来军、罗雨泽、罗涛：《中国双向城乡一体化验证性研究——基于北京市怀柔区的调查数据》，《管理世界》2014 年第 11 期。

④ 参见罗来军、罗雨泽、罗涛：《中国双向城乡一体化验证性研究——基于北京市怀柔区的调查数据》，《管理世界》2014 年第 11 期。

⑤ 参见姚小飞：《城乡一体化发展的一般规律与中国特殊国情》，《技术经济与管理研究》2016 年第 3 期。

⑥ 参见夏建红、崔占峰：《镇域城镇化发展与城乡一体化的演变逻辑》，《东岳论丛》2019 年第 10 期。

⑦ 参见付春：《软治理：国家治理中的文化功能》，《甘肃理论学刊》2013 年第 1 期。

文化和价值观的综合。① 邹荣认为，软治理是一种以文化重建和价值引领、伦理黏连和价值塑造、人文关怀和认同建构为路径的模式。② 陈伟认为，软治理是治理主体通过理想、信仰、道德、价值等非强制性要素和手段，对治理对象施加影响力，以实现治理目标的活动过程。③ 不难看出，学者对软治理的理解大致相同，在柔性治理手段、软性治理方式、隐性治理效果等方面有着广泛共识。

2. 乡村治理思想和实践研究

民国时期，乡村建设派和乡村学院派（以费孝通为代表）对乡村治理问题进行了研究。其中，对乡村文化、乡村教育、乡村礼治等问题的探讨，蕴含着丰富而深邃的软治理思想。

乡村建设派主要以梁漱溟、晏阳初为代表。梁漱溟在《乡村建设理论》（1937）中结合济宁、菏泽等地的乡村建设实践经验，系统阐述了乡村建设思想。梁漱溟总结了传统文化和乡村现代化的关系，主张国家现代化必从乡村开始，而重建乡村必先从乡村文化重建开始，重新营造人与人相互信任的人际关系。他提出乡村教育的目标是“以教育完成社会改造”，教育是培养人、改造社会的有效途径。晏阳初在《平民教育的真义》《农村运动的使命》中，针对乡村“愚、穷、弱、私”问题，主张对受教育者实行文艺教育、健康教育、生计教育和公民教育，并通过学校式教育、家庭式教育、社会式教育来实施。他认为乡村教育的目标是维护教育平等权，发动平民教育运动，把农民培养成有文化、有教养的“新民”。

乡村学院派反思村落内部最基本的社会关系、生活和交往规则等文化内核，这是软治理的重要思想资源。费孝通在《乡土中国》中分析了中国乡土社会的特性，以土地为本的乡土社会流动率低，导致村落之间的孤立和隔阂；人们在熟悉的环境中长大，代代相传的习俗指引着他们的行为；乡土中国的社会结构是“差序格局”，乡土社会以自我为中心，缺乏超乎私人关系的团体道德观念；乡土社会秩序靠“礼”来维系，礼是经教化而成服膺于传统的习惯，能够有效地应付生活问题，礼治社会不需法律来维持秩序，“无讼”是乡土社会的特色；乡土社会的权力结构包括四种类型，即社会冲突中发生的“横暴权力”、社会合作中发生的“同意权力”、社会

---

① 参见刘祖云、孔德斌：《乡村软治理：一个新的学术命题》，《华中师范大学学报》（人文社会科学版）2013 年第 3 期。

② 参见邹荣：《从“硬控制”到“软治理”：乡村社会治理转型之路》，《楚雄师范学院学报》2015 年第 7 期。

③ 参见陈伟：《软治理实践五对关系辨析》，《理论与改革》2015 年第 1 期。

继替中发生的“长老权力”和社会急剧变迁中发生的“时势权力”；从乡土社会向现代社会的变迁过程体现在三个方面，即从血缘结合转变到地缘结合、名与实的分离、从欲望到需要。费孝通分析了乡村“差序格局”背后的儒家伦理价值，认为中国乡土社会的公私范围和群己范围不同于西方，差序格局中的远近亲疏存在边界模糊性，人与人之间的关系也难以清晰界定。中国传统社会的乡村治理依靠乡绅，是无为而治。

新中国成立后，国家对乡村治理的探索逐步深化。伴随社会主义改造运动和人民公社化运动，乡村社会发生重大变化。乡村土地集体所有制确立，人民公社成为乡村基层政权，政治运动持续不断，乡村文化传承出现断裂。这一阶段，中国共产党加强了乡村思想政治建设和“扫盲”运动，取得了一定的成效。值得注意的是，思想政治建设是乡村软治理实践的积极探索。改革开放后，乡村经济上实行家庭联产承包责任制，包产到户提高了村民生产的积极性；政治上实行村民自治，乡村基层民主制度初步建立。这一时期，“华中学派”深入研究村民自治问题，探讨乡村治理的困境与出路，较有代表性的成果是张厚安的《中国农村基层政权》（1992），卢福营的《农民分化过程中的村治》（2000），王汉生和杨善华的《农村基层政权运行与村民自治》（2001），徐勇的《中国农村村民自治》（1997），《乡村治理与中国政治》（2003），《流动中的乡村治理》（2003），等等。

3. 对软法资源的研究

软法作为软治理的重要资源，在乡村治理中具有独特效用，能够弥补硬法之治的缺陷，具有硬法之治难以企及的效果。国内学者对软法概念的界定也经历了相当漫长的发展过程。姜明安认为，“软法”亦法，“软法”是非典型意义的法。软法的制定主体一般不是国家正式立法机关，而是非国家的人类共同体（超国家的和次国家的共同体）。软法不具有国家强制力，不由国家强制力保障实施，而是由人们的承诺、诚信、舆论或纪律保障实施。软法的争议一般不是由法院解决，而是由民间调解、仲裁机构处理或争议当事人自行协商解决。[①] 梁剑兵认为，软法就是软法律，是与硬法、民间习惯法相对的另一个法律分支。软法律介于硬法律和民间习惯法之间，属于法律领域的中间地带或者灰色区域，是我国法律体系的必要组成部分。[②] 王铭铭专门分析了民间信仰对乡村治理的重要影响，认为它导致乡村治理政治关系、经济关系和社会关系相互嵌入。民间信仰来源于民

---

① 参见姜明安：《软法的兴起与软法之治》，《中国法学》2006 年第 2 期。

② 参见梁剑兵：《软法律论纲——对中国法治本土资源的一种界分》，罗豪才：《软法与公共治理》，北京，北京大学出版社，2006 年，第 331 页。

间生活，民间权威依靠民间信仰关系建构，并与当地行政权威结合以形成治理合力。罗豪才认为，在国家的法律体系中，依据是否依赖于国家的强制力保障实施，可以把法律规范归结为两种：一种是硬法规范，是国家法的范畴；另一种是软法规范，其实施不依赖于国家的强制力（内涵），软法规范由两个部分构成，即部分的国家法规范和全部的社会法规范（外延）。① 罗豪才指出：软法是指那些效力结构未必完整、不依赖于国家的强制力保障实施但能够产生实际的社会效果的法律规范。②

此外，国内学者还对软法的功能展开研究，有学者认为应将"软法"概念引入公共治理，在治理的过程中，软法往往就成为各方主体合意或者可取的选择，甚至出现"硬法的软化"（softness in law）现象。这样的治理方式也被称作"软治理"。③ 传统硬法之治的局限越来越凸显，软法发挥的空间越来越大。在一个混合硬法和软法的法律体系中，软法符合一定条件，也是具备"有效性"的，但是这并不意味着其就具有强制性的约束力，有效的软法规范产生的是一种说服性的作用力。④ 软法在推动国家治理现代化过程中具有重要作用，主要表现在五个方面：规范国家公权力的行使，推进依法治国；规范执政党的行为，推进执政党依法执政；规范行政行为，推进依法行政和法治政府建设；规范公民社会行为，推进参与民主、协商民主；平衡改革、发展、创新与法治的关系，保障富强中国、民主中国和法治中国建设的协调统一。⑤ 软治理必须融入整个国家治理现代化进程，可以从价值构建、内容夯实以及机制创新等方面来进行回应。⑥ 众多学者认为，软法能够弥补硬法的缺陷，对于推动国家治理现代化具有重要意义。

4. 村规民约作为软治理规范的研究

村规民约作为乡村治理的重要方式和规范，一直备受学者关注，相关研究成果层出不穷。早期学者林耀华、王宗培、吕思勉、杨开道、王兰荫、吕著清等做了开拓性研究。新中国成立后，在合作化和人民公社化运动时期，村规民约的研究相对沉寂。20 世纪 80 年代，随着村民自治的推

---

① 参见罗豪才、宋功德：《软法亦法——公共治理呼唤软法之治》，北京，法律出版社，2009 年，第 300 页。

② 参见罗豪才、宋功德：《认真对待软法——公域软法的一般理论及中国实践》，罗豪才主编：《软法与公共治理》，北京，北京大学出版社，2006 年，第 49 页。

③ 参见姜明安：《软法在推进国家治理现代化中的作用》，《求是学刊》2014 年第 5 期。

④ 参见沈岿：《论软法的有效性与说服力》，《华东政法大学学报》2022 年第 4 期。

⑤ 参见姜明安：《软法在推进国家治理现代化中的作用》，《求是学刊》2014 年第 5 期。

⑥ 参见任勇、肖宇：《软治理与国家治理现代化：价值、内容与机制》，《当代世界与社会主义》2014 年第 2 期。

进，村规民约的研究再度活跃。特别是党的十八大以后，对村规民约的研究逐渐深入，并侧重于从国家治理现代化角度研究村规民约问题。在不同时期，系统性、前瞻性的研究主要集中于以下几个方面。

一是村规民约裂变与传承研究。关于村规民约的缘起和发展，安广禄、梁治平、秦恩才、牛铭实等学者做了较为详尽的研究。早期的村规民约是一种道德规范，到明代成为乡村自治的规范，清代村规民约是基层控制的工具。① 清代，法律和以道德为内核的习惯法并行共进，互相弥补，相辅相成，共同实现社会调控的目的。国家一方面在一定社会领域时常放任习惯法发挥调整的功能，另一方面则将习惯纳入法律规范之中，转变为内含习惯法的成文法规则，即“以德入律”。这些都是国家法与习惯法良性互动的表现。② 近年来，学者对村规民约的历史嬗变与现代转型③、朱子文化与村规民约的相关性④、大瑶山无字石牌⑤、海南黎区村规民约的裂变与传承⑥、滕头村村庄治理⑦、村规民约的内生机制变迁及培育⑧等问题进行了研究。

二是村规民约困境与出路研究。村庄共同体解体、内生治理能力弱化、基层政府职能错位、民主管理虚置、村民自治“空转”、国家管控低效等因素影响村规民约的实施效果。⑨ 经济社会相对落后的乡村地区存在着村规民约功能与作用被夸大、权威性弱化的现象。⑩ 学者从不同角度对村规民约的完善提出建议，如村规民约对国家法的规避及其解决途径⑪、

---

① 参见吴晓玲、张扬：《论乡规民约的发展及其演变》，《广西社会科学》2012 年第 8 期。

② 参见马珺：《清代习惯法与国家法的互动》，《河南社会科学》2013 年第 5 期。

③ 参见周铁涛：《村规民约的当代形态及其乡村治理功能》，《湖南农业大学学报》（社会科学版）2017 年第 1 期。

④ 参见蓝美芬：《朱子文化与村规民约的相关性研究——以福建省松溪县为例》，《鄂州大学学报》2017 年第 1 期。

⑤ 参见郝国强：《从宗教禁忌、石牌律到习惯法——大瑶山无字石牌的田野调查与研究》，《宗教学研究》2014 年第 3 期。

⑥ 参见陈秋云、姚俊智：《乡村治理视野下海南黎区村规民约的裂变与传承》，《原生态民族文化学刊》2019 年第 6 期。

⑦ 参见陈亚通：《走向善治的变迁：滕头村村庄治理三十年——以奉化市滕头村十七个村规民约为视角》，《中共浙江省委党校学报》2012 年第 2 期。

⑧ 参见祝丽生：《村规民约的内生机制变迁及培育——基于绍兴市的调查研究》，《辽宁行政学院学报》2019 年第 4 期。

⑨ 参见黄晗：《运用乡规民约推动农村社会协同共治》，《学术交流》2018 年第 11 期。

⑩ 参见陈辉林、杨宝婷：《“三治合一”乡村治理体系视域下村规民约的表象、困境与突破——基于对粤东地区 10 个村的调研》，《理论观察》2019 年第 9 期。

⑪ 参见贾秀莲：《村规民约对国家法的规避及其解决途径》，《山东社会科学》2010 年第 4 期。

村规民约体系的重构[①]、村规民约的权威塑造[②]、现代村规民约的组织创新与治理重心[③]、乡村治理视域下村规民约的完善路径[④]、协商民主与村规民约的制定和修改[⑤]、基层治理视阈下的村规民约转型[⑥]、乡村振兴战略背景下村规民约的完善[⑦]。

三是村规民约与乡村治理的研究。村规民约属于软法，软法治理可以提升民主参与意识，弥补硬法不足，规范乡村社会治理体系，有效推动乡村法治化进程。[⑧] 从"村庄治权"出发，村规民约对基层政权和村民自治具有一定的影响。[⑨] 还有学者对成都某村土地确权中村规民约的效力及其适用、城郊T村治理过程中制度性社会资本的生成基础与运作逻辑、浙江省金华市W村四大类乡村软法的治理实践等进行实证研究。[⑩] 近年来，学者们进一步深化研究，主要关注村规民约对乡村德治的功能[⑪]、村规民约对乡村法治的作用[⑫]、村规民约制度供给的效用[⑬]，等等。

5. 乡村治理实践样本的考察

关于乡村治理实践样本的考察，北京学派和华中学派的影响较大。两大学派对乡村建设的研究和探讨，蕴含软治理的思想因子，对深化乡村软治理研究具有重要的启发意义。

其一，以温铁军为首的北京学派开始尝试沿着梁漱溟、晏阳初的足迹，发起新乡村建设运动。温铁军认为："当代新乡村建设（Rural Reconstruction）是工业化加速时期为了缓解城乡对立和农村衰败、进而危及国家的可持续发展而进行的、以知识分子和青年学生为先导的、社会

① 参见朱燕刚、江世聪：《对村规民约体系重构的思考》，《人民论坛》2016年第30期。

② 参见王国勤、汪雪芬：《村规民约的权威塑造》，《江苏大学学报》（社会科学版）2016年第2期。

③ 参见王宏选：《现代村规民约的组织创新与治理重心》，《甘肃社会科学》2016年第2期。

④ 参见谢秋红：《乡村治理视阈下村规民约的完善路径》，《探索》2014年第5期。

⑤ 参见靳豆豆：《协商民主与村规民约的制定、修改》，《河南教育学院学报》（哲学社会科学版）2016年第3期。

⑥ 参见赖先进：《发挥村规民约在社会治理中的耦合协同效应和作用》，《科学社会主义》2017年第2期。

⑦ 参见朱玲玲：《乡村振兴战略背景下完善村规民约的研究》，《经济研究参考》2019年第11期。

⑧ 参见罗豪才：《公共治理的崛起呼唤软法之治》，《政府法制》2009年第5期。

⑨ 参见谢晖：《当代中国的乡民社会、乡规民约及其遭遇》，《东岳论丛》2004年第4期。

⑩ 参见王德强、周豪：《农村软法与软法治理——基于对浙江省金华市W村的个案调查》，《华中农业大学学报》（社会科学版）2014年第5期。

⑪ 参见高艳芳、黄永林：《论村规民约的德治功能及其当代价值——以建立"三治结合"的乡村治理体系为视角》，《社会主义研究》2019年第2期。

⑫ 参见王平达、王泽宇：《村规民约与依法治乡的契合性研究》，《哈尔滨学院学报》2019年第10期。

⑬ 参见汪世荣：《"枫桥经验"视野下的基层社会治理制度供给研究》，《中国法学》2018年第6期。

各个阶层自觉参与的、与基层农民及乡土文化结合的、实践性的改良试验；也包括在理论研究层面和国际交流等方面的相关工作。”① 2003 年 7 月，温铁军在河北定州翟城村开办“晏阳初乡村建设学院”，旨在为村民提供公益教育，开启民智，发展民生，增强新乡村建设运动的内驱动力。温铁军主张新乡村建设应以经济建设为先，认为中国存在两大基本矛盾，一是“人地关系高度紧张”的基本国情矛盾，二是“城乡二元结构”的基本体制矛盾，所以中国应加快城市化以缓解土地超载的人口压力，创造新的增长点。② 他还提出：21 世纪的选择首先是要使民众“有恒心则有恒产”，要把社会主义政治制度落实到经济制度上。③ 温铁军在实践层面做出诸多尝试，创立晏阳初乡村建设学院，为新乡村建设提供了实践基地与交流平台，发起“大学生新乡村行动”以培养乡村优秀建设人才，开辟新乡村建设试验基地以帮助提高农民组织化程度，并于 2005 年成立乡村建设中心，以整合全国各地的乡村建设力量。

其二，以贺雪峰为代表的华中学派则沿着费孝通先生的研究理路，通过细致深入的实地调查，发掘中国社会蕴藏的理论资源。其言在建设，足在田野，却最终归于学术。④ 从 2003 年开始，以贺雪峰为代表的新乡村建设派，在湖北洪湖和荆门两地进行了洪湖老年人协会试验，实地开展以加大公共物品供给力度、加强文化建设为核心的乡村建设，推动新乡村运动发展。他认为乡村治理和乡村建设其实是一个概念的两面，在许多情况下会被混用，如果非界定不同，则是前者偏向于综合研究，后者更注重实践运用。正如贺雪峰所说：“乡村治理研究从发展和实践角度看，其实就是乡村建设，就是如何为 9 亿中国农民过上有尊严的、体面的生活而出主意、想办法。”⑤ 贺雪峰主张新乡村建设应以文化建设为先，“乡村建设运动是以人的生活本身为导引的价值观与幸福观的形成联系起来，成为支持新的以人的生活本身为目的，以中国传统乡村生活，以儒家理念为导向的巨大的社会运动”⑥。

应予强调的是，伴随城乡一体化进程的加快，“城市中国”取代“乡

---

① 温铁军：《中国新乡村建设问答》，2005 年 9 月 25 日，http://www.xschina.org/show.php?id=7856。

② 参见温铁军：《半个世纪的农村制度变迁》，《战略与管理》1999 年第 6 期。

③ 参见温铁军：《百年中国，一波四折》，《读书》2001 年第 3 期。

④ 参见陈潭、罗晓俊：《中国乡村公共治理研究报告（1998—2008）》，《公共管理学报》2008 年第 4 期。

⑤ 贺雪峰：《新乡土中国》，桂林，广西师范大学出版社，2003 年，第 244 页。

⑥ 贺雪峰：《新乡土中国》，桂林，广西师范大学出版社，2003 年，第 249～250 页。

土中国”之后，在村落终结和农民终结的视阈下，学界更加注重研究城市化进程中的乡村文化重建、社会治理创新问题。有学者从“社区—农民”的视角重新审视乡村软治理，认真观察、研究和剖析各地乡村社区综合治理创新的生动实践，对于充实乡村软治理的理论宝库不无裨益。① 有学者介绍了中国软治理的文化背景及西方国家区域治理体系的具体实践和方法，以欧盟为例研究了欧洲国家区域治理的具体实践，并结合中国的实际情况，提出构建中国区域治理体系的措施。② 还有学者结合云南边疆民族地区软治理运用的特殊场景，探讨联系群众机制、服务群众机制、利益表达机制、参与决策机制等几种主要的群众路线实践机制，并认为其实质上都是国家政权系统把一系列体现边疆软治理价值追求的制度和政策安排的刚性要求，转化为在边疆民族地区深入贯彻落实群众路线要求的柔性动力。③

（二）国外研究现状

国外学者对软权力、软法等要素的研究起步较早，对乡村治理的国别研究较为深入，并涉足乡村软治理理论基础的研究。

1. 软权力思想研究

20 世纪 70 年代，治理理论在西方国家兴起并引起学术界的关注。20 世纪 90 年代后，国外学者尤为重视对软治理工具——软权力的研究。哈佛大学著名学者约瑟夫·奈（Joseph Nye）作为国际关系理论中新自由主义学派的代表人物，1990 年在《美国注定领导世界：美国权力性质的变迁》一书和在《对外政策》杂志上发表的《软权力》一文中最早明确提出“软权力”（soft power）的概念，将其界定为“一种通过让他人做你想做的事情而获得预期结果的能力。它是一种通过吸引而非强迫获得预期目标的能力”④。他指出：“国家的软力量主要来自三种资源：文化（在能对他国产生吸引力的地方起作用）、政治价值观（当它在海内外都能真正实践这些价值时）及外交政策（当政策被视为具有合法性及道德威信

① 参见刘祖云、孔德斌：《乡村软治理：一个新的学术命题》，《华中师范大学学报》（人文社会科学版）2013 年第 3 期。

② 参见崔钰、郭劲光：《区域软治理研究：以欧洲国家为例》，《宏观经济研究》2018 年第 1 期。

③ 参见吕朝辉：《党的群众路线在边疆软治理中的实践机制研究——基于云南边疆民族地区的分析》，《湖北民族学院学报》（哲学社会科学版）2016 年第 2 期。

④ 蒋英州、叶娟丽：《对约瑟夫·奈“软实力”概念的解读》，《政治学研究》2009 年第 5 期。

时)。”[①] 他对硬权力和软权力做了比较，认为硬权力指的是通常同诸如军事和经济等有形资源联系在一起的“硬性命令式权力”（hard command power），软权力则是指与文化、意识形态和制度等无形资源联系在一起的决定他人偏好的“软性同化式权力”（soft cooptive power）。约瑟夫·奈和罗伯特·基欧汉（Robert Keohane）在合写的论文中明确指出，硬权力是指通过威胁或者奖励，让别人做他们不想做的事情之能力；而软权力则是指通过吸引力而非强制手段，让他人自愿追求你所要的东西之能力。[②]

1996年，世界银行发布的年度报告《变革世界中的政府》呼吁政府治理方式的转变和治理制度的创新。在约瑟夫·奈看来，随着经济全球化、政治民主化、文化多元化的深入发展，“世界强国以往所倚重的军事、经济力量等硬治理方式将日趋式微，代之而兴的应该是文化价值、意识形态和制度等形式呈现的软治理力量，因为软治理力量是一种内在的深层次力量，它更能产生深刻而持久的吸引力、影响力和支配力”[③]。软治理力量是软实力的拓展和延伸，主要借助文化、价值观、制度、意识形态等因素发挥作用。

2. 软法理论与实践研究

在西方学者看来，乡规民约是软法的重要表现形式。美国学者施坚雅（G. William Skinner）、牟复礼（Frederic W. Mote）讨论了“城乡连续统一体”（urban-rural continuum）的形成以及乡约的治理功能；裴宜理（Elizabeth J. Perry）讨论了在中国革命进程中乡规民约作为一种文化操控（cultural patronage）方式发挥着巨大作用。日本学者重田德（Shigeta Atsushi）认为传统乡村治理向“士绅统治”（gentry rule）过渡，士绅主导制定乡规民约并推动实践，促使乡村秩序的形成。此外，爱德华·弗里德曼（Edward Friedman）、萧凤霞（Helen Siu）、戴慕珍（Jean C. Oi）以及墨宁（Melanie Manion）等学者对乡村社会治理结构的研究也涉及乡规民约问题。一些学者从纠纷解决的角度讨论了以乡规民约为主导的调解模式。美国学者黄宗智（Philip C. C. Huang）讨论了清代州县官员依靠地方乡绅，通过乡规民约等习惯规范进行纠纷调解。罗伯特·C. 埃里克森（Robert C. Ellickson）认为，在交织密集的群体中没有正式的法律仍然可

① 〔美〕约瑟夫·奈:《软力量:世界政坛成功之道》,吴晓辉、钱程译,上海,东方出版社,2005年,第11页。

② Robert O.Keohane, Joseph S.Nye, 1998:“Power and Interdependence in the Information Age”, *Foreign Affairs*, Vol9/10.

③ 〔美〕约瑟夫·奈:《软力量:世界政坛成功之道》,吴晓辉、钱程译,上海,东方出版社,2005年,第5页。

能有秩序，强调了民间自发形成的规范的重要性。王斯福（Stephan Feuchtwang）和王铭铭（Wang Mingming）讨论了中国福建省和台湾省四种基层卡理斯玛型地方领袖及其运用乡约（融合宗教规范）等非正式规范解决纠纷的过程。

《欧洲法律杂志》主编弗朗西斯·施尼德（Francis Snyder）认为，软法是原则上没有法律约束力但具有实际效力的行为规则。① 琳达·森登（Linda Senden）认为软法是以文件形式确定的不具有法律约束力但是可能具有某些间接法律威慑力的法律规范，这些规范以产生实际的效果为目标或者可能产生实际的效果。② 另外，约瑟夫·奈的软权力理论、卢曼的软法理论，为开展乡村软治理研究提供了重要的理论支持。

3. 关于乡村治理的国别研究

早在20世纪20年代，国外学者就对中国乡村问题进行研究，对中国早期乡村生活进行了实证调查和叙述。明恩浦（A. H. Swith）研究了村庄结构、宗教、协作团体、风俗礼仪等中国乡村治理的价值和影响。③ 葛学溥（Daniel H. Kulp）对广东凤凰村的宗族主义进行了个案研究。④ 帕斯特奈克（Burton Pasternak）研究了台湾地区传统乡村血缘、家庭、宗族、社区等所经历的深刻转型。⑤ 杜赞奇（Prasenjit Duara）提出了“权力文化网络”“国家政权内卷化⑥”“象征性资源”“保护型经济”“营利型经济”等概念，用以解释中国乡村社会的政治结构、权力运作、宗族及其作用、村界与乡村社会重组、乡村精英与地方政权、近代中国国家政权建设背景下的“政权内卷化”和国家与村庄联结机制的变异等问题。他认为，象征符号是乡村的一种可塑型资源，乡村精英是象征符号的合法代表，国家政权通过对象

---

① Francis Snyder, 1994:“Soft Law and Institutional Practice in the European Community”, in Steve Martin, ed., *The Construction of Europe: Essays in Honor of Emile Noel*, Holland: Kluwer Academic Publishers, p.198.

② Linda Senden, 2005:“Soft Law, Self-Regulation and Co-Regulation in European Law: When Do They Meet?” , *Electronie Journal of Comparative Law*, Vol. 27, No. 9, January, p.17.

③ Arthur H.Smith, 1899: *Village Life in China:A Study in Sociology*, New York:Fleming H. Revell,1899。中译本参见〔美〕明恩溥:《中国人的乡村生活》,阵午晴、唐军译,北京,中华书局,2006年。

④ Daniel H.Kulp, 1925:*Country Life in South China: The Sociology of Fimilisim*, Columbia University,1925。中译本参见〔美〕丹尼尔·哈里森·葛学溥:《华南的乡村生活:东凤凰村的家族主义社会学研究》,周大鸣译,北京,知识产权出版社,2006年。

⑤ Burton Pasternak,1971: *Kinship & Community in Two Chinese Villages*, Stanford University Press, 1972.

⑥ 内卷化是指一种社会或文化模式在某一发展阶段达到一种确定的形式后,便停滞不前或无法转化为另一种高级模式的现象。

征符号的庇护来增强自身统治的合法性。①

20世纪70年代，韩国兴起的“新村运动”、日本推动的“造村运动”以及西方国家开展的乡村改革运动，均着眼于乡村文化的培育和农民积极性的调动，具有鲜明的软治理色彩，其成功经验引起学者的浓厚兴趣。韩国“新村运动”倡导的乡村建设原则是“勤勉、自助、合作”，以激发村民建设乡村的积极性；注重乡村社区建设，加强国民伦理道德与法制教育，传承和培养建设新村的精神与理念。日本“造村运动”强调多元化的村民教育以及传承地方传统文化。这些做法都带有乡村软治理的色彩。另外，国外学者还介绍了欧美国家的沃斯、普罗旺斯、梅尔斯堡等小镇，其成功的经验在于对人文的传承和对环境保护的重视。

进入21世纪后，西方学者研究中国乡村问题的著作相继被译介，较有代表性的是戴慕珍的《选举与权力——中国村庄的决策主导者》（2000）、莫里斯·弗里德曼的《中国东南的宗族组织》（2000）、费正清的《美国与中国》（2001），等等。

4. 乡村软治理理论基础研究

软治理是对治理理论的拓展，得益于治理研究的不断深化。国际学术界关于治理研究的代表性成果主要集中在《治理》《全球治理》等学术期刊上。研究的领域涉及治理与民主的关系、治理的市场化特征、治理的复杂性和多样性特征、治理的协商特征、多中心治理模式等。随着研究的深入，格里·斯托克（Gerry Stoker）、简·库伊曼（Jan Kooiman）、詹姆斯·罗西瑙（James N. Rosenau）等西方学者对治理去公共权力化（去中心化）的趋势做出前瞻性和系统性思考，提出了治理引入柔性机制的必要性和可行性。

在对西方软治理的文献进行梳理后发现，西方学界在讨论这一概念时往往将其与“新治理”“开放协调法”“开放模式”等概念混合使用。从概念指称和使用情境来看，西方学者对其内涵的理解基本一致，并侧重于研究软权力运行、软治理的优势、软法之治等问题。约瑟夫·奈在1989年提出“软权力”的概念，用以指称蕴藏于制度、文化、伦理、意识形态等之中的影响力或者吸引力，以便于与主要体现为军事权力和经济权力的“硬权力”形成对照。他认为软权力主要通过吸引和影响、说服和诱导而不是强制来达到目的。苏珊娜·博拉斯（Susana Borras）和托马斯·康泽曼（Thomas Conzelmann）对软治理的优势做出分析，认为软治理的柔性

① Prasenjit Duara, 1988: *Culture, Power, and the State: Rural North China, 1900-1942*, Stanford University Press, 1988。中译本参见〔美〕杜赞奇:《文化、权力与国家:1900—1942年的华北农村》,王福明译,南京,江苏人民出版社,1994年。

机制能够改变行为者的观念和行为，构建共同分享经验和鼓励良性传播的系统。

总体而言，学术界对乡村软治理相关概念与理论的研究方兴未艾。(1) 研究方法从单一方法向多学科多方法融合，政治学、法学、教育学、历史学、人类学的方法兼而并用，例如从政治学角度研究"乡政村治"① 背景下的多元主体合作共治，从法学角度研究乡村软治理的软法工具，从教育学角度探讨农民公民意识教育问题，从历史学角度研究乡村软治理的古代智慧，从人类学视角研究乡村治理过程中文化和历史的软性因素，试图将其放在宏大的框架中予以解读。人类学流派侧重于探讨乡村纠纷调解的文化秩序、环境因素等变量，描述乡村矛盾从引发到步步化解的全过程，进而展现乡村秩序和治理图景。(2) 研究范围从单个村庄软治理研究向区域软治理研究转变。从微观层次的单个村庄软治理，到中观层次的区域乡村软治理，再到宏观层次对整个中国乡村软治理的研究，呈现层层递进、逐步展开的研究次序。"如何在个案研究的基础上，以区域研究作为中介，进入到对中国社会整体的理解，进入到对非均衡中国农村的认识，是当前学界正在努力解决的问题，也是仍然有待努力的方向。"② (3) 研究对象从乡村内部机理研究向乡村内外环境互动研究转变。仅仅探寻乡村软治理的内部机理和过程的静态封闭研究具有较大局限性，众多学者开始从村庄外部环境、内外关系的角度去开展乡村软治理研究，更容易理解和界定乡村软治理的过程、机制和后果。

未来关于乡村软治理的研究，还需要将其放在城乡一体化的语境下进行考察，深入反思城乡融合发展对乡村软治理提出的要求和期待。正确评判乡村硬治理的合理性与局限性，并结合城乡一体化勾勒乡村软治理的前景，从人心、道德、价值观、精神信仰等层面提升软治理的效果，进而就如何提高乡村软治理能力开展社会调查和进行理论总结，以较好地适应基层治理体系和治理能力现代化的需要。

三、研究价值

（一）学术价值

从多学科融合的视角研究乡村软治理问题，实现政治学、法学、历史

---

① 乡政村治是指在乡镇建立基层政权，对本乡镇事务行使国家行政管理职能，但不直接具体管理基层社会事务；乡以下的村建立村民自治组织——村民委员会，对本村事务行使自治权。

② 贺雪峰：《乡村治理研究的发展》，《贵州社会科学》2007 年第 6 期。

学、社会学、人类学和经济学等多学科的交叉，大大拓展了研究视野。提出文化、道德、价值观、村规民约等是乡村软治理的重要资源，主张嵌入软治理因素以克服乡村硬治理的弊端，进一步深化乡村治理模式的研究。

从社会变迁的视角重新审视乡村治理变革，阐述乡村硬治理向软治理转变的各种有利环境和条件，剖析当前存在的观念、政策、制度等障碍，指明乡村软治理能力构建的科学路径，以适应系统治理、依法治理、综合治理、源头治理等治理综合化的趋势，推动乡村软治理与硬治理协同并进，深化国家治理体系和治理能力现代化研究。

从研究内容的拓展来看，乡村软治理更多地关注文化、风俗、人心、道德等要素，丰富乡村治理体系和治理能力现代化理论，为构建新时代中国特色社会主义乡村治理体系提供素材和启示。

（二）应用价值

把握乡村治理生态发生的深刻变化，更好地满足人民群众对美好生活的需要。党的十九大报告明确指出，新时代我国社会主要矛盾是人民日益增长的美好生活需要和不平衡不充分的发展之间的矛盾，必须坚持以人民为中心的发展思想，不断促进人的全面发展、全体人民共同富裕。乡村软治理注重汲取传统文化的智慧和资源，祛除乡村社会中的文化糟粕和陈规陋习，更好地满足人民群众对乡村美好生活的期待和要求。

对乡村软治理的生动实践进行个案调查，力图提炼和总结乡村软治理实践的最新成果。建构适合新形势需要的乡村软治理模式，实现由单中心、单向度、命令—服从关系转向多中心、双向度、推崇交往理性和协商民主的公共治理模式变革，让软法之治蔚然成风，让协商民主自由生长，提高乡村社会治理成效，以获得村民广泛支持和普遍认可。

描绘乡村软治理的真实图景，在解构传统治理模式和秩序的基础上探讨乡规民约、宗教习俗、伦理道德、核心价值观等的治理效用。充分改造传统礼俗和宗族力量，发挥传统村规民约、族约、乡约等的社会治理作用，鼓励村民对社区事务平等协商、民主参与，开展形式多样、互惠互利的合作，由物质层面向精神层面深入推进乡村建设，构建管理有序、服务完善、文明祥和的乡村治理共同体。

四、研究方法

（一）扎根理论研究法

直接从实际观察入手，根据乡村治理的原始资料归纳出一般经验，然后自下往上建立系统的乡村软治理理论。追溯乡村软治理的原始资料，考察乡村软治理的经验事实，对乡村软治理理论保持高度敏感和深度解析，比较乡村软治理的历史依据和现实资料，比较软法理论、软权力理论、文化治理理论等，然后根据资料与理论之间的相关关系提炼出有关的类属及其属性，进一步增强与扩大乡村软治理理论的解释力和适用范围。

（二）制度分析法

采用“社区—农民”分析框架，考察乡村软法（如乡规民约、社团章程等）的形成过程及其治理效用。分析市场经济发展和社会矛盾化解机制对乡村硬治理制度的解构功能，探析美丽乡村建设对乡村软治理制度构建的期待，描绘村民如何运用公共理性建构乡村软治理的制度场域。

（三）比较分析法

比较传统硬治理与软治理在背景、目标、理念、特征、手段、对象、效果等方面的显著差异，为乡村实现从硬治理向软治理的转变提供理论指导。

（四）案例分析法

选取华东、华西、华南、华北、华中等地区的典型乡村进行实地调研，走访社区农民，了解社区软治理的新探索新经验并做出理论反思和总结。

五、创新与不足

（一）创新之处

1. 充分考虑软治理与硬治理的优点及其互补耦合关系

软治理成果的巩固离不开硬治理提供力量支撑与制度保障，硬治理的持久效应依赖软治理提供合法性基础。正因为二者各有优缺点，强调或者偏重其中任何一方，都会导致治理偏差和治理效能降低。长期以来，基层政府仰仗的政治“强制性权力”和“诱惑性权力”等硬治理模式，导致社会心态的恶化和政府治理效能的降低。因此，必须丰富乡村治理的“工具箱”，突出软治理的效用，有效整合硬治理和软治理，最大限度地发挥二者的叠加和耦合效应。

2. 回应乡村治理面临的挑战，从精神道德层面推进乡村软治理

伴随城乡一体化进程的加快，人口“迁入—迁出”的双向流动降低了乡村的组织化程度；由“熟人社会”到“半熟人社会”再到“陌生人社

会”的变迁，使得乡村治理面临新的挑战。乡村治理效果的提升，不仅取决于物质利益整合机制的构建，更取决于文化道德整合机制作用的发挥。要实现乡村管理部门、乡村精英、村民经济合作组织、乡村“第三部门”的合作共治，既重视法律、法规、规章等“硬法”的约束，又突出强调村规民约、风俗习惯、公民道德等“软法”的作用；要减少强制、罚款、命令等硬性手段的使用频率和范围，同时增加调解、协商、说服、合作等软性手段的运用；要由侧重于物质层面的政绩工程转向精神层面的道德引领、价值培育、文化建设等。

3. 挖掘乡村软治理的传统资源和有益经验

古为今用，梳理汉代、唐代、宋代、明代等乡村软治理的历史经验，对传统家族制度、村规民约、礼治思想、传统孝道、诚信规则、互助习俗等展开研究，重点关注宋代的《吕氏乡约》与明代的《南赣乡约》，考察家训、礼俗、族规等的治理效用，提炼传统乡村家族至上的精神内核，对“礼治”“德治”思想进行创造性转化和创新性发展，以古代“礼法并用”的思想指导当前硬法和软法的相互结合，为建设合作型乡村提供学理支撑和伦理精神纽带。

（二）不足之处

由于实证调研的不足，对乡村软法（如乡规民约、社团章程等）的考察可能挂一漏万，对乡村软法治理能否填补村委会制向乡村社区制转变的治理空白，能否全面回应公共治理主体多元化和行为方式多样化的要求，能否顺应协商民主的发展潮流和满足协同治理的需要等，还有待进一步跟踪调查。

对乡村软治理路径的探索还存在薄弱之处。乡村治理受到政治、经济、文化、社会、人口、生态等多种因素的影响。在城乡一体化发展进程中，清晰梳理从硬性控制向软性治理转变的逻辑，从价值重塑、伦理培育、人文关怀、认同建构等方面探寻乡村软治理的理想路径，还有待深化研究。

西方国家软治理的经验还有待挖掘和整理，以期为中国乡村软治理提供参考和借鉴。古代西方国家治理追求“共同善”的目的，从古希腊到中世纪一以贯之；近代西方国家治理形成了以“权利正义”为主要取向的框架和体系；现代西方资本主义国家重视公私合作治理模式，倡导多元主体深度参与和协作治理，例如欧盟使用了开放式协调、监管和咨询机构、契约网络、自愿协议等软治理工具，有效地协商解决问题，展示软法和硬法相结合的内部机理，实现自愿与义务的治理，积累了丰富的软治理经验，该经验能否结合中国乡村实际进行创造性借鉴，还有待推敲和论证。

第二章　乡村软治理的理论基础

伴随城乡一体化的发展和经济社会的快速转型，乡村社会进入开放、异质、高流动及碎片化的进程。面对纷繁复杂的社会景观，“经济利诱型”和“政治威压型”治理策略难以奏效。由于短期内乡村社会共同体文化的缺失和价值塑造能力的匮乏，乡村社会逐渐陷入“治理恐慌”。城乡一体化进程要求引入新的治理方式，以适应乡村治理体系和治理能力现代化的需要。城市治理坚持硬治理和软治理相结合，把刚性控制和柔性约束相联结，城市软治理已经破题并取得成效。统筹城乡发展，实现城乡一体化，要求乡村治理和城市治理同频共振，在依法治理的基础上丰富“治理工具箱”，嵌入软治理模式，实现硬性控制和软性约束的耦合，最大限度地发挥二者的叠加效应。

一、乡村软治理的内涵与特色

乡村主要是农业人口的聚居地，由于风土人情、生活方式、思维方式、处事方式等各不相同，乡村治理的思路和方式也迥然有别。乡村软治理侧重于运用文化、道德、价值、意识形态等软性因素提高乡村治理的效果，是对乡村硬治理的纠偏和超越，具有独特的实践意义。乡村软治理与创新基层社会治理模式的精神高度契合。概言之，软治理和硬治理是乡村社会两种基本的治理模式，二者虽然各有利弊，但相辅相成、相得益彰。乡村治理嵌入柔性手段，兼而采用硬治理和软治理两种模式，有利于重建乡村社会秩序，提高乡村治理成效。

（一）乡村软治理的内涵

1. 治理的概念

“治理”(governance)一词源于拉丁文，原义为“控制、引导和操纵”，主要用于与国家公共事务相关的管理活动和政治活动。全球治理委员会认为："治理是各种公共的或私人的个人和机构管理其共同事务的诸种方式的总和。它是使相互冲突的或不同的利益得以调和并且采取行动的持续的过程。它既包括有权迫使人们服从的正式制度和规则，也包括各种人们同意或认为符合其利益的非正式的制度安排。"① 俞可平认为，治理的基本含义是指官方的或民间的公共管理组织在一个既定的范围内运用公共权威维持秩序，满足公众的需要。② 治理蕴含自上而下和自下而上的权力运行，使"国家—社会"的二元结构得以消解；治理的目标是实现"善治"，推动公共利益最大化；治理模式是公私合作，协商共治。

学者对"治理"的理解莫衷一是、众说纷纭，但基本达成如下共识：(1) 治理是一个综合性概念，涵盖治理主体、治理客体、治理手段等维度，由治理制度、治理机构、治理机制等要素构成。(2) 治理的特征主要是：治理不是一套规则条例，也不是一种活动，而是一个过程；治理不以支配为基础，而以调和为基础；治理主体日益多元化，同时涉及公共和私人部门，有赖于多元主体持续的相互作用；治理并不意味着单纯依靠正式制度，还需借助风俗、习惯、约定等非正式制度实现治理目标。

2. 乡村软治理的阐释

乡村软治理是乡镇政府、村民委员会（社区居委会）、新型乡村经济合作组织、乡村社会服务组织、乡村精英、社区居民等多元主体，借助优秀文化、传统道德、意识形态等软性权力和村规民约、自治章程等软法规范，运用思想宣传、价值引导、沟通协商、说服教育、心理疏导、人文关怀、文化熏陶等柔性手段，对乡村事务合作共治的活动和过程。乡村软治理是对治理理论的拓展和深化，适应了乡村治理现代化的需要。该治理模式侧重于非正式制度和柔性手段的运用，注重对村民心理、社会心态、乡土文化和道德伦理等进行引导和改造，以春风化雨的方式、润物无声的机制促进乡村居民守望相助，编织乡情乡愁的纽带，彰显乡村精英的榜样示范作用，运用柔性手段和软性方式缓解村民之间的矛盾。

3. 乡村硬治理与软治理的比较分析

软治理是相对于硬治理而言的。对于国家治理体系而言，软治理和硬治理犹如"鸟之双翼""车之双轮"，相辅相成，缺一不可。硬治理是基于成文法规由单一治理主体实施的以外部强制为主要方式的治理，主要依赖政策、法律、军事等强制性手段；软治理是基于成文或不成文的约定由多元治理主体实施的以客体的内在认同和自我约束为主要方式的治理，主要

---

① 俞可平：《治理与善治》，北京，社会科学文献出版社，2000年，第4页。

② 参见俞可平：《治理与善治》，北京，社会科学文献出版社，2000年，第12页。

借助道德、文化、价值观念、意识形态等柔性手段。简而言之，基于强制的治理是硬治理，而基于认同的治理是软治理。

乡村硬治理和乡村软治理作为乡村治理的两种模式，既有联系，又有区别，二者应该有机统一于乡村治理的全过程和各方面。提升乡村软治理的效果，需要乡村硬治理为其提供保障；增强乡村硬治理效应的持久性，依赖于乡村软治理为其提供合法性基础。二者各有优缺点，强调或者偏重其中任何一方，都会带来治理偏差和治理效能降低。从治理主体、治理基础、治理手段、治理对象、治理效果等层面审视，乡村硬治理和乡村软治理存在明显的区别。

其一，治理主体不同。乡村硬治理主体较为单一，采用政府“单中心”治理模式，即由基层政府推动，带有浓厚的“官治”色彩；乡村软治理呈现“多中心治理”局面，基层党组织、基层政府、村党支部、村委会、村民合作组织、宗族组织、乡村精英、村民等多元主体合作共治，“官治”和“民治”有机结合。

其二，治理基础不同。乡村硬治理建立在权力控制基础之上，主要依靠公共权力的强力推动，需要健全法律和制度、增强政策执行力、严格责任追究机制；乡村软治理则是建立在“同理心”基础之上，通过治理参与方的自我规约以及对社区规范的自觉认同来推动。

其三，治理手段不同。乡村硬治理主要借助法律、法规、政策等“硬法”的约束作用，实践中多采用强制、罚款、命令等刚性手段；乡村软治理侧重于村规民约、风俗习惯、公民道德等“软法”的作用，注重调解、协商、说服、合作等柔性手段的运用。

其四，治理对象不同。乡村硬治理聚焦乡村经济建设、政绩工程、刚性秩序等“形而下”的层面，注重拆房、盖楼、修路、建广场等工作的开展；乡村软治理则转向道德引领、价值培育、文化建设等“形而上”的层面，强调村民心理疏导、社会心态调整、村民道德建设等任务的完成。

4. 乡村软治理的特色和优势

乡村软治理适应了现代社会由统治向治理转变的趋势，与强调协商、民主、参与等特性的治理语境相契合。乡村软治理的工具和模式丰富多样，其规则制定主体更多元，既有官方政府机构，亦有村民自治组织、乡村民间组织、村民等；其制定程序较为灵活，充分尊重乡村社会多元主体的意愿和利益，允许其民主参与、自由协商和平等交流。乡村软治理坚持尽量少的对抗，尽量多的对话，不是依靠国家强制力发挥效用，而是广泛利用传统道德、风俗习惯、社会舆论、村规民约等多种资源，以自律、互律等非强制方式来增强软治理的效果。

乡村软治理的优势是试错成本低、适应性强、执行效率高、民众认可度和支持度高；缺陷是缺乏国家强制力的保障，主要依靠治理对象的思想觉悟、道德水平和自律能力来实现预期目的。应予强调的是，乡村软治理虽然注重柔性手段的运用，但并不排斥公共权力这一刚性手段，它需要公共权力为其提供约束框架和民主秩序。乡村软治理借助公共权力的约束框架和机制，明确界定行为主体的利益边界，防止私人利益对公共利益的僭越和践踏；乡村软治理推崇民主秩序，最大限度地增加参与乡村事务的利益主体，促进协商民主在乡村社会的实施，巩固乡村活动的合法性基础。

长期以来，基层政府过度依赖政治“强制性权力”和“诱惑性权力”等硬治理模式，导致社会心态的恶化和政府治理绩效的下降。因此，有必要突出软治理的效用，有效整合“硬治理”和“软治理”模式，最大限度地发挥二者的叠加效应。

二、乡村软治理的思想溯源

乡村软治理的形成和发展，有着深刻的思想渊源和实践基础。软实力理论、乡村建设理论、乡村振兴战略等蕴含丰富的软治理思想。为深刻把握乡村软治理的实质要义，需要对上述相关理论做出系统而全面的梳理。

（一）软实力理论对乡村软治理的启示

软实力理论，又被称为软权力理论，是由约瑟夫·奈首次提出。他评估美国未来的实力，认为不能单纯依靠传统的经济和军事手段，需要关注国家的软实力。

关于软实力的内涵，约瑟夫·奈认为：软实力是一种能力，“是一种依靠吸引力而非通过威逼或利诱的手段来达到目标的能力”①；在国际政治中，软实力大部分来自一个国家或组织的文化所体现的价值观、国内管理和政策所提供的范例，以及其处理外部关系的方式；② 在国际政治中，一个国家要获得他国的认可、仰慕或追随，军事威胁和经济制裁并不是仅有的手段，还可以通过设置议程并施以诱惑来达到目的。软实力靠的是拉拢，而不是强迫，是通过自身的吸引而不是强制力在国际事务中达到预想目标的能力。③

① 〔美〕约瑟夫·奈：《软实力》，马娟娟译，北京，中信出版社，2013年，第12页。
② 参见〔美〕约瑟夫·奈：《软实力》，马娟娟译，北京，中信出版社，2013年，第12页。
③ 参见〔美〕约瑟夫·奈：《软实力》，马娟娟译，北京，中信出版社，2013年，第912页。

约瑟夫·奈的软实力理论对乡村软治理具有重要的启发意义。乡村治理权威应该通过宣传公正、友善、富裕、诚实等共有价值观，培育乡村公共精神和公共道德，以产生恒久的吸引力。因此，要注重乡村文化建设、价值培育、制度构建、意识形态宣传等非物化实力建设。要彰显乡村治理的道德性、正当性与合法性，增强对民众的号召力和影响力，强化民众参与乡村治理的使命感与责任感。

（二）乡村建设运动中的软治理智慧

20世纪二三十年代，中国积贫积弱、满目疮痍，乡村民生凋敝、贫穷落后。加之政治动荡，军阀混战，匪患遍地，灾害不断，乡村处于“破产”边缘。与经济萧条相伴生的，是教育落后、卫生不良、陋习盛行、公德不修、自治匮乏等问题。在此背景下，救济乡村、改造乡村成为当务之急。梁漱溟、晏阳初、卢作孚等推动的乡村建设运动，蕴含着丰富的软治理思想和智慧。

1. 梁漱溟的乡村建设思想

在西方文化的冲击之下，乡村文化出现“失调”危机。著名社会学家、思想家梁漱溟先生审视乡村建设的困境和出路，主张重建乡村文化，重构乡村诚信体系，创造新文化。从1931年开始，他在山东邹平进行了为期七年的乡村建设实践，创建了乡村建设“邹平模式”。梁漱溟的乡村建设思想主要包括以下几个方面。

一是推动乡村组织构造重建。乡村社会的组织构造是“伦理本位”[①]，伦理关系是村民的相处之道，要对农民进行安分守己的伦理道德教育。维护乡村秩序需要依靠两种力量，即“硬性的力量”和“软性的力量”。[②]要建设乡村新礼俗，将中国固有精神与西洋文化的长处进行沟通调和，中国儒家文化保持不变，接纳西方先进的物质文化。重整乡村组织的关键是从教育村民、培养村民的智慧入手，通过民众教育的途径完成乡村建设。重建乡村组织构造，要重视乡约的作用，“德业相劝”“过失相规”，推动人心向上向善发展。

二是运用道德力量整合乡村。梁漱溟认为，中国社会比较散漫，表现在政权上就是彼此分散，治理这样的社会，就是要克服以前散漫的习性，

---

① 梁漱溟：《我生有涯愿无尽》，北京，中国人民大学出版社，2004年，第238页。

② 参见《梁漱溟全集》，济南，山东人民出版社，2005年，第847页。

寻求一个共同的趋向，将散漫的社会进行深度关联，使其成为一个有机整体。[①] 乡村诚信体系的重建是乡村建设的关键，也是乡下人有所信仰、有所信赖、有所信托的基础，同时也是中国未来新政治建设的根基。乡村建设要注重乡土中国人际关系的重建，完善传统的乡规民约，依靠教化、礼俗、道德力量维系乡村社会，充分发挥道德力量的整合作用。

三是增强农民自我发展能力。乡村建设离不开农民的自觉，需要农民的齐心协力。“农民自觉，乡村自救，乡村的事情才有办法；所以我们说乡村建设顶要紧的第一点便是农民自觉。”[②] 乡村经济建设、政治建设和文化建设都要以农民为主力。因此，要重视乡村教育，大力发展乡学村学，弘扬优秀传统文化，丰富农民的精神文化生活，提高村民的综合素质，培养道德自觉，推行情谊教育。

四是知识分子与农民结合。梁漱溟认为，要解决中国问题，“全在其社会中知识分子与乡村居民打并一起，所构成之一力量”。只有“此二种动力构成一种力量，上下互通声气，头脑和身体合而为一，则中国问题之解决，亦颇容易”。[③] 知识分子与农民结合，能够为乡村扩充“耳目”、增多“喉舌”和添加“大脑”，如是，中华民族大有希望，整个中国问题也就迎刃而解。

2. 晏阳初的乡村建设思想

晏阳初于 1926 年率领一批有志之士来到河北定县乡村安家落户，开展“除文盲、做新民”的平民教育运动，以此带动整个乡村建设。针对中国农民普遍存在的“愚、贫、弱、私”问题，晏阳初主张采取学校、社会、家庭三位一体的连环教育方式，实施四大教育，即以文艺教育治愚，以生计教育治穷，以卫生教育治弱，以公民教育治私，以此达到政治、经济、文化、自卫、卫生、礼俗“六大建设”。

晏阳初认为：“中国最伟大的力量是农民，这种伟大的基础和潜伏的力量还没有开发，我们要开发出来，才有力量。”[④] “为除羞耻计，为图生存计，为解决国家种种问题计，为维持世界的和平计，为贡献人类的文化计，我 4 万万同胞当中，今日要以‘除文盲作新民’为最要的事业。”[⑤] 通过相关努力，提高农民的智识力、技能，增强农民的团结合作意识团结力。

---

① 参见徐庆文:《梁漱溟乡村建设理论的逻辑进路及其当代价值》,《孔子研究》2018 年第 4 期。

② 《梁漱溟全集》第 1 卷,济南,山东人民出版社,1989 年,第 618 页。

③ 《梁漱溟全集》第 5 卷,济南,山东人民出版社,1992 年,第 485 页。

④ 晏阳初著,宋恩荣主编:《告语人民》,桂林,广西师范大学出版社,2003 年,第 180 页。

⑤ 晏阳初著,宋恩荣主编:《告语人民》,桂林,广西师范大学出版社,2003 年,第 10 页。

3. 卢作孚的乡村建设思想

卢作孚是我国著名的爱国实业家、教育家和社会活动家，同时也是我国著名的乡村建设理论家和实干家。1927 年，在出任峡防局局长期间，他着手实施以重庆北碚为中心的乡村建设试验，并结合试践经验撰写了《两市村之建设》《乡村建设》《四川人的大梦其醒》《四川嘉陵江三峡的乡村运动》等著作，系统阐释其乡村建设思想。他主张，乡村建设实验“目的不只是乡村教育方面，如何去改善或推进这乡村的教育事业；也不只是在救济方面，如何去救济这乡村里的穷困或灾变”，而是要“赶快将这一个乡村现代化起来”，以供中国“小至乡村，大至国家的经营参考”。[①] 他认为，实现乡村现代化，是乡村建设的最高目标。他在北碚修建铁路，把当地煤炭资源运送出去，使穷僻的北碚在短短二十年左右的时间里成为初具现代化雏形的城市。

这一时期的乡村建设思想，是基于生动而全面的乡村建设实践提出的。梁漱溟、晏阳初、卢作孚等乡村建设活动家尽管观点各异，但建设乡村、国富民强的目标是一致的，都赞同从文化、精神层面推动乡村建设，提升农民的道德素质，改善乡村伦理关系，唤醒村民的自我意识。他们淡泊名利、脚踏实地、深入乡村、贴近村民，展现出难能可贵的探索和奉献精神。他们提出的发展乡村教育、振兴乡村文化、改变乡村风气、弘扬传统文化等主张，蕴含着乡村软治理的思想因子，值得深度挖掘与合理借鉴。

（三）新中国成立之后的乡村软治理思想

新中国成立后，中国共产党高度重视乡村治理，历届国家领导人也提出丰富的乡村治理思想。虽然没有明确提出“乡村软治理”的概念，但其思想中蕴含软治理的元素，对于新时代乡村软治理建设具有重要的启发和借鉴意义。

1. 新中国建立之后的乡村治理思想（1949～1978 年）

新中国成立后，以毛泽东同志为主要代表的中国共产党人高度重视乡村工作，围绕如何在乡村建设社会主义，解放和发展乡村生产力等问题，进行了大量的实地考察，提出一系列乡村治理战略思想。其中，具有软治理色彩的主张主要有以下几点。

一是提高农民政治觉悟和思想道德水平。毛泽东认为，农民阶级具有

---

① 《卢作孚文集》，重庆，西南师范大学出版社，1989 年，第 196 页。

根深蒂固的小农意识，乡村治理须防范小农思想泛滥。要加强农民爱国主义、集体主义、社会主义教育，用马克思主义的理论武装农民，培养革命型农民。

二是大力发展乡村教育事业。农民的科学文化水平较低，要加强科学文化教育，努力扫除文盲现象。在毛泽东的推动下，乡村文化教育和科技教育如火如荼。1950 年 12 月 12 日，教育部公布了《关于开展农民业余教育的指示》，力争实现农民识千字左右，具备初级计算能力。1952 年，全国推广速成识字法，争取用 5～7 年的时间扫除文盲。1958 年，《人民日报》发表了《用革命精神扫除文盲》的社论。“大张旗鼓地在农村开展扫盲运动，成为 20 世纪 50 年代中期中国农村教育发展也是农村社会发展的壮观景象。”① 这一时期，农村的中等职业教育、中等技术教育也得到发展，半工半读的方式得以推广。

三是发展乡村文化艺术。建设民族的、科学的、大众的社会主义文化，离不开农民群众的文化创作。“农民不但是好的散文家，而且常是诗人。民歌中便有许多好诗”②，人民群众深入生活，作品贴近乡村生活实际，具有较强的生命力和艺术性。要从风土人情出发，剔除乡村文化中不符合社会主义文化发展的腐朽思想，创造人民群众喜闻乐见的文学艺术作品。

四是向全社会推广“枫桥经验”。枫桥经验的核心内容就是通过基层党组织发动群众，对存在破坏行为和潜藏破坏活动的地、富、反、坏分子进行评审和说理，由群众监督改造他们，不把矛盾和尖锐问题“上交”，不把存在突出问题的人物“上交”，最终把他们中间的绝大多数改造成新人。③ “枫桥经验”具有鲜明的乡村软治理色彩，主要是依靠群众自身的力量，“组织群众，动员群众，教育群众”，采用的是“评审和说理”的方法，将乡村矛盾消除在萌芽状态。

2. 改革开放以来乡村治理思想（1978～2012 年）

改革开放后，乡村软治理主要体现在加强乡村思想政治工作，注重扩大基层民主和保护农民权利，培育新型农民，倡导乡风文明，推进农村精神文明建设。

邓小平同志是改革开放的总设计师，高度重视乡村政治工作。近代以

① 《努力巩固和扩大扫盲成果》，《人民日报》1958 年 12 月 24 日。

② 《毛泽东文集》第 2 卷，北京，人民出版社，1993 年，第 125 页。

③ 参见杨明伟：《毛泽东如何关注并推广基层经验》，2018 年 12 月 25 日，http://dangshi.people.com.cn/n1/2018/1225/c85037－30485716.html。

来，由于受到“三座大山”的压迫，乡村社会较为贫穷落后，封建思想、小农意识、宗族主义根深蒂固，农民对社会主义和共产主义的觉悟处于较低水平。因此，“一定要把思想政治工作放在非常重要的地位”①，提高农民的思想政治觉悟，使其自觉拥护中国共产党的领导，坚定地走社会主义道路。同时，要加强集体主义教育，引导农民自觉处理好个人、集体和国家之间的关系。要加强农民道德与法制教育，用道德教育抵制黄赌毒，防止封建主义沉渣泛起，弘扬中华传统美德；用法治教育引导农民知法、懂法、守法，自觉拿起法律武器维护自身权益。

江泽民同志指出，农业、农村、农民问题是关系改革开放和现代化建设全局的首要问题。农业兴，百业兴；农民富，国家富；农村稳，天下稳。② 农业和农村工作要始终注意保护和调动农民的积极性。这有赖于农村政策的落实和农民利益的保护，也有赖于基层民主的扩大和农民民主权利的保障。因此，要积极推进农村民主制度建设，完善村级民主选举制度、村民议事制度和村务公开制度，让农民群众依法管理自己的事情，创造自己的幸福生活。③ 要在农村广泛开展基层民主政治建设，增强农民的法律意识和法制观念，形成懂法、守法和依法办事的良好氛围。要坚持把农业放在经济工作的首位，进一步加强民主法治建设，维护社会政治稳定。要提高农民收入，减轻农民负担，让农民群众高兴。要关注群众反映强烈的热点问题，形成解决社会矛盾的工作机制，把扶贫济困工作落实到每个村、每一户，为农民多做济困解难的实事。要解放思想、积极开拓，把社会主义物质文明建设和精神文明建设的各项工作做得更好。

党的十六大之后，国家大力推进社会主义新农村建设，将其作为惠及广大农民群众的民心工程。胡锦涛同志指出，坚持科学发展观，统筹城乡发展，坚定解决“三农”问题，必须按照中央提出的“生产发展、生活宽裕、乡风文明、村容整洁、管理民主”的要求，加快建立以工促农、以城带乡的长效机制，全面推进农村的经济、政治、文化、社会和党的建设，努力建设繁荣、富裕、民主、文明、和谐的新农村。④ 要在推动农业产业发展形成新格局、农民生活实现新提高的基础上，乡风民俗要倡导新风

① 《邓小平文选》第2卷，北京，人民出版社，1994年，第342页。

② 参见江泽民：《农村问题关乎全局》，2002年3月6日，http://www.china.com.cn/chinese/PI-c/114925.htm。

③ 参见《江泽民分别参加河南河北代表团会议强调　加强农业基础地位维护社会政治稳定》，《人民日报》1998年3月14日。

④ 参见胡锦涛：《扎实推进社会主义新农村建设》，2010年10月13日，http://topics.gmw.cn/2010-10/13/content_1306533.htm。

尚。为此，必须加强农村精神文明建设，发展农村社会事业，培育造就新型农民；要注重调查研究，听取基层干部和群众意见、建议，把握农业和农村发展规律与特点，使社会主义新农村建设契合实际、符合民意。

3. 新时代乡村振兴战略蕴含的软治理思想

党的十八大以来，以习近平同志为核心的党中央持续推进我国新型城镇化建设，深度实施精准扶贫战略，乡村建设成就非凡。从党的十八大开始中国特色社会主义进入新时代。新时代，我国社会的主要矛盾已经转化为人民日益增长的美好生活需要和不平衡不充分的发展之间的矛盾。新时代，我国农村发展不平衡不充分问题依然突出，党中央适时提出乡村振兴战略，明确乡村振兴战略的目标是“产业兴旺、生态宜居、乡风文明、治理有效、生活富裕”。

乡村振兴是一个综合命题，涵盖乡村产业振兴、人才振兴、文化振兴、生态振兴和组织振兴五个方面。乡村振兴不仅包括人民群众物质生活的富足，而且也包括传统文化和乡村文明的发达。乡村振兴战略的提出，体现了中国共产党“坚持一切以人民为中心，坚持人民主体地位”的执政理念，具有浓厚的民本情怀和主体意识。按照实施乡村振兴战略的总体要求，要健全党组织领导的自治、法治、德治相结合的乡村治理体系，构建共建共治共享的社会治理格局，走中国特色社会主义乡村善治之路，建设充满活力、和谐有序的乡村社会，不断增强广大农民的获得感、幸福感、安全感。①

为实施乡村振兴战略，党中央强调发挥党员在乡村治理中的先锋模范作用。党员在乡村议事决策时要宣传党的政策，模范遵守党组织决定；要开展联系农户、承诺践诺、设岗定责、志愿服务等活动，带领群众全面参与乡村治理；要察民情、听民意、解民忧、暖民心，关爱农村贫困人口和特困家庭，把党和政府的温暖送到群众的心坎上。

在乡村治理过程中，推动村民自治，注重协商议事。一方面，要保障村民对乡村事务的参与权，拓宽村民参与乡村公共事务的渠道。完善村民会议制度，推进民主选举、民主协商、民主决策、民主监督等工作，促进乡村公共事务和公益事业的发展、民间纠纷的及时化解和社情民意的通达顺畅。另一方面，丰富村民协商议事形式，健全协商议事规则，构建民事民议、民事民办、民事民管的基层协商格局。创新协商议事形式和载体，发挥村民会议、村民代表会议、村民议事会、村民理事会、村民监事会等

① 参见《中共中央办公厅　国务院办公厅印发〈关于加强和改进乡村治理的指导意见〉》，2019年6月24日，http://politics.people.com.cn/n1/2019/0624/c1001－31175650.html。

的作用，支持开展村民说事、民情恳谈、百姓议事、妇女议事等各类民主协商活动。

乡村治理还要注重价值重塑、乡风培育、模范引领、文化建设等方面的工作。一是社会主义核心价值观的践行。要大处着眼、小处着手，将社会主义核心价值观融入文明公约、村规民约、家规家训之中；通过农民夜校、农村图书馆等渠道，组织农民学习习近平新时代中国特色社会主义思想，用先进思想武装头脑；加快乡村信用体系建设，培养农民诚信意识，增强公益精神和志愿服务理念。二是乡风文明的培育。弘扬崇德向善、扶危济贫、乐于助人等传统美德，推进优良家风家训的传承，涵养淳朴敦厚的民风；推进乡村移风易俗，破除大操大办、铺张浪费、封建迷信等陈规陋习，培养与现代文明相协调的生活方式和生产方式；因地制宜制定村规民约，融入诚信、守法、睦邻、孝敬等道德元素，同时健全村规民约监督和奖惩机制，增强村规民约的实效性。三是发挥道德模范引领作用。深入实施公民道德建设工程，加强社会公德、职业道德、家庭美德和个人品德教育。大力开展文明村镇、农村文明家庭、星级文明户、五好家庭等创建活动，广泛开展农村道德模范、最美邻里、身边好人、新时代好少年、寻找最美家庭等评比活动，开展乡风评议，弘扬道德新风。四是加强农村文化引领。加强基层文化产品供给、文化阵地建设、文化活动开展和文化人才培养。传承发展提升农村优秀传统文化，加强传统村落保护。结合传统节日、民间特色节庆、农民丰收节等，开展丰富多彩的乡村文化体育活动。加快乡村文化资源数字化进程，推进数字赋能乡村公共文化服务，让农民共享城乡优质文化资源。挖掘文化内涵，培育乡村特色文化产业，助推乡村旅游高质量发展。加强农村演出市场管理，营造健康向上的文化环境。①

落实乡村振兴战略，推动乡村治理现代化，还要健全乡村矛盾纠纷调处化解机制。坚持发展新时代“枫桥经验”，做到“小事不出村、大事不出乡”。健全人民调解员队伍，加强人民调解工作。完善调解、仲裁、行政裁决、行政复议、诉讼等有机衔接、相互协调的多元化纠纷解决机制。发挥信息化支撑作用，探索建立“互联网＋网格管理”服务管理模式，提升乡村治理智能化、精细化、专业化水平。强化乡村信息资源互联互通，完善信息收集、处置、反馈和联动机制。广泛开展平安教育和社会心理健康服务、婚姻家庭指导服务。推动法院跨域立案系统、检察服务平台、公

---

① 参见《中共中央办公厅　国务院办公厅印发〈关于加强和改进乡村治理的指导意见〉》，2019年6月24日，http://politics.people.com.cn/n1/2019/0624/c1001－31175650.html。

安综合窗口、人民调解组织延伸至基层，提高响应群众诉求和为民服务能力水平。①

不难看出，上述思想蕴含丰富的乡村软治理智慧，是新时代乡村软治理的可贵探索，在推进乡村治理体系和治理能力现代化过程中，需要结合实际不断推陈出新、发扬光大。

三、乡村软治理的逻辑证成

在城乡一体化背景下，实施乡村软治理具有逻辑自洽性和现实合理性。随着大量村民走出乡村涌向城市，乡村人口结构发生重大变化，农村“空心化”日益严重，留守老人、留守妇女、留守儿童所占比例越来越高，他们渴望治理模式的变革，期盼乡村治理更具人文关怀。近年来，“行政下乡”逐渐淡化，乡村社会自主性增强，多元主体积极协商、自发制定村规民约、自治章程等乡村软法规范，以更好地维护乡村社会秩序。概而言之，乡村软治理既有中央的政策支持，又有地方的现实需要，既有内在推动因素，又有外部条件保障，可以说是“天时、地利、人和”。

（一）乡村软治理的内在动因

1. 乡村社会自主维持内部秩序的能力彰显

乡村内部调控机制的实施，与乡村软治理高度契合。千百年来，道德一直是调节村民行为和调控乡村秩序的主要手段。乡村社会是熟人社会，相对封闭，村民知根知底，看重个人形象和社会声望，道德成为乡村社会行为评价的重要标准。村民如果恣意妄为、声名狼藉，则为其他村民所不齿，难以立足于乡土社会。因此，村民大都在乎自身行为的道德后果，看重别人的道德评价，注重道德自觉和行为自律，努力提升自己的社会声望。在实践中，对村民不当行为进行规制，往往无须上升到国家强制力的层面，庭院门口的训斥、田间地头的教化、人伦日用的熏陶等足以达到预期的教化目标。对于特殊的违规行为，惩戒更多只是形式上的规则，是一种不得已而为之的举措。在共同的集体生活中，通过无数次的小摩擦，集体成员相互熟悉，建立共同预期并形成规范化的文本，这便是村规民约。借助村规民约开展软治理，反映了村民的共同利益诉求，培育了村民共同的内心自觉，适应了乡村治理的需要。

农村改革的深化和社会的变迁，增强了村民的自主意识和自发维护自

---

① 参见《中共中央办公厅　国务院办公厅印发〈关于加强和改进乡村治理的指导意见〉》，2019年6月24日，http://politics.people.com.cn/n1/2019/0624/c1001－31175650.html。

治权利的愿望。20 世纪 80 年代，农村实行家庭联产承包责任制改革，“农民群众已经从过去集体组织的成员或‘社员’变成具有相对独立性的村民，拥有生产经营的自主权”①，他们自主经营、自负盈亏、自我发展、自我约束。解决温饱问题之后，农民渴望拥有更多发家致富的机会，大量农民加入流动大军，涌入城市寻找发展机遇。多年的游走闯荡，丰富了人生阅历，开阔了眼界。农民生产生活方式的改变，这推动其思想意识发生变化，他们自主决定个人命运的意识空前强化。村民自我管理、自我服务、自我教育的能力逐渐增强，本能地拒斥乡镇政府的硬性控制，这为乡村软治理的实施创造了巨大空间。

2. 响应中央关于创新社会治理体制的政策导向

我国经济快速发展，社会利益格局深刻调整，利益关系日益复杂，利益矛盾和冲突增多。进一步协调利益关系，化解利益冲突，减少社会矛盾，考验党和政府的国家治理能力。长期以来，为维护社会稳定，促进社会发展，党和政府投入大量的人力、物力和财力。高昂的社会治理成本凸显了“硬性维稳”的局限性，亟须更新社会治理理念和模式。为此，中共中央提出了“社会管理创新”的命题，倡导建立“党委领导、政府负责、社会协同、公众参与”的综合治理新格局，各地的“综合治理办公室”如雨后春笋般涌现出来。在此基础上，党的十八届三中全会提出了创新社会治理体制的改革目标，坚持系统治理、依法治理、综合治理、源头治理，实现国家治理体系和治理能力现代化。乡村软治理回应了中央政策导向，其柔性治理机制有助于缓和矛盾，协调利益关系，是乡村治理模式转换的崭新体现，也是乡村治理创新的生动实践，推动了乡村治理体系和治理能力的现代化。

3. 克服传统乡村硬治理弊端的需要

乡村硬治理属于硬法之治，主要指基层政府运用国家强制力实现对农村社会的全面控制，具有手段管制性、权力下沉性、管理垄断性等特征。乡村硬治理倾向于遵守“用金钱解决内部矛盾”的思维，推崇政府“强制性权力”和“诱惑性权力”的运用，容易诱发社会心态失衡和社会情绪激化，降低基层政府乡村治理绩效。现实困境呼唤政府丰富“治理工具箱”，由硬法之治走向软法之治，鼓励社会成员共同制定和遵守柔性行为规范，实现社会治理的柔性操作。乡村软治理呼吁国家权力的适度收缩，拓宽乡村自治的成长空间，“全面回应了公共治理模式推崇主体多元化与行为方

---

① 项继权:《乡村关系行政化的根源与调解对策》,《北京行政学院学报》2002 年第 4 期。

式多样化的内在需要，因此在创制公共治理的多元行动结构与推动‘善治’目标的实现方面，具有重要意义”①。当前乡村治理的规则是国家“硬法”和乡村“软法”相结合的复合规则体系，乡村治理是软硬结合，以软为主的综合治理，这符合“善治”的基本要求，有利于调动多元力量参与，极大提升基层政府的治理绩效。

4. 契合乡村治理共同体发展趋势的需要

随着经济社会的快速转型，乡村社会的封闭、同质、凝固被开放、异质、高流动和碎片化取代，乡村社会治理呈现出复杂性、动态性和多样性的特征。全面深化农村改革，统筹城乡一体化发展，推进城市管理和城市建设向农村延伸，是一个崭新的时代课题。在此背景下，简单武断、刻板生硬地将城市管理经验应用于乡村治理，容易陷入“治理恐慌”。因此，乡村治理要注重吸纳和改造道德礼俗与宗族力量，推动传统的民约、乡约、族约向合作理性的方向转变，使乡村共同体的有限合作和无限责任转变为无限合作和有限责任，鼓励农民在理性、平和、宽容、协商的基础上开展互利共赢的密切合作，使乡村建设由形而下的物质层面向形而上的精神文化层面推进，真正把乡村建设成为管理有序、服务完善、文明祥和的合作型共同体，这是乡村治理的大势所趋。

5. 降低乡村社会治理成本的需要

我国幅员辽阔，乡村千差万别，分布零乱，彼此独立和分离，国家治理难度较大。为完成上级政府分派的硬性指标和任务，基层政府往往习惯于采用压力型体制，要求村党支部签订目标责任书。压力型体制是一种政治权力高度集中的体制，将国家权力下沉到乡村社会，借助庞大的官僚机构和人员，大量汲取乡村资源用于国家发展，乡村治理成本居高不下。不仅如此，国家权力下沉乡村，难免与宗族势力产生摩擦和冲突。无论是传统的乡村硬性控制方式，还是基层政府广泛采用的压力型体制，都已不再适应乡村社会，亟须实现乡村治理模式的革新，即在村庄培养贤达之士，将精英人士纳入“管理队伍”，协调地方政府和乡村领袖的关系；善于运用说服、教育、协商、谈判等柔性手段，充分发挥宗族守望相助和凝聚人心的作用，推动乡村内源性治理和内生秩序的构建。

6. 推动协商民主与软治理的互嵌与耦合

乡村软治理虽起因于冲突，但着眼于和谐，有效填补法律和政策的空白，借助平等协商、理性沟通和程序再造，与协商民主的精神高度契合。

① 罗豪才、宋功德：《认真对待软法——公域软法的一般理论及其中国实践》，《中国法学》2006年第2期。

协商民主的核心要义是公共协商，即通过对话、谈判、辩论、听证等形式达成共识。自20世纪末协商民主被引入我国乡村治理实践之中，逐渐形成了咨议质询式、民意测验式和民主审议式三种模式，实践中大多采用了民主恳谈会的形式。在利益多元化、阶层碎片化的时代，不同社会阶层和利益集团都力图寻求制度化的表达渠道，构建公共协商机制。协商民主可以整合不同利益诉求，防控社会裂痕扩大，保持社会秩序稳定和渐进式改革的顺利实施。从某种意义上讲，协商民主需要规则、参与、信息、沟通等各种条件才能成功运作，它嵌入乡村软治理实践之中，实现了与乡村软治理的结构性耦合，使乡村软治理具有现实的依托和可靠的载体。

（二）乡村软治理的现实价值

乡村软治理意义重大、影响深远，有利于推动软权力和软法展现独特优势，尊重农民主体性地位，加快乡村文化和道德建设，缓和乡村社会矛盾，实现乡村的和谐稳定。

1. 汇聚多元主体力量，加快乡村社会建设

乡村软治理强调“多中心治理”，能够汇聚多元主体的资源和力量，共同推动乡村治理。在传统乡村治理模式下，乡镇政府是乡村治理的正式代表，对乡村拥有行政管理权和资源支配权。随着改革开放的持续深入发展，乡村矛盾和社会问题日益复杂，单一的政府管理机构难以胜任日益复杂的社区事务。村民日益多样化的利益诉求也需要软治理发挥整合功能，充分调动乡村多元主体共同参与。以“农村清洁工程”为例，该工程旨在改善乡村卫生状况，为村民提供洁净舒适的生产生活环境。该工程的实施不能依靠乡镇政府管控和压制乡村社会，而应争取乡村社会治理共同体的合作与支持。这需要乡镇政府转变行政权威主导的方式，与村干部、村民、乡村社会组织等保持密切合作，充分调动社会力量参与乡村环境治理。村干部宣传环保知识，引导村民养成卫生习惯；村民严格自我约束，爱护共同生活的家园；乡村社会组织监督村办企业排污和村民随意倾倒垃圾的行为。上述措施带有鲜明的软治理色彩，实现乡镇政府、乡村居委会、新型经济组织、社区精英、社区居民等主体的合作共治、协调发展，平衡和兼顾各方利益主体的复杂需求，充分调动多元社会力量参与乡村治理的积极性，增强乡村治理的有效性，大大加快了乡村治理现代化进程。

2. 展现软权力优势，夯实乡村治理的合法性基础

乡村软治理要借助软权力发挥作用。软权力是指通过精神和道德诉求去影响、诱导和说服别人相信或同意某些规则、价值观和制度安排，从而

产生软权力拥有者所希望的过程和结果的力量。软权力不同于带有明显强制、威胁、控制色彩的硬权力，它主要表现为合作、说服、沟通、劝导等非强制形式。例如，乡村党支部号召“创先争优”，开展群众路线实践教育活动，呼吁社会主义新农村公共文化建设等，即是行使软权力的体现。“实践中，政党软力量既表现为政党价值观念的吸引力和同化力，也表现为政党组织方式和行为方式的包容力和亲和力，还表现为政党所主张的社会发展的制度模式的感召力和凝聚力。”① 可见，软权力具有硬权力所不具备的感召、同化、诱导等优势，能够使治理对象心悦诚服、积极配合。

3. 坚持人本主义的价值取向，尊重村民的主体性地位

乡村软治理符合管理理念向服务理念转变的需要，有利于推动乡村治理的价值重塑。软治理是对社会统治和社会管理理念的扬弃，是协调利益关系与缓和社会矛盾的创新路径，适应国家治理能力和治理体系现代化的迫切要求。

乡村软治理坚持以人为本的价值取向。党的十八大报告指出：“必须更加自觉地把以人为本作为深入贯彻落实科学发展观的核心立场，始终把实现好、维护好、发展好最广大人民根本利益作为党和国家一切工作的出发点和落脚点”。软治理充分尊重人的主体性地位，倡导“以人为本”“服务优先”的价值观念，努力追求“寓治理于服务之中”“以优质服务赢得有序治理”的效果。软治理不是把人仅仅作为管控对象，克服了传统“重管轻理”“先管后理”思维的局限性，使治理主体和治理客体在尊重人、关爱人的共治共享中彰显民本精神和人本情怀。

乡村软治理尊重村民的主体性地位，体现了一切为了群众、一切依靠群众、一切治理成果由群众共享的根本要求。乡村治理涉及经济发展、政治发展、社会发展、文化发展和生态发展等具体内容，要对村民采取灵活的治理方式，以达到经济照顾、情感关怀、文化引领的目的。不仅如此，乡村软治理改变了乡村“单中心”治理模式，改变乡镇政府垄断资源配置和行政权力的单向度运行状态，防范单中心政府权力扩张对村民权益的损害和对村民主体性地位的压抑。

4. 加快乡村文化和道德建设，改善乡村软环境

乡村软治理解构了传统硬治理模式及其秩序，突出强调乡规民约、宗教习俗、伦理道德、核心价值观等要素的治理效用，呼吁弘扬社会公德、职业道德、家庭美德和个人品德，引导人们自觉履行法定义务与道德责

① 崔保锋、孙秀民：《软力量视域下的政党理论研究——论“政党软力量”概念的提出》，《学习与实践》2012年第1期。

任，有力地推动乡村文化和道德建设。乡村软治理具有同化服从和非强制的属性，重视法律政治制度与社会伦理习俗的契合，强调培养农民的个体自律精神，逐步建立包括诚实和正义、专业和敬业、效率和规则、依法和守法、为公共利益服务和实现个体价值等内容在内的伦理价值规范，这无疑有助于增强民众的文化认同和道德自觉。

5. 提高“软法之治”的成效，维护乡村和谐稳定

乡村软治理推崇“软法之治”。软法主要是由非国家的共同体经过民主协商、一致同意等公开程序制定的各种内部文件、协议、章程、条约、指南、规则等，它依靠舆论、道德、内部压力、共同体的非国家公共权力等保证实施，违反软法同样会受到制裁，并对违法者造成名誉、关系、物质等实质性损失。乡村软法主要有基层群众自治组织制定的村规民约，乡村经济合作组织制定的章程、公约，乡村党支部制定的规范村党支部和党员权利义务的条例和暂行规定，等等。软法之治适用于共同体内部成员，没有效力层级之分，适用于解决产权争议、劳资纠纷、拆迁和征地矛盾，发挥价值宣示和社会教化的作用。

乡村软治理重视社会舆情的收集，加强社会心态的动态监控，注重人文关怀、心理疏导和情绪干预，构建了多元主体合作共治、民主协商议事的行为模式，形成关爱人、凝聚人、教育人和疏导人的长效机制。乡村软治理还重视合作与和谐，倡导个体自律，淡化社会对抗，这有利于消解乡村社会纷繁复杂的矛盾，共建共治共享和谐融洽的乡村生活氛围。

四、乡村软治理的价值维度

党的十九大报告指出，中国特色社会主义进入新时代，我国社会主要矛盾已经转化为人民日益增长的美好生活需要和不平衡不充分的发展之间的矛盾。人民日益增长的美好生活需要大体上涵盖三个层次：一是物质性需要，如吃穿住用行等最基本的生存需要；二是社会性需要，如社会安全、社会保障、社会公正等方面的需要；三是心理性需要，如价值认同、伦理道德、民族自豪感、自我尊重、自我实现等高层次需要。因此，必须坚持以人民为中心的发展思想，不断满足人民群众对美好生活的需要，不断促进人的全面发展和全体人民的共同富裕。乡村软治理旨在重树乡村价值，重建乡村道德，重塑乡村文化，推进美丽乡村建设，提升乡村治理现代化水平，为实现“两个一百年”奋斗目标和中华民族伟大复兴贡献力量。

（一）矫正城乡二元结构价值偏失，推动城乡一体化发展

统筹城乡经济社会发展，形成城乡经济社会发展一体化新格局，已经被纳入国家发展战略。在城市化进程加快的背景下，城市文明向乡村文明渗透，推动乡村社会变迁，乡村社会治理亟须实现模式转换和价值重塑，乡村软治理模式应运而生，乡村软治理价值重塑提上日程。

长期以来，我国维持城乡二元结构，城乡发展不同步，城乡权利不平等，城乡在福利、保障、教育、医疗、就业等方面存在巨大鸿沟，违背了社会主义公平正义的价值目标。实施乡村软治理，构建公平、正义的乡村社会新道德，赋予农民平等的发展机会和权利，以缩小城乡差距，消除城乡心理矛盾和情绪隔阂，最大限度地从心理和情绪层面维护城乡和谐。乡村软治理蕴含对村民的启蒙教育，旨在唤醒农民，使其认识到自己和城市市民一样应该享有平等的权利、公正的待遇。构建城乡一体的长效发展机制，符合统筹城乡发展的要义。“所谓统筹城乡，旨在运用价值趋同与制度变迁理论，通过政策性、法治化调整使城乡获得平等之生存与发展权利，借此消灭传统城乡差别，建立城乡发展一体化、资源产品市场化、政治生活民主化的新模式。”① 促进城乡一体化，符合公平正义的价值目标，有利于最大限度地保护农民的权利。

从某种意义上讲，统筹城乡发展，促进城乡一体化，客观上需要借助软治理的力量和机制，来消解城乡二元体制带来的深层次矛盾。“统筹城乡模式下的乡村治理寻求的治理目标无疑是对传统乡村治理模式的价值转换与制度重塑，体现为一种矫正正义。”② 乡村软治理符合矫正正义的要求，它以城市文明为参照，赋予与提供农民平等的权利和自由的空间，消弭长期城乡二元分割带来的心理隔阂，减少农民对二元体制的不满，化解潜在的社会矛盾，推动城乡社会和谐相处。

（二）促进基层政府和乡村社会的合作互动，实现乡村社会善治

乡村善治意指乡村社会“良好的治理”。善治的提出，旨在克服治理的缺陷。治理“不能代替国家而享有合法的政治暴力，它也不可能代替市场而自发地对大多数资源进行有效的配置。事实上，有效的治理必须建立在

---

① 陈晓莉：《新时期乡村治理主体及其行为关系研究》，北京，中国社会科学出版社，2012 年，第 264 页。

② 刘云生：《统筹城乡模式下的乡村治理：制度创新与模式设计》，《河北法学》2009 年第 2 期。

国家和市场的基础之上，它是对国家和市场手段的补充”[1]。正是由于治理存在失效的可能性，那么要克服治理失效、提高治理效果，就需要引入“善治”理念。“所谓的善治（即良好的治理，good governance），是指民间和政府组织、公共部门和私人部门之间通过建立伙伴关系，以促进社会公共利益达到最大化状态。”[2]

乡村软治理以“善治”为价值导向，努力促成乡镇政府和乡村社会良性互动与协商合作，这符合善治的具体标准和内在要求。联合国亚太经济社会委员会认为衡量“善治”的标准有八个，分别是：参与的治理、依法行政的治理、透明化的治理、回应性的治理、共识取向的治理、公平与公开的治理、效能和效率的治理、负责尽职的治理。[3]“善治包括三个相互联系的基本方面，其一，能够动员政治支持，获得民众的广泛信任；其二，能够提供良好的公共服务，满足社会的服务需要；其三，能够有效地管理冲突，有良好的冲突解决机制。”[4]乡村软治理离不开村民的广泛参与和有序推进，离不开村庄事务的公开透明与对村庄事务及时回应，离不开对村庄公共利益的维护和多元主体高效率的合作。基层政府和乡村社会多元主体在“善治”的引领下，努力形成价值共识和行动规范，公开审议和平等参与乡村事务，以协商合作的方式维护乡村共同体的利益，推动乡村社会和谐发展。

（三）增进多元主体的相互信任和团结，推动乡村社会协商民主的调适和转型

乡村软治理的主体包括乡镇政府、村党支部、村委会、农村新型经济组织、乡镇企业、村民等多个中心。乡村软治理坚持多中心治理的理念，以此维系乡村社会秩序和促进乡村社会发展。乡村软治理呼吁乡镇政府和村民、村干部和村民、村两委和乡镇企业等实现有效合作，通过合作和协商处理各自的分歧和矛盾。多元主体合作协商，建立伙伴关系，确立共同的价值目标，提升社会资本，共同构建乡村社会协商型治理秩序，以此实现对乡村事务的有效治理。

乡村软治理以村民自治为前提条件，鼓励村民充分参与乡村事务，彰

---

① 俞可平：《治理和善治引论》，《马克思主义与现实》1999 年第 5 期。

② 俞可平：《治理与善治》，北京，社会科学文献出版社，2000 年，第 9～11 页。

③ UNESCAP(2001)，“What Is Good Governance”，http://www.unescap.org/huset/gg/governance.htm.

④ 赵树凯：《乡村治理：组织和冲突》，《战略与管理》2003 年第 6 期。

显直接民主的价值。乡村事务开诚布公、理性协商，村民友好合作、结成伙伴关系，乡村各治理主体超越一己之私利，追求普遍的公共精神，最大限度地维护乡村公共利益。乡村软治理是一种自下而上的柔性机制，打破了政府主导的自上而下的压力体制。“多元化的公共治理主体面对共同的问题，依靠彼此的优势和资源，通过对话树立共同目标，增进理解和相互信任，通力合作，就共同关心的问题采取集体行动，从而最终建立一种共同承担风险和责任的公共治理网络。”① 该治理网络主体地位平等，彼此之间不是命令与服从的纵向关系，而是互惠与合作的横向关系，这有助于实现乡村社会治理的民主化，共同汇聚推动城乡一体化进程的力量和资源。

五、乡村软治理的软法工具

社会秩序的建构和维系，单靠法律难以长久；社会问题的破解，仅凭刚性制度难以奏效。在国家正式法律制度之外，还存在大量的非正式制度，发挥着定分止争、调节关系、维护稳定的作用，可将其笼统地称为“软法”。“在现代社会，软法之治在公共治理中具有越来越重要的地位，发挥着独特的治理效用。尽管软法存在诸多缺陷和不足，如不统一、不稳定、缺少刚性等，还需要硬法提供保障并加以适当规制。但应看到，单纯的硬法治理有着明显的弊病：政府不得不为形式正义而牺牲实质正义，为严格执法、机械执法而不惜损害人的尊严，从而引发执法者与被管理者的尖锐对立，等等。因此，现代社会的公共治理，应该硬法、软法结合，充分发挥软法机制的作用。”② 软法作为乡村软治理的重要工具，具有丰富的内涵和独特的作用。以软法的广泛适用为标志，乡村软治理的手段有调解纠纷、协商谈判、情绪疏导与人文关怀等。在当今法治社会中，软法既是建构乡村秩序的基本依据，也是乡村自治活动开展的重要指南。

（一）软法的由来及其含义

软法又称软规则，是 20 世纪 70 年代之后在西方法学界出现的一个概念。软法最早见于国家法领域，诸多国际法学家认为联合国大会通过的条约或协定对发展中国家有利，而对发达国家不利，因而主张这些条约与协定没有法律约束力，是可以遵守也可以不遵守的“软法”，以与具有法律

---

① 陈晓莉：《新时期乡村治理主体及其行为关系研究》，北京，中国社会科学出版社，2012 年，第 269 页。

② 姜明安：《法治的求索与呐喊》，北京，中国人民大学出版社，2012 年，第 462 页。

约束力的“硬法”相区别。后来“软法”概念逐渐应用到环境保护、劳工保护、消费者权益保护等国内法领域。

学界对软法概念的界定存在较大的分歧，法国学者弗朗西斯·施耐德认为：“软法是原则上没有法律约束力但有实际效力的行为规则。”[①] 阿兰·博伊尔（Alan Boyle）认为：“软法是由非约束性的一般规范或原则组成，不准备通过有约束力的争议裁决来强制执行的法。”[②] 罗豪才、宋功德认为：“‘软法’则是指那些效力结构未必完整、无需依靠国家强制保障实施、但能够产生社会实效的法律规范。”[③] 梁剑兵认为：“所谓软法是一种客观存在于当代中国社会之中的法律系统，大体上是一个与硬法和民间习惯法两面对应的法律领域。”[④] 王贵松认为：“软法体现的也是公共意志，也可以反复适用，依靠社会自治、官僚体制或者社会压力的保障也能得到普遍实施，也能够对特定社会关系产生规范和调整作用，所以它既区别于硬法，又区别于伦理道德，更区别于具体行政行为。”[⑤] 结合上述观点，可以将软法界定如下：软法是独立于国家制定法之外，既扎根于社会又被社会广泛认可，实际上发挥维护社会秩序、规范人们行为的柔性规则的总称。

软法的特征主要包括：(1) 制定主体多元，主要有政府部门、社会自治组织以及混合组织；(2) 表现形式多样，包括倡议书、行动纲领、行为准则、指南、意见、通知、宣言等，多以文本形式或者惯例形式呈现；(3) 规定内容特殊，软法一般不规定罚则，大多是自律性和激励性规定；(4) 效力实现柔化，软法的效力实现没有国家强制力作为保障，违反软法无须起诉到法院解决，不具有司法适用性。与硬法相比，软法的效力是柔性的，主要依靠成员自律、风俗习惯、社会舆论、文化传统、道德规范、利益诱导等发挥作用。

软法规范分为四个类别：一是法律中含有的指导性、号召性、激励性、宣示性等非强制性规范，此类规范在中国现行法律体系中约占 1/5；

---

① Francis Snyder，1994：“Soft Law and Institutional Practice in the European Community”，*The Construction of European*，p.198.

② E. Boyle，1999：“Some Reflections on The Relationship of Treaties an Soft Law”，*International and Comparatibe Law Quarterly*，Vol.48，p.901.

③ 罗豪才、宋功德：《认真对待软法——公域软法的一般理论及其中国实践》，《中国法学》2006 年第 2 期。

④ 梁剑兵：《软法律论纲——对中国法治本土资源的一种界分》，罗豪才等：《软法与公共治理》，北京，北京大学出版社，2006 年，第 80 页。

⑤ 王贵松：《行政裁量的软法之治》，罗豪才：《软法与公共治理》，北京，北京大学出版社，2006 年，第 280 页。

二是国家机关制定的非以国家强制力为后盾的非强制性规范；三是各级政府组织制定的各种自律性规范；四是社会共同体制定的适用于共同体内部的各类自治规范。乡村治理所讲的软法规范，主要是指由社会共同体创制的各类自治规范。

推行软法之治，与法治社会建设并不矛盾。社会关系具有协调、妥协、宽容的弹性空间，并不需要“一断于法”，单纯采用硬性法律规范加以应对。凡是可以运用说服教育、协商谈判、呼吁引导等手段达成目标的事项，宜采用软法之治，做到更多协商、更少强制，实现更高自由。实际上，法治社会建设要想取得理想效果，软法和硬法两种手段需要综合运用，推动治理结构向软硬法并重、刚柔相济的混合结构转变。

（二）乡村软法的表现形式

实现乡村软治理目标，需要借助村规民约、自治章程、村民会议决议、传统道德、风俗习惯等一系列工具或手段。这些工具或手段具有鲜明的软法属性和特点，大都经由村民自由协商达成合意而形成，它们更加贴近村民生活实际，具有较强的实效性和针对性；着眼于解决乡村具体事务，构建明确的协商和处理机制；为处理公共权力和村民权利的关系，协调公共利益和私人利益的矛盾与冲突。

1. 村规民约

村规民约是中国传统文化的重要载体，有着源远流长的历史传统和深厚的历史积淀。村规民约是指村民在村庄共同体内部基于地缘或血缘关系在乡村共同生活过程中制定的规则。村规民约源远流长，在历史传承中不断推陈出新，对乡村治理具有独特的价值和作用。

（1）古代村规民约

古代村规民约是村民互相劝勉共同遵守，以相互协助和救济为目的的规则约定。传统的村规民约“渊源于周礼的读法之典”①。从周代开始，乡民就有制定“村规民约”的传统。《周礼·地官·族师》曰：“五家为比，十家为联；五人为伍，十人为联；四闾为族，八闾为联：使之相保、相受，刑罚庆赏相及、相共，以受邦职，以役国事，以相葬埋。”②

学界普遍认为，中国最早的成文村规民约起源于北宋。“北宋吕和叔（11世纪）受古代儒学经典《周礼》和《礼记》的启发而创立的一种乡民

① 张中秋：《乡约的诸属性及其文化原理认识》，《南京大学学报》（哲学·人文科学·社会科学版）2004年第5期。

② 《周礼》，陈戍国点校，长沙，岳麓书社，1989年，第33～34页。

共同活动及互相帮助的乡村组织形式。"[1] 其内容主要涉及邻里相帮、互助友爱、团结睦邻等内容。北宋神宗熙宁九年（1076），由儒家知识分子吕大忠、吕大防、吕大钧、吕大临四兄弟在关中制定的《蓝田吕氏乡约》则属于后世的范本。《宋史·吕大防传》记载："尝为乡约曰：'凡同约者，德业相劝，过失相规，礼俗相交，患难相恤。'"[2] 但该乡约推行不久，北宋为金所灭，乡约逐渐被世人遗忘。南宋朱熹发现该乡约，重新予以修订，增加"能素政教""能导人为善""畏法令，谨租赋"等内容，强调对国家法令条文的敬畏，同时添加儒家伦理或宋明理学关于教化的内容，称为《朱子损益吕氏乡约》或《损益蓝田吕氏乡约》。该乡约协调仁、道、德、礼与国家法令之间的矛盾，具有很强的适用性，在历史上留下浓墨重彩的一笔。

古代村规民约大都记载在族谱或族规之中，如湖北来凤县《来凤卯峒向氏族谱》、四川省酉阳县后溪乡白氏《南阳族谱》、渝东鄂西交界地区白果村《苏氏族谱》等。村规民约或记载在族谱之前，或记载在族谱之后，劝诫村民积德行善，教育子孙后代修身齐家治国平天下。明清时期，古代村规民约发展到鼎盛阶段。明成祖一度以国法的形式颁布乡规条例，赋予乡规民约以法律地位。[3] 明朝中期，面对严重的社会危机，亟须制定村规民约，重建社会秩序。明正德十三年（1518），王守仁制定《南赣乡约》以规范村民的行为，维护乡村秩序。清代，康熙和雍正两朝都曾以上谕的形式颁布村规民约，使村规民约具有明显的官方色彩。清朝高度重视利用村规民约体现统治者的意图，推动国家政权建设在乡村社会的延伸和落实。

古代村规民约是村民在长期的生产生活过程中自发形成的非正式规则，内容丰富，影响深远。首先，古代村规民约的宗旨是维护村民的共同利益，体现了同舟共济、扶危济困的精神。例如，《吕氏乡约》规定同约之人的物品可以相互借用，可以外借而不借或逾期未还者要受到处罚。遇有患难之事，同约之人要一起救助。《南赣乡约》也规定，遇有威疑难处之事，必须互助互济，不得坐视推脱。村民能从村规民约中得到好处，能够自觉服从和执行，增强了村规民约的权威性。其次，古代村规民约的核心内容是礼俗文化。正如费孝通先生所言："在乡村社会中，规矩不是法

① 〔美〕艾恺：《梁漱溟传》，郑大华译，长沙，湖南出版社 1992 年版，第 20 页。

② （元）脱脱等：《宋史》，北京，中华书局，1977 年，第 10844 页。

③ 参见周铁涛：《村规民约的历史嬗变与现代转型》，《求实》2017 年第 5 期。

律，规矩是‘习’出来的礼俗。”[①] “礼”作为我国独特的行为规范，为处理邻里关系、婚丧嫁娶、饮食起居等确立礼仪俗规，渗透到修身、立业、齐家等方面。礼俗是千百年来社会经验的积累，内化于村民心中，为村民自觉遵守和主动服膺。“传统村规民约本身就是以礼教为手段的道德约束，是一种维系乡土社会的道德规则，虽然‘遵国法’也是其基本思想之一，但无论是习惯法、家族法还是狭义村规民约，德治理念均是其最基本的指导思想。”[②] 古代村规民约实现了与传统礼俗文化的有机结合，例如《吕氏乡约》的四大纲领“德业相劝、过失相规、礼俗相交、患难相恤”，《南赣乡约》中的“孝尔父母，敬尔兄长，教训尔子孙，和顺尔乡里。死丧相助，患难相恤，善相劝勉，恶相告诫。息讼罢争，讲信和睦，务为善良之民，共成仁厚之俗”等，全面彰显了传统礼俗文化的影响力。再次，古代村规民约规定了惩罚性措施，较好地保障了村规民约的权威性。《吕氏乡约》对犯义之过、不修之过、犯约之过、犯轻过、累犯等分别做出轻重不等的惩罚。《南赣乡约》规定：“纠过者，其辞隐而婉一若不能改，然后纠而书之。又不能改，然后白之官。又不能改，同约之人，执送之官，明正其罪。势不能执，勠力协谋官府，请兵灭之。”[③] 上述惩罚性措施具有一定的强制性，确保村规民约能够得到有效执行。最后，古代村规民约依靠乡约组织保障实施。古代乡村设有乡约组织，村民推选公道正派之人担任约正，负责村规民约的实施。传统乡约组织一般财力雄厚，掌握土地资源，可以承担兴修水利、修建道路、赈灾助贫等事务，为村民带来切实利益。乡约组织推行和倡导的村规民约，容易得到村民的认可和遵从。

（2）现代村规民约

《中国大百科全书》对“村规民约”的定义为：“中国基层组织中社会成员共同制定的一种社会行为规范。”[④] 村（居）规民约是由《中华人民共和国村民委员会组织法》《中华人民共和国城市居民委员会组织法》和地方相关法规授权，以建制村（社区）为单位的全体村（居）民共同制定和遵守，用以维护公序良俗的村（社区）规矩，是村（居）民进行自我管理、自我服务、自我教育、自我监督的行为规范，是介于法律与道德之

① 费孝通：《乡土中国　生育制度》，北京，人民出版社，1998年，第10页。

② 张明新：《中国古代乡约三则》，谢晖、陈金钊主编：《民间法》第3卷，济南，山东人民出版社，2004年，第499页。

③ （明）王阳明：《南赣乡约》，2012年10月13日，http://bbs.hanminzu.org/forum.php? mod=viewthread&tid=301213。

④ 《中国大百科全书·社会学》，北京，中国大百科全书出版社，1991年，第434页。

间、有效补充现行法规政策不足的“准法规范”，属民间法范畴。[①] 简而言之，村规民约是基层民众为维护乡村社会秩序和公共道德，依据村民的共同意愿，民主协商创制的村民共同认可和具有共同约束力的制度和规定。它通常由村民委员会或村民代表会议提议，在征集村民意见基础上制定，并由村民会议讨论通过，公示一定期限后生效。大部分村规民约以成文形式显现，生发和扎根于乡间社会，对村民具有普遍约束力。

新中国成立后，国家加强对乡土社会的管理和控制，村规民约逐渐退出历史舞台。1958 年，人民公社化运动兴起，人民公社体制建立。生产队成为基本核算单位，国家法律和政策能够直接下达生产队，“皇权不下县”的传统彻底终结。“1966 年开始的‘文化大革命’及其后开展的‘倒儒反孔’运动，更从思想和政治高度把村规民约视为反动的、腐朽的、落后的封建社会产物。”[②] 这一时期，村规民约影响力式微，逐渐退出历史舞台。

改革开放后，国家加强农村建设，在乡镇设立人民政府，乡村实行村民自治，形成“乡政村治”局面。20 世纪 80 年代，我国实行家庭联产承包责任制，农民拥有土地经营自主权，政府的干预大大减少，这为村民自治的实施提供了前提条件。1982 年，《中华人民共和国宪法》首次确认了村民委员会的合法地位，村民自治在全国范围内开始进行试点。1983 年，人民公社体制被废除，我国全面实施村民自治制度，村民自治蓬勃发展，积累了丰富的实践经验。在村民自治过程中，国家通过实施《中华人民共和国村民委员会组织法》贯彻国家意志，规范村民自治行为。但国家规则与乡村地方性传统规则常常发生冲突，国家权力的向上收缩导致农村出现管理真空，乡村治理需要特定规则填补空缺。在此背景下，村规民约受到基层政府和村庄的青睐，如雨后春笋般涌现。

现代村规民约规定的内容较为繁杂，大多涉及村民权利、村民义务、经济管理（如保护土地资源、水资源、林木资源，村庄财务管理等）、社会管理（如移风易俗、爱护卫生、保护环境、赡养老人、邻里和谐等）、奖惩措施等内容。现代村规民约的特征主要包括以下几点：（1）规范性。村规民约对村民的日常行为起到预测、引导、教育、评价的作用，保障村民积德向善，遵纪守法。村规民约尊重乡村善良风俗，增强村民对村级组织的认同感，培养村民良好的共同体意识和责任观念；村规民约启发民众

---

① 参见陈彦兵：《“小村规”撬动“大治理” 湖南大力推进村规民约工作侧记》，2019 年 12 月 31 日，https://www.sohu.com/a/363952887_100180399。

② 王晓慧、翟印理：《村规民约略论》，《大连海事大学学报》2006 年第 12 期。

自治，厘清国家和乡村社会的边界，推动二者良性互动。(2) 合法性。我国村规民约的制定受国家法律的保护。1998年通过、2010年修订的《中华人民共和国村民委员会组织法》规定："村民会议可以制定和修改村民自治章程、村规民约……不得与宪法、法律、法规和国家的政策相抵触，不得有侵犯村民的人身权利、民主权利和合法财产权利的内容。"① (3) 灵活性。村规民约是村民根据生产生活需要，结合当地的善良道德风俗制定的。随着经济社会的发展，村规民约不断废旧立新，程序简便，方式灵活，具有较强的社会适应性。(4) 广泛性。村规民约的内容涉及土地管理、保护环境、防汛救火、社会治安等。例如，湖南省常德市鼎城区草坪镇兴隆街村制定了"十要十不准"的村规民约：一要爱党爱国爱家乡，不准参与邪教亲黑帮；二要遵纪守法讲文明，不准违法乱纪当刁民；三要勤劳致富走正道，不准赌窃敲诈骗百姓；四要尊老爱幼礼孝贤，不准伤风败俗滋恶行；五要移风易俗除陋习，不准赈酒敛财攀输赢；六要保护环境庭院美，不准房前屋后垃圾扔；七要防汛救火快响应，不准抗命躲懒讲原因；八要扶贫救困多博爱，不准见死不救冷漠心；九要家庭和睦邻里好，不准造谣中伤是非生；十要携手共建兴隆村，不准背信弃义忘祖根。(5) 执行性。村规民约是村民自发制定的，具有天然的社会基础和自发的认同感，能够得到村民自觉遵从。例如，江苏洪泽县万集乡街东余氏家族自发编撰"耕读堂余氏族规十二条"："一、敬天地，祭神祖。二、孝父母，睦兄弟。三、善待物，节财用。四、健体魄，惜性命。五、正婚姻，育子孙。六、习诗书，重礼义。七、平常心，守本分。八、严律己，宽恕人。九、戒淫盗，禁非为。十、忍忿仇，息争讼。十一、红白事，量力行。十二、勤耕读，立身德。"② 上述村规民约条款体现了村民的共同意志和乡村社会风俗，对广大村民具有普遍约束力。

现代村规民约作为一种内生性的民间规范，是乡村社会"软性"自控系统，具有规范村民自治行为、弘扬传统道德、维护农村稳定等工具性价值。伴随社会公共治理体系的不断完善，村规民约的许多社会功能被分解，村规民约的作用领域开始从综合性领域收缩到国家法律、法规、相关政策缺少明确规定或不便规定的事项。③ 村规民约蕴含着村民的情感和寄托，是日常行为的依据和参照，集展示性、感染性、监督性等功能于一

① 《中华人民共和国村民委员会组织法》，北京，人民出版社，2010年，第12页。
② 余治平：《乡规民约与美政美俗》，《江南大学学报》(人文社会科学版)2014年第6期。
③ 参见杭州市司法局课题组：《城乡变迁背景下的村规民约研究——以杭州市为例》，《法治研究》2010年第12期。

身，通过道德教化、行为规范、舆论评价等方式发挥软治理作用。

2. 村民自治章程

村民自治章程是乡村社会自治组织为了调整其内部关系，规范内部成员的行为而制定的规范性文件，是自治组织内部管理和开展活动的行为准则。村民自治章程可以看成是村规民约的升级版，要比一般村规民约更加规范、全面和系统。村民自治章程的广泛采用，标志着村民自治深入发展。

从一般意义上讲，村民自治章程由总则、分则和附则三部分构成，内容较为丰富，涵盖村民组织、村民的权利和义务、管理机构和负责人的职权职责、财务管理、章程修改与终止等方面。20 世纪 90 年代，《山东省章丘县埠村镇埠西村村民自治章程》颁布实施，这是当代中国第一个村民自治章程，主要内容为：第一章“总则”（5 条），重点阐述制定章程的目的、依据、原则、通用范围和执行；第二章“村民组织”（5 节 15 条），包括村民会议、村民委员会、村民小组、村民、村干部；第三章经济管理（6 节 40 条），主要包括劳动积累、土地管理、承包费的收取和使用、生产服务、财务管理、村办企业；第四章“社会秩序”（6 节 39 条），主要包括社会治安、村风民俗、相邻关系、婚姻家庭、计划生育、村民档案；第五章“附则”（3 条），主要规定村民自治章程执行、监督、解释权的归属。① 村民自治章程围绕村民自治机构的设置、职能、乡村权力运行规则等做出具体规定，为自治组织指明发展方向，同时为自治组织民主决策和成员自律提供重要依据。

当今社会，有些规则根本没有使用武力或以武力相威胁的机会，（但是）人们没有理由将这些规则视为非法律②，自治章程就具有这样的属性。村民自治章程通过明确民众对自治内容的合意，规定村民代表会议的制度运行，推进村庄财务公开，详细规定自治组织和村民的权利与义务，在基层自治中发挥纲领性的作用，为基层自治提供行动指南。自治章程的规定若和国家或地方法律、法规发生冲突，则优先适用国家或地方法律、法规。村民自治章程具有较强的灵活性和适用性，能够有效规避法律、法规僵化滞后的弊端；村民自治章程彰显自我管理、自我服务、自我约束、自我发展的精神，避免行政权力的不当干涉，为基层自治创造了良好的外部环境（见附录 1）。

---

① 参见张明新：《从乡规民约到村民自治章程》，《江苏社会科学》2006 年第 4 期。

② 参见熊樟林：《行政法基本原则与软法互动刍议》，《中南财经政法大学研究生学报》2009 年第 5 期。

3. 村民会议决议

在村党组织领导下，农村所有村级重大事项经由村党支部会议提议、“两委”会商议、党员大会审议，再由村民代表会议或村民会议决议。决议事项主要涉及农村建设长期规划和年度工作计划，村集体土地的承包、租赁情况，公益事业经费筹集、组织实施与管理情况，集体经济项目的立项、承包等的建设情况，集体资产购置与处理、集体借贷、集体企业改制，村级建设规划、土地征用及补偿分配、宅基地审报；农村低保、新型农村合作医疗等政策和制度的落实，重大救灾救济款物的发放，以及其他应当民主决策的事项。

村民会议决议一般由全体村民参加，共同协商，达成合意，决议以直接民主的方式实现。村民会议决议一旦形成，基于信赖利益保护原则，即具有软法效力。决议不仅对全体村民具有约束力，而且对自治组织本身也具有约束力，可以有效调整和规范基层自治活动（见附录2）。

4. 传统道德

中华民族传统道德蕴含丰富的软治理思想，发挥着独特的软法规范作用。中国历史上的家族制度、礼治思想、传统孝道、诚信规则、互助习俗等蕴含丰富的软治理资源。古代“德法共治”“礼法并用”思想，可以指导当前硬法和软法的有机结合，为推进乡村治理体系和治理能力现代化提供启迪和参照。克己奉公、整体至上，仁者爱人、人际和谐，自强不息、厚德载物，修身自律、躬行实践等主张，为乡村软治理提供了深厚的思想资源和精神滋养。

5. 具体惯例

乡村具体惯例是乡村软法的重要表现，乡村许多新问题的处理往往按照惯例，例如信息公开规则、财务管理规则、会议规则等。具体惯例作为一种习惯做法、常规办法，其落实使乡村软治理拥有更多的参照依据。

六、乡村软治理的主要方式

乡村治理不能单纯依靠强制权力和硬性规范，还需要辅之以柔性方式和软法规范。乡村治理的理想状态是硬性权力和柔性权力有机结合，硬法规范和软法规范相互支持。以柔性方式治理乡村社会，与乡村治理现代化的价值目标内在契合，与当今法治社会的运行方式并驾齐驱，与依法治国的理念相互融通。

（一）道德教化

在中国传统文化中，道德教化的重要内容就是要处理好对个人与个人、个人与他人、个人与社会的关系。① 从某种意义上讲，教化是道德发挥影响力的关键选择。道德不能仅仅停留在理论和号召层面，道德要对人的心意态度、情感皈依、意志品质和行为倾向产生影响，必须借助教化的推行。道德教化是一个长盛不衰、历久弥新的话题，关乎国家之盛衰、民族之荣辱、社会之安宁。

道德教化的传统由来已久，古代先贤从不同角度阐释“善政不如善教”的道理。《礼记》说：“大学之道，在明明德，在亲民，在止于至善。”孔子强调：“道之以政，齐之以刑，民免而无耻；道之以德，齐之以礼，有耻且格。”（《论语·为政》）管子说：“凡牧民者，使士无邪行，女无淫事。士无邪行，教也；女无淫事，训也。教训成俗，而刑罚省数也。”（《管子·权修》）孟子说：“仁言不如仁声之入人深也，善政不如善教之得民也。善政，民畏之，善教，民爱之。善政得民财，善教得民心。”（《孟子·尽心上》）道德教化的内容涉及习俗风尚、仪范制度、伦理规范、道德精神等，可以使人摆脱混沌无知的状态，培养健全的道德理性；可以提高人的生存境界，培育悲天悯人的道德情感；可以将外在人伦规则内化为个体道德禀赋，使个体获得社会性的胸襟和识见。诚如黑格尔所讲:“伦理性的东西，如果在本性所规定的个人性格中得到反映，就是德。”②

道德教化在乡土社会具有天然的适用性，是乡村软治理的重要手段。费孝通先生讲道：“如果我们能想象一个完全由传统所规定下的社会生活，这社会可以说是没有政治的，有的只是教化。事实上固然并没有这种社会，但是乡土社会却是靠近这种标准的社会。”③ 道德教化推动乡村文化自觉，无时无刻不影响和决定着村民的情感行为和价值取向，促进乡村社会秩序的稳定和社会风气的净化。传统社会道德教化的方式主要有两种：一是族长宣读村规民约和族规祖训。族长是道德教化的组织者和实施者，如徽州婺源长溪余氏族规规定每年正月初一族人聚集在一起，由族长“开读祖训，幼辈拱听于阶下，实有益心身之语也”④。四川铜梁周氏家族每年清明祭扫祖宗之后，族长便“躬率合族人众，将谱内所载圣谕规训，为之讲解劝导，稗共知守法”⑤。二是乡村学校的道德教育活动。乡村兴修

① 参见王伟光:《法治中国建设需重视道德教化》,《光明日报》2017年9月23日。

② 〔德〕黑格尔:《法哲学原理》,北京,商务印书馆,2016年,第168页。

③ 费孝通:《乡土中国》,北京,北京大学出版社,1998年,第66～67页。

④ 余章耀等:《婺源长溪余氏正谱卷首祖训》,清道光二十八(1849)年宝善堂刊本。

⑤ 周泽霖纂修铜梁《安居乡周氏宗谱》卷一《训规》,清光绪十年(1884)刊本。

学堂，传播乡村礼俗，提升民众的道德觉悟和修养。

乡村道德教化的载体多种多样，村规民约的宣讲、祠堂议事、戏剧演出、晒场闲聊、堤坝评议等，都可以阐明乡村道德规则，发挥道德教化的作用。村规民约是村民自发制定的乡村公共规则，是传统道德规范的文本转换和生动体现。宣传村规民约能够影响村民的言谈举止，发挥道德教化的作用。乡村祠堂、剧院、晒场、堤坝等可以看作乡村公共空间，村民可自由交流、彼此影响，将乡村道德规则渗透到各项活动之中。“公共空间是指社会内部存在着的一些具有某种公共性且以特定空间相对固定下来的社会关联形式和人际交往结构方式。”[①] 同处一个公共空间，村民经历相仿、情感亲近、心理相通、情感共鸣，道德认知相近，便于开展道德教化活动并取得良好成效。例如，在祠堂商议和处理本村事务，引导村民运用乡村规则处理问题，有效维护乡村价值观念和道德规范；在祠堂举行祭祀活动，活动结束之后聚餐或者领取祭品，同宗之人感受人伦之乐，增强血缘认同感和宗族凝聚力，潜移默化地进行孝悌教育，促进对乡村社会共同体的认同。再如，村民在戏楼观看戏剧，口耳相传戏剧知识，道德教化润物无声。“每演戏时，见有孝子、悌弟、忠臣、义士，激烈悲苦，流离患难，虽妇人、牧竖，往往涕泗横流，不能自已。旁观左右，莫不皆然。比其动人最恳切、最神速，较之老生拥皋比讲经义，老衲登上座说佛法，功效百倍。”[②] 戏剧中的感人事迹引起村民的情感共鸣，有助于道德教化的实施。

（二）调解纠纷

乡村社会是熟人社会，注重人情、关系、情理，村规民约、乡绅调解等对化解民间纠纷具有独特优势。在绝大多数情形下，乡村矛盾的化解不是单靠法律，而是更多倚重传统道德、民间规则，遵循的是一种软法治理的行动逻辑。

传统社会，乡村有两种最基本的依赖关系：一是血缘或亲缘依赖关系；二是土地依赖关系。对血缘或亲缘的依赖，构成独特的血缘或亲缘文化共同体；而对土地的依赖，又使其具有某种意义上的地缘文化共同体的特征。[③] 两种依赖关系使乡村更多地呈现出熟人社会的特征。熟人社会的人们生活相对封闭，习惯于运用千百年来的乡土规则、传统习俗等处理矛

---

① 曹海林、石方军:《现代农村社区共同体精神的重塑与再造》,《社会科学研究》2017 年第 6 期。

② 杨恩寿:《词余丛话》(九),上海,六艺书局,1932 年,第 250 页。

③ 参见谢晖:《当代中国的乡民社会、乡规民约及其遭遇》,《东岳论丛》2004 年第 4 期。

盾和纠纷。一方面，村民普遍“厌讼”，不愿撕破脸皮对簿公堂，无力承担高昂的诉讼成本，不愿通过打官司的方式处理矛盾。明人王士晋编撰宗祠条规，阐释了族人止讼息讼的理由：“太平百姓，完赋役，无讼事，便是天堂世界。盖讼事有害无利，要盘缠，要奔走。若造机关，又坏心术。且无论官府如何廉明，到城市，便被歇家摄弄，到衙门，便受青皂呵叱。伺候几朝夕，方得见官，理直犹可，理曲到底吃亏，受笞杖，受罪罚，甚至破家、忘身、辱亲。冤冤相报，害及子孙……”① 另一方面，地方政府追求“无讼”的目标，“礼之用，和为贵，先王之道斯为美”（《论语·学而》），“听讼，吾犹人也，必也使无讼乎”（《论语·颜渊》）。“厌讼”的心态、“无讼”的追求共同推动村民倾向于运用调解的手段化解矛盾和纠纷，遇事首先想到的是请族长出面居间调解。浙江萧山《朱氏宗谱》规定了纠纷解决步骤：“如族中有因口角细故及财帛田产至起争端，妄欲涉讼者，家法必先禀明本房房长理处，或理处不明方许伊赴祠享告祖先，公议其是非，令其和息。”②

现代社会，伴随市场经济的发展，人口流动加快，乡村社会逐渐过渡到“半熟人社会”。在个别经济发达、外来人口增多的新型农村社区，甚至呈现出“半熟人社会”甚至“陌生人社会”的诸多特征。尽管村民的依赖关系有所减弱，开放性和流动性增强，但“乡土性”本色不变，村民仍然遵循“心中的道德律”，仍然认可善良风俗，习惯于采用柔性手段处理彼此之间的纠纷。在农村产权改革中，发生了大量有关承包地、林地和宅基地确权颁证的纷争。这类纠纷大多发生在基层政府和村民之间、村集体和村民之间、企业和村民之间、村民和村民之间。在乡土社会，村民低头不见抬头见，不愿将矛盾激化到难以收拾的地步，因此，村民倾向于选择基层政府或乡村精英等作为第三方进行居间调解，以化干戈为玉帛；或者由村民推选担任过乡村干部和具有公信力的村民组成村民议事会、调解委员会、综合治理委员会、村规民约评理会等组织，专门负责乡村纠纷的调解和处置。

（三）民主协商

治理理论的核心思想是多元主体在公正平等的平台上运用对话、谈判、协商的机制，通过沟通、交流的渠道，达到交换信息、疏通障碍、化

---

① 参见（明）何士晋：《何氏宗规》，楼含松主编：《中国历代家训集成 5》，杭州，浙江古籍出版社，2017 年，第 2876 页。

② 张晋藩：《中国法律的传统与现代转型》，北京，法律出版社，2005 年，第 277 页。

解矛盾、促进社会秩序良性运行的目的。[①] 乡村软治理可以运用民主协商的办法，实现对乡村事务的有效干预。

面对乡村社会多元主体日益增长的治理需求，以及乡村公共事务治理的碎片化以及治理能力的不足，乡村软治理迫切需要导入民主协商机制，不断提高乡镇政府、村党支部、村委会、农村新型经济合作组织、乡镇企业、村民等多元主体合作共治的参与度及其多层次利益诉求的满足度。“软治理强调多元主体的参与合作共治，排斥单一主体的单向强制命令。”[②] 换言之，乡村软治理有赖于所有参与主体自由平等地交流、沟通、对话、谈判和协商，以灵活多样的柔性方式处理乡村问题。乡村软治理不是依靠行政权力的强制和法律条文的硬性规定来实施，而是在沟通交流、民主协商的过程中达成对乡村治理理念、治理目标、治理方式、治理策略等的共识和认同，它“要求有关的管理机构和管理者最大限度地协调各种公民之间以及公民与政府之间的利益矛盾，以便使公共管理活动取得公民最大限度的同意和认可”[③]。

乡村事务各主体之间的谈判交流、民主协商，具有独特的软治理价值和意义。乡村软治理民主协商的方式尊重所有乡村事务参与主体的平等地位，符合乡村民主政治的要求。“上面千条线，下面一根针”，乡镇政府不是凌驾于其他主体之上发号施令，而是发挥润滑剂和传感器的作用，“穿针引线”、居间斡旋、说服教育各利益主体以大局为重，消弭彼此之间的分歧或冲突。乡镇政府的沟通协调功能与乡村民主政治建设高度契合，“我国的民主政治建设应该把选举民主、谈判民主和协商民主这三种形式有机地结合起来，谈判民主，其特点是通过谈判分配利益，以使各方都能对自己的利益要求得到相对满足；但要更多地发挥协商民主的作用”[④]。

（四）情绪疏导和心理干预

当前，我们全面深化改革，大力推进新型城镇化建设，农村土地征用、房屋拆迁、贫富分化、环境污染、保障缺失等引发的社会矛盾日益凸显，负面、激进的“仇官”“仇富”等社会情绪还不同程度地存在，各种心理障碍和心理疾病不断出现，对社会和谐稳定带来严重威胁。乡村治理

---

① 参见周根才：《走向软治理：基层政府治理能力建构》，《学术界》2014 年第 10 期。
② 张杨：《社区治理创新中的软法之治》，《沈阳工业大学学报》（社会科学版）2013 年第 4 期。
③ 俞可平：《治理和善治》，北京，社会科学文献出版社，2000 年，第 9 页。
④ 李君如：《中国能够实行什么样的民主？》，《北京日报》2005 年 9 月 28 日。

如果过度依赖过时的做法，动辄采用简单粗暴的情绪压制手段，非但不能消除乡村群众的对立情绪，反而会进一步激化群众的愤懑情绪甚至敌对心理，引发更为严重的社会对立或社会危机。

乡村软治理坚持社会情绪“宜疏不宜堵”的原则，注重社会情绪的疏导。基层政府应当关注乡村的情绪变动态势，提高社会情绪的干预和疏导能力。所谓“社会情绪疏导”，是指在找准社会情绪诱因和把握社会情绪变动规律的基础上，采用动之以情、晓之以理的沟通、说服、阐释、感化等方式，找到社会公众的情绪症结，引导社会公众理性、平和地协商解决问题。为有效疏导社会情绪，应当建立畅通无阻的利益表达渠道，采用心理干预手段，提高社会矛盾化解的能力，健全乡村群众社会保障机制，真心实意、务求实效地为群众办实事、办好事，铲除滋生激进消极情绪的土壤。

乡村软治理重视社会心理干预，敏锐、及时和全面地应对和解决心理问题。所谓“社会心理干预”，就是遵循社会主体的心理活动规律，通过解释、说明、沟通、理解和情谊感化等方式，消除人们的心理障碍，[①] 引导人们以正确的心态观察和处理社会生活。随着现代化、城市化和信息化的快速发展，乡村社会生活发生了翻天覆地的变化，乡村交往方式呈现“陌生人社会”的交往特征，乡村贫富差距快速扩大，乡村盲目攀比之风盛行，多种因素的叠加对民众心理产生巨大压力，一部分人出现心理障碍、心理失衡以及心理疾病现象。因此，乡村软治理非常重视心理干预，通过“建立畅通有序的诉求表达、心理干预、矛盾调处、权益保障机制，使群众问题能反映、矛盾能化解、权益有保障”[②]，引导乡村社会沿着理性、平和、宽容的轨道运行，防止乡村社会出现激烈冲突或大规模的群体性事件。

除此之外，对弱势群体的人文关怀、村民的自律互律机制等也是乡村软治理的重要方式。在乡村软治理中实施人文关怀，意味着对村民主体性地位的确认，对村民多方面、多层次需要的满足，对村民自由全面发展的尊重。对乡村弱势群体要做到生活上照顾、精神上引导和感情上慰藉，这是克服长期以来城乡二元结构弊端的客观要求，也是落实“发展为了人民、发展依靠人民、发展成果由人民共享”理念的需要。乡村软治理效用

---

① 参见刘祖云、孔德斌：《乡村软治理：一个新的学术命题》，《华中师范大学学报》（人文社会科学版）2013年第3期。

② 《中国共产党第十八届中央委员会第三次全体会议》，2013年11月14日，http://news.xinhuanet.com/house/tj/2013－11－14/c_118121513.htm。

的发挥，还要依靠乡村各主体的道德自律，自觉涵养道德信念、道德理想、道德情感、道德意志和道德习惯，还需依赖乡村他律机制作用的发挥，乡村各主体自觉接受村规民约、自治章程、风俗习惯等外在规范的约束以及外部力量的检查和监督。

第三章　中国乡村软治理的历史考察

古代乡村治理是地方治理的重要内容，也是国家治理的重要根基，关系农村的社会秩序和国家的长治久安。由于我国幅员辽阔，村落星罗棋布，政权难以对乡村实施直接的行政管理，“皇权不下县”，“县以下自治”，乡村治理更多地依靠宗法血亲、伦理纲常、道德教化等非政权力量，乡村软治理的传统由来已久，“劝导乡里、掌民教化，促进民风、维护秩序”成为普遍做法。从春秋战国时期孔子创立儒家学说，到西汉时期董仲舒“罢黜百家、独尊儒术”，再到北宋时期程朱理学“存天理、灭人欲”，儒家伦理纲常被历朝历代统治者所青睐，逐渐成为主流统治思想。儒家“修齐治平”的理想、“仁义礼智信”的道德规范等渗透到乡村生活的各个方面，成为乡村软治理的重要思想资源。近代以来，中华民国时期、南京国民政府时期沿用乡村软治理的传统，进行了诸多探索。新中国成立后，乡村软治理在曲折中发展，积累了丰富的经验。在当前推进乡村治理体系和治理能力现代化的语境下，需要对中国乡村软治理的经验与智慧进行认真的梳理与总结。

一、乡村软治理的传统文化基因探源

中华文化源远流长，蕴含着丰富的“德治”思想，为乡村软治理提供智慧和启迪。“中华优秀传统文化源远流长、博大精深，是中华文明的智慧结晶，其中蕴含的天下为公、民为邦本、为政以德、革故鼎新、任人唯贤、天下合一、自强不息、厚德载物、讲信修睦、亲仁善邻等，是中国人民在长期生产生活中形成的宇宙观、天下观、社会观、道德观的重要体现，同科学社会主义价值观主张具有高度契合性。”① 依托自给自足的小

① 习近平：《高举中国特色社会主义伟大旗帜　为全面建设社会主义现代化国家而团结奋斗——在中国共产党第二十次全国代表大会上的报告》，北京，人民出版社，2022 年，第 18 页。

农经济、影响深远的传统文化、势力强大的宗族组织，传统德治具有坚实的基础。传统德治是乡村软治理的文化基因，推动道德教化渗透于人伦日用之中，取得了良好的治理实效。

（一）乡村软治理的萌芽：中国古代德治思想的启迪

《左传》曰："德，国之基业。"古代统治者高度重视德的施政价值，认为国家兴衰与德教、德化有着密切联系，体现了中国特有的道德政治文化。《周易》曰："教以人文，以化成天下"。《周礼·地官大司徒》记载了古代乡里制度，"五家为比，使之有保；五比为闾，使之相爱；四闾为族，使之相葬；五族为党，使之相救；五党为州，使之相赒；五州为乡，使之相宾"。杨开道先生高度评价古代乡里制度的严密性和齐整性："每一级组织，有一个乡官，主持一切调查、教化、军旅的事情，把政治和教育，文事和武事打成一片，完成所谓'政教合一'、'文武合一'的理想。"[①]《礼记·月令》中有关于德教的阐释："孟春之月，命相布德，和令，行庆，施惠。"郑玄对此注曰："德谓善教。"至于德化，则与亲民爱民紧密相连。《尚书·盘庚》曰："施实德于民。"《左传·襄公七年》曰："恤民为德。"《管子·正》曰："爱民无私曰德。"上述政教、德教、德化思想，可以看作软治理思想的萌芽。

古代德治蕴含深厚的人文关怀精神，强调重民、爱民、惠民、化民。古代德治思想与软治理思想内在契合。就国家治理来讲，道德和法律是两种基本手段，虽然二者都是调解社会关系，指引人们行为的规范，但是二者的实施效果各不相同。中国古代德治思想主张治理国家要优先采用道德手段，法律是不得已而为之的手段。儒家伦理主张，"为政以德，譬如北辰，居其所而众星共之"。德治是儒家治国的基本原则，道德对政治生活起决定性作用。治理国家要依靠道德教化，而非严刑峻法。在对待"德、礼、政、刑"问题上，儒家倚重"德、礼"的治理效用，对"政、刑"抱持审慎的态度，孔子强调："道之以政，齐之以刑，民免而无耻；道之以德，齐之以礼，有耻且格。"（《论语·为政》）孟子进一步发展孔子的思想，提出治国要以德服人，认为"以力服人者，非心服也，力不赡也。以德服人者，中心悦而诚服也"（《孟子·公孙丑上》）。由此可见，孔孟之道德治一以贯之。

后儒秉承儒家伦理一贯主张，高度赞扬德治的功效。《吕氏春秋·上

---

① 杨开道：《中国乡约制度》，济宁，山东乡村服务人员训练处印，1937年，第5页。

德》说："为天下及国，莫如以德，莫如以义。以德以义，不赏而民劝，不罚而邪正。"汉儒王符认为："是故上圣不务治民事而务治民心……导之以德，齐之以礼，务厚其情而务明其义。民亲爱则无相害伤之意，动思义则无奸邪之心。夫若此者，非法律之所使也，非威刑之所强也，此乃教化之所致也。"① 儒家德治思想呼吁施行教化，礼治天下，与软治理内在契合。

（二）乡村软治理的践行：中国古代道德教化的浸润

中国古代社会推行道德教化，本身即是软治理的体现。无论是官方还是民间，都高度重视道德教化。与行政管理背后的权力控制和严苛刑罚相比，道德教化能够改善人的心性，提升人的境界，以德服人，发挥持久和主导的效用。对此，管仲说："凡牧民者，使士无邪行，女无淫事。士无邪行，教也；女无淫事，训也。教训成俗，而刑罚省，数也。"（《管子·权修》）可见，教训成俗、严守规矩影响深远，意义重大。孟子说："仁言不如仁声之入人深也，善政不如善教之得民也。善政，民畏之，善教，民爱之。善政得民财，善教得民心。"（《孟子·尽心上》）可见善教能够获得百姓衷心爱戴，发挥民心归附的效用。

秦汉时期，实行三老制度，由三位德高望重的老人进行道德教化、社会治理。自汉代始，儒家显学化和官学化，极大地推动了儒家思想的传播。儒家认为法律具有很大的缺陷，偏重于事后惩治，治标不治本。"法能刑人而不能使人廉，能杀人而不能使人仁。所贵良医者，贵其审消息而退邪气也，非贵其下针石而钻肌肤也。所贵良吏者，贵其绝恶于未萌，使之不为非，非贵其拘之囹圄而刑杀之也。"② 还认为，法律是国家治理的手段，而非国家治理的根本，"法令者，治之具，而非制治清浊之源也"③。东汉崔寔还将法律比作治理乱世的"药石"，道德则是维系天下太平的给养。"夫刑罚者，治乱之药石也，德教者，兴平之粱肉也。夫以德教除残，是以粱肉理疾也；以刑罚理平，是以药石供养也。"④

传统乡村社会开展道德教化，多采用"乡约"这种形式。乡约在淳化当地的风俗、重塑礼仪和纲常伦理方面发挥着重要作用。"乡约"最早出现于北宋时期，由民间士绅自发组织撰写，以蓝天吕大均（和叔）执笔撰

---

① （清）汪继培笺，彭铎校正：《潜夫论笺校正》，北京，中华书局，1985年，第375～376页。
② （西汉）桓宽：《盐铁论》，上海，上海人民出版社，1974年，第117页。
③ （西汉）司马迁：《史记》，北京，中华书局，1963年，第3131页。
④ （南朝宋）范晔：《后汉书》，北京，中华书局，1974年，第1728页。

写的《吕氏乡约》为代表，由《乡约》和《乡仪》两部分构成。《乡约》由“德业相劝、过失相规、礼俗相交、患难相恤”四大条款组成，主要作用是讲读乡约，推行礼治，惩恶扬善，以励风化。乡约宣传的规则大多属于当地民众生活的规范，对所有村民都具有约束力。《乡仪》则规定了乡民日常生活中需要遵守的礼节和仪式，涵盖宾仪、吉仪、嘉仪、凶仪四个方面。《吕氏乡约》以乡为单位由乡民自下而上制定和推行，与儒家修身齐家治国平天下的主张相一致。《吕氏乡约》尽管只是“一种初步设计，一种未经实践检验的理想化纲领”①，但对后世的乡里制度和村规民约的制定产生了深远影响，成为效仿和借鉴的蓝本。苏轼指出：“国家之所以存亡者，在道德之深浅，不在乎强与弱，历数之所以长短者，在风俗之厚薄，不在乎富与贫。”②

明太祖朱元璋除了严刑峻法治国、重典治吏外，还高度重视道德教化的作用，淳化风俗，整饬社会风气。（1）推行五教。朱元璋在《御制大诰》中强调“君之养民，五教五刑焉”，五教是指“父子有亲，君臣有义，夫妇有别，长幼有序，朋友有信”，通过推定五个方面的道德教化，维护良好的社会秩序。（2）劝导感化。朱元璋认为用法律压制人，不如用道德感化人。他善于运用劝导感化的手段，提升道德教化的效果。他强调“威人以法者，不若感人以心。敦信义而励廉耻，此化民之本也”。他还对比了法律惩治和道德教化的作用，认为“读律，固可禁民为非，若谓欲使民无犯，要当深求其本也”，这个根本就是感化民众，使其讲信义、知廉耻。（3）宣传教育。朱元璋于洪武年间颁布教民榜文，发布《圣谕六言》，内容如下：“孝顺父母，尊敬长上，和睦乡里，教训子孙，各安生理，毋作非为。”此外，他还在全国实行乡饮酒礼，对乡民进行道德教化。《大明会典》记载：“洪武初，诏中书省详定乡饮酒礼条式，使民岁时燕会，习礼读律，期于申明朝廷之法，敦叙长幼之节。”乡饮酒礼于每年的正月十五、十月初一举行，由乡村基层的里长或粮长主持，年长者坐上座，其余人按照年龄大小依次就座。乡饮酒礼主要总结本地乡民一年的表现，是否勤于耕种？是否孝敬父母？是否行为不当？如有过错，当场批评，根据过错情况，或是站着喝酒，或是不许喝酒，或是不能列席，等等。举行乡饮酒礼活动，教导乡民讲求礼义廉耻，遵守人伦道德，维护乡村秩序。（4）道德奖励与表彰。朱元璋还采用奖励和表彰的办法，在全国各地修建申明亭和旌善亭，要求地方官员对本地的孝行节义行为及时申报，经过核实，给予

---

① 周扬波：《宋代乡约的推行状况》，《浙江大学学报》（哲学社会科学版）2005 年第 5 期。

② （宋）苏轼：《苏轼文集》，北京，中华书局，1986 年，第 737 页。

旌表。“凡孝子顺孙，义夫节妇，志行卓异者，有司正官举名，监察御史、按察司体核”，上奏皇帝批准，下令旌表。[①]

满洲统治者入主中原之后，加强对民众的精神控制。顺治十六年(1659)，朝廷设立乡约制度，规定每月两次宣讲《圣谕六言》。康熙、雍正年间，朝廷又先后颁布《圣谕十六条》和《圣谕广训》。

不难看出，古人重视道德教化的作用，主张“善政不如善教”，认为道德教化是国家治理的根本，这与软治理道德培育和人性感化的精神高度一致。道德教化具有独特的软治理功能，首先，道德教化能够唤醒人们的良知良能，推动人们远离邪恶，努力做到“吾日三省吾身”“日迁善而不自知”。其次，道德教化旨在消除不良风俗，或使风俗向善。古代中国“百里不同俗”，既有良善风俗，亦有邪恶、粗鄙、愚昧、落后风俗，以德化俗，使邪恶归于良善，使粗鄙归于高尚，使愚昧归于文明，使落后归于先进，使不肖之徒明德向善，则天下归仁。最后，道德教化还强调行善政，以善政辅助善教，把施政的重点放在为政以德方面。

（三）乡村软治理的升华：中国古代仁政爱民的情怀

软治理与古代仁民爱物、礼仪文明的思想密切相关。古代仁政思想主张慎用刑罚，减少暴力手段，要以礼训人，以理服人，以情动人，以利惠人，这实际上是软治理的先行探索。

古代“以礼训人，不任刑罚”的仁民爱民的主张，启发乡村治理应当对民众抱有仁爱之心，用礼仪规范人们的行为，扬善抑恶，移风易俗，醇化风气，维护秩序。针对普通民众，要劝人为善，而不是以力服人。国家治理还应当“仁爱教化”，“专治千里”，对民众动之以情，晓之以理，在沟通交流中使民众悦服，而不是强行裁断社会矛盾和冲突，全面彰显仁民、利民、爱民的因素。

古人启民智、重教育的仁民教民做法，启发乡村治理应重视教化的作用。为增强民众辨别是非等能力，避免民众盲目服从，古人隆师重道，强调“修庠序，设条教，明法令”，大力兴办教育。这一做法打破了“学在王宫”的知识垄断，文化不断下移，通过都城文明向乡野的渗透，重建乡野生产生活和交往秩序，逐渐改变乡野粗鄙落后的状态，推动边远偏僻之所的开化和进步。

古人发展经济，“以赡鳏寡贫穷者”的仁爱惠民实践，启发乡村治理

---

① 毛佩琦:《朱元璋如何进行“软治理”》,2014 年 7 月 22 日,http://www.cssn.cn/zzx/zzxll_zzx/201407/t20140722_1263237.shtml。

应让百姓饱食暖衣，首先解决民生问题。儒家教导各级官吏要“爱民如子”，对治下百姓充满关爱和同情之心，重视百姓的衣食冷暖。在“衣食足而知荣辱”“有恒产而有恒心”观念的影响下，各级官吏努力使人民无衣食之忧、冷暖之虞，为实施道德教化提供物质保障。该思想与软治理实践过程中利民、惠民的价值取向高度契合。

二、古代中国乡村软治理的历史钩沉

（一）中国古代乡村软治理的必要性分析

传统中国乡村治理，国家与乡村不发生直接联系，以族长为代表的乡村乡绅阶层是沟通国家和乡村的中介和桥梁。族长作为古代乡村治理的核心人物，其产生主要有继承制和遴选制两种方式。族长继承制较为少见，遴选制较为普遍。乡村“齿德俱尊”、老成持重之人常被选为族长，即所谓“才足以断事，德足以服众”①。族长作为乡绅阶层的典型代表，拥有村民赋予的主祭权、准司法权和准行政权，负责处理宗族内部纷繁复杂的事务，协调本村宗族与地方官府的关系。

封建时代，皇权对乡村的控制总体上较为严苛，但皇权不能垄断所有权力资源，不能单纯采用硬性手段统治乡村，需要依靠乡绅的力量，借助柔性手段实施管控，这为乡村软治理留下了广阔的空间。不仅如此，传统社会，由于交通不便，信息传输缓慢，小农经济无法为皇权下沉提供充分的资源支持等，皇权对乡村的控制越来越依赖“非官僚化”的乡绅阶层。一般认为，传统中国政治主张“无为政治”，连接“管治”秩序和乡土秩序的是乡绅。② 而乡绅阶层对乡村的治理又往往偏重于运用伦理、风俗、民约等软性手段，呈现出“国权不下县，县下唯宗族，宗族皆自治，自治靠伦理，伦理出乡绅”③ 的局面。

传统中国社会乡村软治理何以必要？封建时代，由于幅员辽阔，经济社会发展不平衡，中央政府的能力有限，“皇权止于县政”，乡村实施“有限自治”。乡村和国家相互独立，官僚系统的行政权力不直接干预乡村治理，而是依靠乡绅地主和宗族来进行乡村治理。“宗族是小土地所有制基

---

① 叶娟丽：《我国历史上宗族组织的政权化倾向》，《学术论坛》2000 年第 2 期。

② 参见陈晓莉：《新时期乡村治理主体及其行为关系研究》，北京，中国社会科学出版社，2012 年，第 42 页。

③ 秦晖：《传统中华帝国的乡村基层控制：汉唐间的乡村组织》，黄宗智主编：《中国乡村研究》第 1 辑，北京，商务印书馆，2003 年，第 3 页。

础上农民对互助协济和村庄秩序需求自我满足的福利性社区，它是承担着排序赡养、死丧相助、患难相恤功能的村庄共同体。”① 宗族大多依靠伦理道德、乡村风俗等维系乡村秩序。官方秩序和民间秩序的并存，没有造成社会的对抗和动荡，反而保持了稳定的局面，这足以说明宗族力量在乡村软治理过程中发挥着王权不可替代的作用。另外，乡村社会相对封闭静止，农民大多处于“日出而作，日落而息，耕田而食，凿井而饮，帝力于我有何哉”的封闭隔绝状态，“熟人社会”的生活圈子使广大村民不敢轻易地违背道德、伦理、风俗、舆论等方面的要求，乡村软治理有着丰厚的社会资源和广泛的适应性。

（二）中国古代乡村软治理的主体性力量

在两千多年的封建社会里，中国乡村治理主要依靠以乡绅为主的民间力量来维系，皇权、族权和绅权相互交织，乡村软治理主要由乡里组织领袖、宗族长老和乡绅阶层共同推动。

1. 宗族组织和家族长老

在传统中国社会，宗族组织和家族长老作为软治理的主体，发挥着关键作用。封建时代，乡村社会实行自给自足的小农经济，生产力水平较为落后，单个分散的家庭无力应对自然灾害，为了生存需要，人们不得不开展生产协作和劳动互助。宗族组织恰好能够满足人们的这种需要，宗族内部实现了互帮互助、相互协作。由于封建中央集权政府与乡村社会相对隔离，皇权对乡村社会鞭长莫及，这为宗族组织行使自治权提供了便利条件。宗族组织将分散的乡民个体聚集起来，建构独特的乡村治理结构。宗族组织还重视同宗同源的家族文化传承，根据血缘关系建立长幼有序、亲疏有别的社会交往规则，并将血缘关系仪式化和制度化，建立宗族祠堂、修撰家谱、制定族训，在公共祭祀祖先、缅怀家族历史的过程中增强家族共同体的认同感和归属感，潜移默化地将家族记忆内化为个体的文化血脉，教导每一个个体不仅要做好成员，还要做好臣民。

宗族组织的首领大多被称为族长，有些地方称为族首、宗长、祠长、族正等。族长一般是由整个家族按照辈分、声望、功名、财产等公开推举出来的。族长在家族中拥有较高的地位和权威，是父权制和家长制的延续，这源于古代血缘等级制度对老人作为家长地位的确认，其权威得到家族成员的共同认可。族长拥有较为宽泛的权力，他不仅主持本族宗族祭祀

① 陈晓莉：《新时期乡村治理主体及其行为关系研究》，北京，中国社会科学出版社，2012 年，第 52～53 页。

和掌管族众的日常生活，还是家族各种纠纷的仲裁者和调节者。

族长对家族内部的软治理，往往通过族谱、族祠、族规等文化符号来实现，并以族产为保障。（1）族谱。它是一个家族共同的文化记忆，记载着家族的历史变迁和荣辱兴衰。族谱明确了家族成员的亲疏远近、辈分地位、权利义务、房派体系等。族谱对家族名人大加宣扬，或文字记录其奇闻轶事，或口耳相传其丰功伟绩，彰显本家族的社会声望，增强家族的凝聚力和向心力，强化家族自信和宗族意识，号召家族成员光前裕后、光耀门庭。（2）族祠。它是家族祭祀祖先的圣地，是一个家族重要的文化标志。族长在领导家族成员祭祀祖先的仪式化过程中，抚今追昔，将后代和祖先的家族链条拼接完整，前后贯通，引导家族成员树立同根同源意识，增强家族内部团结。在重大节日里，族祠是家族成员共同活动的场所，族长借机宣传讲解家法、族法，教育后代传承良好家风和族风。家族成员之间如果发生矛盾，族长可在族祠秉公处理。家族成员如违背家法族规，族祠则是执行家法族规的场所。（3）族规。它是明确家族成员权利义务和家族组织活动方式的行为规范，既是家族成员的行为规范，亦是家族组织的活动准则。族规有成文和不成文两种类型，其表现形式主要有族训、家训、戒条、族约、宗规等。（4）族产。它涉及祭田、族田和义庄等家族共同财产。族产为家族活动提供物质保障，为家族各项活动的开展、家族公益事业的发展提供财力支持。族产还可以用来扶助困难家庭，帮助贫困子女求学，有着人文关怀精神，无形中促进家族内部团结，营造互帮互助一家亲的氛围。族长通过综合运用上述软治理手段，使家族内外事务、各种矛盾等都得到妥善处理，维护乡村社会良好的秩序。“家庭、宗族发挥着独立于家政权组织的治理作用，有效地维持着传统中国底层社会的一个又一个‘小秩序’。”①

应当看到，家族软治理同封建皇权在本质上具有内在契合之处，不是截然分开的。传统中国，家国同构，家是缩小的国，国是放大的家。“一方面，国是家的集合，国家便是一个大家族，皇帝是族长，拥有生杀予夺的政治权力；另一方面，家是国的延伸和具体化，家族具有‘准官府’的统治震慑力，国法通过家法渗透到社会的各个角落。”② 宗族自治权和封建王权一体同构，相互交织，共同维护乡村秩序的稳定。

① 邓正来、〔英〕J.C.亚历山大编:《国家与市民社会》,北京,中央编译出版社,2002年,第211页。

② 刘晔:《乡村治理的结构性变迁》,转引自陈明明编:《革命后社会的政治与现代化》,上海,上海辞书出版社,2002年,第269～270页。

2. 乡绅阶层

乡绅是乡村有品德、有威望、有才学并为乡村社会所敬重的人物，他们作为乡绅文化的主体，在不同历史时期有着不同的称谓，如“乡先生”“乡达”“乡贤”等。秦汉以后推行以“乡三老”为乡村最高领袖的乡村治理制度，“三老”即乡绅的前身。唐朝，“郡书赤矜其乡贤，美其邦族”，反映乡贤社会地位获得认可。明朝，朱元璋第十六子朱栴撰写的《宁夏志》就有关于“乡贤”这类人物的记载，并为有“惠政”和体现民众意志的乡贤建立乡贤祠以示褒奖。清朝，乡村不仅有先贤祠，而且把乡贤记录在地方志之中。这足见乡贤是拥有德行、才能、声望的一类特殊人群。乡绅是地方精英，主要由宗族元老、落第士子、社会贤达、教书先生、告老还乡官员等构成。一般情况下，成为乡绅需要具备以下六方面条件：(1) 祖上光辉荣耀；(2) 乡绅及其祖辈对当地有所贡献，不仅要维持当地的风习和秩序，还要推动地方的公益事业；(3) 是当地的士大夫，是有功名科第的退休官员或者官员的亲戚；(4) 家产丰厚；(5) 受当地人拥戴；(6) 年高德勋。①

传统乡绅作为乡村软治理的主体，借助宗法家族伦理制度规约乡村秩序，在基层治理中具有独特作用。“自隋朝中叶以降，直到清代，国家实行郡县制，政权只延于州县，乡绅阶层成为乡村社会的主导性力量。”②国家借助地方乡绅的力量，对乡村实行间接控制。只有当农民暴动地方乡绅无力控制局面时，国家力量才会介入。“中国古代的乡绅因其文化上的独占性、政治上的特殊性、经济上的有闲性、地域范围的接近性、社会关系的血缘同构性而成为基层社会治理的主角。”③ 在传统社会，乡绅的社会作用主要体现在以下方面。

第一，乡绅主要运用说服、教育等柔性手段治理乡村，大大减少了民众对强权的自发抵抗行为，为乡村治理节约了大量的时间和物质成本。乡绅大都属于“有闲”“有钱”阶层，不需要依靠国家俸禄养活自己。乡绅自给自足，自我生产，以“穷则独善其身，达则兼济天下”“为天地立心，为生民立命”的胸怀，主动承担起服务乡村社会的重任。乡绅在处理本族事务的同时还积极承担公益慈善、道德教化、和睦乡邻、调解纠纷等社会功能，积极参与乡村社会建设。乡绅倾向于以伦理手段代替法律和行政手

---

① 参见吴晗、费孝通：《皇权与绅权》，天津，天津人民出版社，1988 年，第 28 页。

② 吴理财：《民主化与中国乡村社会转型》，《天津社会科学》1999 年第 12 期。

③ 秦德君、毛光霞：《中国古代“乡绅之治”：治理逻辑与现代意蕴》，《党政研究》2016 年第 3 期。

段，减少乡亲之间的矛盾和摩擦，这大大降低了中央政府治理乡村社会的阻力和成本。

第二，乡绅传承儒家伦理，教化民众，淳厚乡风，推动乡村文化发展。“秉持儒家文化信念的精英——士绅在城乡之间双向自由流动。这些精英群体进城则居庙堂之高，回乡则为乡村士绅。进城及出外游历之时，士大夫们相互切磋砥砺，塑造着主流的人文话语及主流的道德动向。回到乡村，他们则把这些知识与道德适用于乡里，从而提振乡村的人文道德。”① 乡绅大多是饱学之士，出身书香门第，熟读儒家经典，自觉自发地在乡村传播儒家思想，引领乡村社会价值观的转变，确立了自身文化引领者的地位。乡绅牵头制定乡规民约、族规、家训等，并身体力行，率先垂范，模范遵守，享誉乡里。他们劝诫乡民“人人皆宜孝尔父母，敬尔兄弟，教训尔子孙”“德业相劝，过失相规，礼俗相交，患难相恤”“孝顺父母，尊敬长上，和睦乡里，教训子孙，各安生理，毋作非为”，有利于维护淳朴厚重的乡村民风，最大限度地弘扬乡村正气。梁漱溟曾高度评价乡绅的社会作用：“士人不事生产，却于社会有其绝大功用；便是他代表理性，主持教化，维持秩序；夫然后，若农、若工、若商始得安其居。”② 乡绅主动承担起率民为善的道德教化责任，克服了皇权难以支配乡村社会的局限性，引领着乡村文化的发展方向。

第三，乡绅是沟通官方和民间的桥梁和纽带。乡绅掌握经济、政治和社会的优势资源，实质上是乡土社会治理的权力精英。乡绅之治是国家权力在乡土社会的延伸，也是平衡国家权力的天然力量。

一方面，乡绅是官方治理乡村社会的得力助手。自秦以降，虽然中央集权制度虽已形成，但国家无法统摄整个乡村社会。国家权力要延伸到乡村社会，必须得到乡绅的配合和支持。国家政权和乡土社会的管理空白和漏洞需要乡绅阶层予以填充和弥补，历朝历代乡村治理权基本上为乡绅阶层所把持。“在县以下的基层社会，政权的运作在很大程度上是靠绅士：税负的征收，地方秩序的维持，水利、道路、学校等公共事业的修建，基本上都是由绅士在操办，所以绅士在基层社区中，履行着基层政权的种种职能。”③

另一方面，乡绅是民间利益的代表者和维护者。基于血缘和地缘的关系，乡绅偏向于维护乡村利益，本能地抵抗国家权力对乡村的过度干预。

① 秋风：《使乡村再文明化》，《21世纪经济报》2007年7月2日。

② 梁漱溟：《乡村建设理论》，上海，上海人民出版社，2011年，第43页。

③ 朱新山：《乡村社会结构变动和组织重构》，上海，上海大学出版社，2004年，第17页。

“社会中如果没有同国家权力抗衡的自治组织或团体，国家就会通过层层官僚机构将偏离于公共利益的强权意愿直接贯穿到社会底层。”[①] 乡绅代表乡民的利益，自觉维护乡民的共同利益。乡民对朝廷赋税的抗争首先要向乡绅反映，征询乡绅的意见和建议，再由乡绅向政府转达。乡绅以乡民利益代言人的身份，及时将乡情民意向封建政府传递。而当政府苛捐杂税让乡民难以生存之时，乡绅又会毫不犹豫地站在乡民立场上为乡民说话，与乡民团结一心，对抗朝廷。

乡绅的双重身份，使他们能够在国家威权力量和乡村民间力量之间找到平衡点，是官方和民间的缓冲器和安全阀，发挥独特的软治理作用。乡绅既帮助政府治理乡村，又作为乡民利益代言人同官方抗衡，使乡村社会保持适度的弹性，维持基本的稳定。“传统社会的乡政是一种特别强调平衡的政治，朝廷的甚至地方官的私利必须要得到保护，乡绅的地位及乡民的利益也得考虑，不断的调解，不断的妥协，最终使大家的面子都能保住。”[②] 乡绅既可以自上而下地传达朝廷的政令，又可以自下而上地反映民众的诉求，在上层统治者和下层乡民之间架起沟通的桥梁，大大缓和了官方和民间的矛盾与冲突。

（三）中国古代乡村软治理的发展脉络

传统中国乡村软治理历史悠久，积累了丰富的软治理经验。历代统治者高度重视儒家伦理，“半部论语治天下”成为许多人的共识。一些统治者推崇道教、佛教等教义的治理效用，把宗教作为麻痹人民斗志、缓和阶级矛盾的手段；另一些统治者重视伦理教化，引导“百善孝为先”，宣扬“忠君爱国”思想……凡此种种，即为乡村软治理的具体例证。古代乡村软治理往往采取习惯法的方式，即根据约定俗成的乡约、族规，处理田土及邻里纠纷、婚丧嫁娶、赈贫济困等事务，由此维护乡村社会上下尊卑的人伦界限。传统乡村软治理通常使用“礼治”“说服”“规劝”等柔性方法，解决乡村矛盾和问题，保全村民的“面子”，在不违背法律的情况下妥善处理问题，取得较好的效果。

1. 汉代乡村软治理

汉代是古代乡里制度最为辉煌的时期，基本精神是用“王道”来治理乡村社会，百姓和乡里领袖建立良好的关系。乡里制度具体运作是：县下设若干乡，乡下设里，里下设什伍组织。县级官吏由朝廷委派，县以下的

① 周安平:《社会自治与国家公权》,《法学》2002 年第 10 期。

② 张鸣:《乡村社会权力和文化结构的变迁》,南宁,广西人民出版社,2003 年,第 23 页。

三老、有秩、啬夫、游徼等乡官等由基层社会选出，掌管税收、民政等事务。乡三老德高望重，具有很高的社会地位和政治权威。乡官里吏虽然不是正式的朝廷命官，但承担着摊派徭役、征收赋税、劝民为善、处理纠纷等职能，在乡土社会有较大发言权和影响力，左右乡村社会舆论的走向，是封建王朝最基本的治乡基础。汉代乡村软治理的举措主要有以下几个方面。

（1）三老教化乡里

汉代乡村设有“乡三老”和“里三老”，专门发挥教化乡里，形成良好社会风气的作用。三老身份特殊，地位较高，是乡村社会的精神领袖，是联系广大乡村和朝廷的桥梁。他们不仅上书言事，而且教化万民，经常配合地方政府劝善除恶、解讼理怨，维护农村社会秩序的稳定。

“三老”之谓，源远流长，从春秋战国延续到秦汉，《墨子·备城门》《管子·度地》《史记·滑稽列传》等均有记载。朝廷对三老尊崇备至，三老在联系基层社会方面比朝廷委派的官吏更具优势。三老建制，盛行于汉代。汉高帝曾下令：“举民年五十以上，有修行，能帅众为善，置以为三老，乡一人。择乡三老一人为县三老，与县令、丞尉以事相教，复勿徭戍。”① 汉文帝十二年诏曰：“孝悌，天下之大顺也。力田，为生之本也。三老，民众之师也……而以户口率置三老、孝悌、力田常员，令各率其意以道民焉。”② 汉代，地方上三老、父老的选拔条件较为严格，一是年龄要在50岁以上；二是品德要好，“有修行，能帅众为善”；三是要有能力，能“遵奉教化”。三老、父老德高望重，能够教化乡里，为民表率。汉昭帝时，颍川多豪强，难治，民众怨愤，韩延寿任太守后，“乃历召郡中长老为乡里所信向者数十人，设酒具食，亲与相对，接以礼意，人人问以谣俗，民所疾苦，为陈和睦亲爱销除怨咎之路”③。

地方上的三老、父老受到当政者重视，拥有议政的权力，而且“掌教化”，直接参与乡里秩序的维护，成为国家控制乡村的重要力量。汉人认为，治国之要，首在教化。教化之责，靠学校教育，长吏表率，三老教化。《汉书·文帝纪》曰：“三老，民众之师……增置其员，广教化也。”《汉书·百官公卿表》及《后汉书·百官志》记载：“三老掌教化，凡有孝子顺孙，贞女义妇，让财救患，及学士为民法式者，皆扁表其门，以兴善行。”《后汉书·明帝纪》注云：父老“劝导乡里，助成风化”，也属“教

① （东汉）班固:《汉书》,北京,中华书局,1964年,第33页。
② （东汉）班固:《汉书》,北京,中华书局,1964年,第124页。
③ （东汉）班固:《汉书》,北京,中华书局,1964年,第3210页。

化”的范畴。汉代，统治者教化把道德教育放在首位，“凡有孝子顺孙，贞女义妇，让财救患，及学士为民法式者，皆扁表其门，以兴善行”[①]。“为劝导乡里之民尽忠尽孝，树立典范，风化社会，三老、父老无不以教化为己任。他们或以身作则，为民表率；或防奸除恶，以厉民风，从多方面进行教化。”[②] 东汉时，“吴迁胶东相，民有词讼，先令三老以孝悌喻解，祐身至闾里和之，吏民不忍欺”[③]。《三老椽赵宽碑》记载：三老赵宽“教诲后生，百有余人，皆成俊义”。这都说明三老承担教化之责，改善民风，崇德向善，较好地发挥了软治理的效用。

汉代，地方三老、父老教化内容广泛，涉及多个领域。一是劝善除恶，配合地方长吏，淳化民风。哀、平时期，曾仕宦州郡的王丹回归乡里，躬行长老之责，乐善好施，为人排忧解难，以身作则教化民众，并将“轻黠游荡废业为患者，辄晓其他父兄（父老）”，“使黠责之”，结果“行之十余年，其化大洽，风俗以笃”。[④] 二是劝趣农桑，配合地方政府推广农具和技术。例如，黄霸为颍川太守时，颁布“条教”，通过父老、师帅、伍长，除“劝以为善防奸之意”外，还督促农民“务耕桑，节用殖财，种树畜养，去食谷马”等。[⑤]《文献通考·职役考》按语说：“汉时乡亭则每乡有三老、孝悌、力田掌劝导乡里，助成风化。”所谓“孝悌”，是指孝敬父老、尊重兄长；所谓“力田”，是指勤于工作，安首本业。《汉书·文帝纪》曰：“孝悌，天下之大顺也。力田，为生之本也。三老，众民之师也。廉吏，民之表也。朕甚嘉此二三大夫之行。”三老以身作则，劝课农桑，且有督促和管理生产之职责。三是催征赋税，教化村民依制纳税，防止出现“赋敛不时”“乡部私求，不可胜供”等现象。另外，有关乡里的祭祀祷傩、求雨止雨、修筑墙垣、兴修水利等公共活动，也由三老和父老主持或操办。三老和父老在乡村发挥独特作用，属于“耆老高德”者，汉武帝时“喻三老、孝弟以为民师”，对三老相当尊崇。三老备受百姓尊重和爱戴，进一步确立了尊老爱老的传统。

（2）郡守承流宣化

汉代推崇德治，注重道德教化，主政一方的郡守是“承流宣化”的重要力量。董仲舒指出：“今之郡守、县令，民之师帅，所使承流而宣化也；

---

① （南朝宋）范晔：《后汉书》，北京，中华书局，1974 年，第 3624 页。

② 黄今言：《汉代三老、父老的地位与作用》，《江西师范大学学报》（哲学社会科学版）2007 年第 5 期。

③ 周天游辑注：《八家后汉书辑注》，上海，上海古籍出版社，1986 年，第 113 页。

④ （南朝宋）范晔：《后汉书》，北京，中华书局，1974 年，第 930 页。

⑤ 参见（东汉）班固：《汉书》，北京，中华书局，1964 年，第 3629 页。

故师帅不贤，则主德不宣，恩泽不流。”[①] 汉代地方官吏道德宣化成效显著，较为著名的是颍川太守韩延寿和黄霸的教化活动。韩延寿在担任颍川太守时“上礼义，好古教化，所至必聘其贤士，以礼待用，广谋议，纳谏争，举行丧让财，表孝弟有行；修治学官，春秋乡射，陈钟鼓管弦，盛升降揖让，及都试讲武”[②]。针对颍川一带民风剽悍、冲突不断的状况，韩延寿力推“敬让”之道，教导民众恭敬礼让。他延揽当地有威望、有影响的长者，设宴款待，执礼相敬，请教当地风土人情和民间疾苦。同时，韩延寿还向长者宣讲和睦相处之优，陈述仇视敌对之劣，讲解消除仇恨之法，长者甚以为是，“因与议定嫁娶丧祭仪品，略依古礼，不得过法。延寿于是令文学校官诸生皮弁执俎豆，为吏民行丧嫁娶礼。百姓遵用其教”[③]。在韩延寿的宣化下，颍川民风逐渐好转。后来，黄霸继任颍川太守，仿效前任，力推教化，工作细密，涉及柴米油盐之类的俗务也经常过问，而且教令都传入了闺阁。在韩延寿和黄霸的努力下，颍川教化大行，遂成文明礼仪之乡。

东汉之时，教化之风依然盛行。李膺“出补蜀郡太守，修庠序，设条教，明法令。恩威并行，蜀之珍玩不入于门，益州纪其政化”[④]。秦彭为山阳太守时，“以礼训人，不任刑罚。崇好儒雅，敦明庠序”[⑤]。每年春秋都举行飨、射之礼，“修升降揖让之仪”。他从乡民中选择教化优秀者擢升为“乡三老”，“常以八月致酒肉以劝勉之”，而且属吏有错，仅罢遣而已，并不加指责，结果“百姓怀爱，莫有欺犯”[⑥]。仇览也是道德教化的楷模，在任蒲亭长时，办学授徒，村民有丧事，尽力相助，赈恤穷寡，“期年称大化”。仇览为陈人伦孝行，譬以祸福之言，教化乡民遵行孝道，感化陶冶乡里，移风易俗，民风淳美。

（3）宗族救济互助

汉代是“宗族重建期”[⑦]，也是古代宗族救济的重要发展期。宗族作为以血缘关系为纽带而结成的社会群体，理应“互通有无，相互救济”，其表现形式主要有赈恤贫困族员、恤养孤寡、聚族自保等。宗族救济有助于推动宗族良性发展，保持乡村社会稳定。“宗者，何谓也？宗者，尊也。

---

① （东汉）班固：《汉书》，北京，中华书局，1964 年，第 2512 页。
② （东汉）班固：《汉书》，北京，中华书局，1964 年，第 3211 页。
③ （东汉）班固：《汉书》，北京，中华书局，1964 年，第 3210 页。
④ （南朝宋）范晔：《后汉书》，北京，中华书局，1974 年，第 2191 页。
⑤ （南朝宋）范晔：《后汉书》，北京，中华书局，1974 年，第 2467 页。
⑥ （南朝宋）范晔：《后汉书》，北京，中华书局，1974 年，第 2467 页。
⑦ 冯尔康：《中国古代的宗族与祠堂》，北京，商务印书馆，1996 年，第 20 页。

为先祖主也，余人之所尊也。”① “族者，何也？族者，凑也，聚也，谓恩爱相流凑也。上凑高祖，下至玄孙，一家有吉，百家聚之，合而为亲，生相亲爱，死相哀痛，有会聚之道，故谓之族。”②

一是赈恤贫困族员，增强宗族内部凝聚力。宗族对生活贫困的族员进行救助，起到“收族”效果。《礼记·大传》云：“亲亲故尊祖，尊祖故敬宗，敬宗故收族。”③ 收族反映宗族内部等级关系，又通过宗族内部的赈济、经济互助和劳动协作促进了宗族的团结。当时，族内有定期赈恤的做法。据《四民月令》记载，“三月，……椹、麦未熟，乃顺阳布德，振赡匮乏，务先九族，……忍人之穷”；“九月，存问九族孤、寡、老、病不能自存者，分厚彻得，以救其寒”；“十月，……，同宗有贫寡久丧不堪葬者，则纠合族人，共兴举之；以亲疏贫富为差，正心平敛，毋或逾越”。④ 族内救济大都由富户承担，为贫困之家提供钱粮、布帛等基本生活资料。救济物品，“自亲者始”，亲疏有别。《四民月令》记载，“务先九族，自亲者始”，“以亲疏贫富为差”。

二是恤养孤寡，彰显家族亲情。在宗法关系严密的汉代社会，宗族、姻亲、朋友是恤养孤寡的重要力量，族内收养是恤养孤寡的主要方式。汉代常有叔父承担收养孤寡的责任。例如，王莽“事母及寡嫂，养孤兄子，行甚敕备”⑤；京兆人第五伦，“时米石万钱，人相食，伦独收养孤兄子、外孙，分粮共食，死生相守，乡里以此贤之”⑥。东平任城人郑均，“好义笃实，养寡嫂孤儿，恩礼敦至”，“（郑）均失兄，养孤兄子甚笃，已冠娶，出令别居，并门，尽推财与之，使得一尊其母，然后随护视振给之”。⑦ 卢植的儿子卢毓，十岁时成为孤儿。“遇本州岛乱，二兄死难。当袁绍、公孙瓒交兵，幽冀饥荒，养寡嫂孤兄子，以学行见称。”⑧ 汉代内部的收养多由宗族实现，抚孤慈幼，照顾孤寡，家族融洽，亲情浓厚。

三是聚族互保，应对动荡局面。两汉末年，社会动荡，战争不断，“家家有僵尸之痛，室室有号泣之哀。或阖门而殪，或覆族而丧”⑨。在此

---

① （清）陈立：《白虎通疏证》，北京，中华书局，1994 年，第 343 页。
② （清）陈立：《白虎通疏证》，北京，中华书局，1994 年，第 378～379 页。
③ （东汉）郑玄著，（唐）孔颖达注：《正义·礼记正义》，上海，上海古籍出版社，2008 年，第 575 页。
④ 桂龙：《四民月令选读》，北京，中国农业出版社 1984 年，第 12 页。
⑤ （东汉）班固：《汉书》，北京，中华书局，1964 年，第 4039 页。
⑥ （南朝宋）范晔：《后汉书》，北京，中华书局，1974 年，第 1395 页。
⑦ （南朝宋）范晔：《后汉书》，北京，中华书局，1974 年，第 946 页。
⑧ （西晋）陈寿：《三国志》，北京，中华书局，1959 年，第 650 页。
⑨ （东汉）曹植：《曹植集》，北京，人民文学出版社，1984 年，第 177 页。

情形下，家族要通过修建坞堡武装自卫来维护家族的安全。东汉末年，谯国人许褚“聚少年及宗族千余家，共坚壁以御寇”[①]，以抵抗黄巾军的进攻；有的宗族拥有较大规模的民间武装，逐步发展为地方割据势力。《四民月令》记载：三月，“警设守备，以御春饥草窃之寇”；八月，“上角弓弩……，遂以习射”；九月，“缮五兵，习战射，以备寒冻穷厄之寇”。[②]在灾荒战乱年代，宗族组织承担起安全保护的责任，强化了族人的相互依赖性与宗族凝聚力。

上述汉代乡村软治理的重要举措，有利于维护宗族内部的团结，涵养乐善好施的道德风尚，激发守望相助的行为动力，提升宗族义举的道德属性，增强宗族的亲情意识，进而推动乡村社会民风的改善，维护乡村社会秩序的稳定。

2. 宋代乡村软治理

宋代，士族地主势力衰落，庶族地主逐渐强大，经济、政治、社会等领域发生深刻变化，乡村治理思路出现重大调整，统治者弱化了对乡村的硬性控制，加强了宗法构建、软法约束、伦理教育等，较好地维持了宗族团结，重建了乡村道德，维护了乡村伦理秩序。

（1）完善乡村宗法制度

宋代统治者非常重视宗族制度的建构，以立法形式健全宗族组织，树立宗族组织建设的典型。“皇祐二年（1050），礼部侍郎、知杭州事范仲淹创立范氏义庄，从经济和族规家法入手，开始宗法组织及其伦理构建的实践，使范氏家族成为当时乡村宗族构建的表率。”[③] 为重振乡村社会纲纪，理学家提出“天理”理论，以推动宗族建构。朱熹、王阳明等理学家认为，建立宗法组织“有补治道”。乡约、族规等宗法规范约定俗成，属于习惯法范畴，可以广泛应用于田产纠纷、邻里关系、婚丧嫁娶、赈困济贫等事项。宗法组织确立的规则使习惯法与国家法相互补充，使家族伦理与国家伦理相衔接，有利于协调民间利益冲突，调适乡村与国家之间的关系。乡村宗法制度获得封建统治者和理学思想家的共同认可和支持，宋代乡村宗族组织日益壮大，为宋代乡村软治理奠定了组织基础。

（2）重视村规民约的作用

北宋时期，蓝田的吕大忠、吕大防、吕大钧、吕大临兄弟四人等地方乡绅于宋神宗熙宁九年（1076）自发制定和实施的《吕氏乡约》，是中国

---

① （西晋）陈寿：《三国志》，北京，中华书局，1959年，第650页。

② 桂龙：《四民月令选读》，北京，中国农业出版社，1984年，第12页。

③ 张尚毅：《宗法建构强化宋代乡村治理》，《中国社会科学报》2015年9月7日。

历史上最早以成文形式颁布和实施的村规民约。后经宋代大儒朱熹编考增损，为历代所沿用。《吕氏乡约》规定了乡党邻里之间的基本准则，对乡民修身、立业、齐家、交友等行为做出了规范性的要求，引导着人们的伦理生活。[①]《吕氏乡约》来源于乡土社会，又适用于乡土社会，“德业相劝”“过失相规”“礼俗相交”“患难相恤”等规定具有明显的契约性和自治性特征，有助于改善民风、维护秩序、发展生产（见附录4）。

（3）实施家族内部的赈贫济困

宋代，宗族力量发展迅速，以血缘为纽带、以村落为基础的大家族纷纷出现，“家之食口数百”、累世同处居住的大家族和睦相处，“世世为一户，同处居住”“本家田产等子子孙孙并不割”的赵鼎家族，“合宗族百口，衣食均等无所异，嫁孤女十余人，养育诸侄，比于己子。所得恩例，先及旁族”的韩琦家族等较有代表性。家族专门建立义田，用于救助穷苦族人。范仲淹创立的范式义庄，“买负郭常稔之田千亩，号曰义田”，用于赈灾济贫，帮助穷苦族人婚丧嫁娶、科举应考、借贷等。《吕氏乡约》规定乡民由于水火、盗贼、疾病、死丧、孤弱、诬枉、贫乏等陷入困境之时，同约的乡民应根据轻重缓急给予救助。家族内部的互相救助，增强了个体应对天灾人祸的能力，让族人对家族有依赖感和归属感，增强了家族的凝聚力和向心力，有利于乡村社会有序运转。

（4）注重儒家伦理的教化熏陶

宋代，修身齐家治国平天下的理想深入人心。“为天地立心，为生民立命，为往圣继绝学，为万世开太平”成为知识分子的使命和担当，儒家伦理道德的教育受到高度重视。宋代，宗族时兴开办“义学”“族塾”，延揽德高望重的先生对宗族子弟进行儒家思想教育。宗族鼓励本族子弟饱读诗书，求取功名，光宗耀祖。例如，《吕氏乡约》用封建宗法思想和儒家伦理纲常进行社会教化，教导村民要遵守乡约所倡导的基本准则和行为规范。《袁氏世范》要求子弟积极读书习儒，“能习进士业者，上可以取科第致富贵，次可以开门教授以受束修之奉”。在“书中自有千钟粟，书中自有黄金屋，书中自有颜如玉”等功利主义价值观和修齐治平理想的影响下，宗族子弟勤于治学，熟读儒家经典，遵循儒家伦理为人处世，自觉遵守“三纲五常”，人与人之间和谐相处。

（5）推动国家法和宗法规范的融通

宋代，国家法与乡村宗法礼仪密切相连，与宗族规范相互融通。一些

---

① 参见张清俐、张杰：《发掘乡贤文化的时代价值》，《中国社会科学报》2015年11月30日。

大家族将国家法渗透到家族礼仪、乡规民约之中，通过乡村习惯法的实施，体现国家法的基本精神，辅助国家法的贯彻落实。一些家族教育族人要及时纳税、服徭役，严格遵守国家法。《袁氏世范》明确提出："凡有家产，必有税赋，须是先截留输纳之资，却将赢余分给口用……不可侵支输纳之资。"有的宗族长老遗训子孙，"公法不可不畏，租赋不可不时"。在血缘和地缘交织的乡村社会，宗族规范比国家法具有更强的适应性，能够更好地弥补国家法的缺陷，将国家法融入宗族规范中，有利于国家加强对乡村社会的控制。

（6）推动家族伦理向国家伦理延伸

"家是缩小的国，国是放大的家"，家族伦理和国家伦理内在契合，二者之间是相互融通、由近及远的关系。家族伦理凝聚国家伦理的核心精神，国家伦理汲取家族伦理的有益主张。家族伦理可以扩展和延伸，与国家伦理的部分内容重叠乃至将其覆盖。宋代家族族长或长老利用其特殊的家族身份和社会地位，运用家族伦理协调宗族内部的婚姻、继承、田产等各种纷争，维系宗族的团结与和谐，同时将尊卑有序、忠孝两全等家族伦理与政治生活相联系，实现家族伦理向国家伦理的延伸和扩充，比如由孝而忠、移忠为孝。正如朱熹所讲："夫孝始于事亲，中于事君，终于立身……故以孝事君则忠，以敬事长则顺。"

宋代，乡村软治理善于处理乡村内部的礼法关系，确立人伦等级秩序和宗族成员的权利义务，确立了基层社会秩序；宗法制度的完善和宗族内部的救助，维护了宗族内部的团结，进而有利于维护乡村社会的稳定；推崇儒家伦理的教育熏陶，把乡村伦理教化和政治训导相结合，减轻了封建王朝统治基层社会的压力和负担。

3. 明朝乡村软治理

在承袭元朝社制的基础上，明朝高度重视乡约、社学、社仓制度的治理作用，在道德教化、平息争讼、制定村规民约等方面取得较大进展。

（1）弘扬吏治道德教化传统

劝民向善，道德教化，是古代吏治的一贯传统。明朝实行乡约讲读制度，除了讲解国家律令条文，还向百姓宣扬喜闻乐见的道德事迹、格言谚语，使村民受到良好的道德教化。明朝推崇老人的社会地位，"老人作为年尊、德才与名望的象征，在明初乡里制度中起到模范作用，也成为醇化乡里社会风尚的楷模"①。

---

① 金太军、施从美：《乡村关系与村民自治》，广州，广东人民出版社，2002年，第34页。

明代著名哲学家、心学一代大师王阳明在江西为官时，十分重视乡民的道德教化。他撰写《兴举社学牌》，要求家长教育好子弟，“务在隆师重道，毋得因仍旧染，习为偷薄，自取愆咎”。王阳明注意整饬民风民俗，以期人们“朝夕聚合，考德问业”。他“告谕父老子弟，今兵荒之余，困苦良甚。其各休养生息，相勉于善，父慈子孝，兄友弟恭，夫和妇从，长惠幼顺，勤俭以守家业，谦和以处乡里，心要平恕，毋怀险谲，事贵含忍，毋轻斗争。父老子弟曾见有温良逊让、卑己尊人而人不敬爱者乎？曾见有凶狠贪暴、利己侵人而人不疾怨者乎？夫嚚讼之人争利而未必得利，求伸而未必能伸，外见疾于官府，内破败其家业……故吾言恳于此，吾愧无德政，而徒以言教，父老其勉听吾言，各训戒其子弟，毋息!”① 足见其劝民向善的殷殷之情。

（2）采用柔性手段平息争讼

明太祖朱元璋颁行《教民榜文》晓谕百姓，内容涉及基层乡里社会的教化、治安、司法、赋税、兴学等各个方面，旨在推动社会教化和平息争讼。《教民榜文》在乡村设立里甲，建立乡村社学、乡饮、祀神等制度，希望通过“里设老人，选年高为众所服者，导民之善，平乡里争讼”②。里老人理讼的范围涉及“户婚、田土、斗殴、争占、失火、窃盗、骂言、钱债、赌博、擅食田园瓜果等、私宰耕牛、弃毁器物稼穑等、畜产咬杀人、卑幼私擅用财、亵渎神明、子孙违犯教令、师巫邪术、六畜践食禾稼等、均分水利”十九项。里老人的主要社会职能是“劝谕教化——宣讲圣谕、旌表孝子顺孙义夫节妇、行乡饮酒礼、倡导乡里祭祀、劝人息讼，督课赋税，治安防范，兴学兴教”③。明朝，乡村实行乡、里制，设有里老及粮长。其中，里老是为加强对乡村的管理设置的，相当于现在的调解员，处理民间户籍、婚姻、屋宇、田产以及打架斗殴等一般纠纷，遇到重大事件才告官。④

（3）重视村规民约的规范作用

明代重视村规民约在淳化民风、和睦乡邻方面的重要作用。正德十三年（1518），王阳明制定的《南赣乡约》前半部分的谕民公告指出：“故今特为乡约，以协和尔民。自今凡尔等同约之民，皆宜孝尔父母，敬尔兄

① (明)王阳明:《告谕各府父老子弟》,(明)王阳明著,陈恕编校:《王阳明全集·贰·别录》,北京,中国书店,2014年,第202页。

② (清)张廷玉等:《明史》,北京,中华书局,1974年,第1878页。

③ 韩秀桃:《〈教民榜文〉所见明初基层里老人理讼制度》,《法学研究》2000年第3期。

④ 参见杜婉言、方志远:《中国政治通史》第9卷,北京,人民出版社,1996年,第211页。

长，教训尔子孙，和顺尔乡里。死丧相助，患难相恤，善相劝勉，恶相告诫，息讼罢争，讲信修睦。务为良善之民，共成仁厚之俗。”① 《南赣乡约》把儒家伦理规则落实到具体的约定中，把道德教化渗透到乡村生活的方方面面，旨在维护乡村公共秩序和共同利益（见附录5）。

《南赣乡约》具有完整的组织形式。根据年龄和德行情况，设有约长一人，约副、约正、约赞、约史、知约等若干，职责是主持聚会、调解纠纷、彰善惩恶、宣讲圣谕等。乡约有定期集会，规定一月一会。乡约有固定的活动场所，被称为“乡所”。《南赣乡约》规劝乡民孝悌修身，惩恶扬善，讲究主次尊卑，和顺家庭伦理；互帮互助，患难与共；和善友爱，处理好人际关系，这有利于树立淳美家风，培育乡村优良社会道德。

4. 清代乡村软治理

满洲人入主中原，面临复杂的民族冲突和阶级矛盾，特别重视维护社会的稳定。清政府在乡村力推保甲制的基础上，重视利用乡绅阶层推行儒家伦理教化，推动软治理在乡村社会的实施。

（1）大举乡约，加强自律

清代统治者对基层乡村社会的控制延续了明代的乡治传统，即大举乡约，推广乡约宣讲制度。“乡约是一种乡规民约，它是在封建纲常伦理的指导下，结合本地实际，由本乡民众在族长、乡绅的主持下制定，对入约的本乡人士均有约束力的一种清规戒律。”② 乡约既能维持国家统治秩序，又能维护地方稳定，是民间的自律、自治的规范。乡约是自治的一种体现，由乡民自发地制定规约，处理村民生产生活中遇到的治安、经济、教育、礼俗等问题。

顺治十六年（1659），清廷令各直省、府、厅、州、县在乡村普遍设立乡约，由生员于每月朔望日集中宣讲《圣谕六言》。据统计，从顺治九年（1652）到光绪十七年（1891），清帝共颁布有关乡约的谕旨32道，③ 可见对乡约的重视。清代乡约的特点以圣谕为核心。在朝廷的大力提倡、督促下，各省地方设立了乡约组织，制定乡约条文。这些组织、约文虽因各地情况不同而表现各异，但其精神实质是一样的，都是以纲常礼法为灵魂，是纲常礼法与当地具体实际相结合的产物。清代，乡约功能已趋狭

① （明）王守仁：《南赣乡约》，（明）王守仁撰：《王阳明全集》上册，吴光、钱明、董平等编校，上海，上海古籍出版社，1992年，第599～600页。

② 刘德生：《乡约统治的时代》，（香港）《二十一世纪》1996年3月号。

③ 参见杨开道：《乡约制度的研究》，《社会学界》第5卷，1931年6月。

窄，重在教化，宣化上谕，成为朝廷、官府的御用工具。[①]

（2）颁布圣谕，化导民风

满洲人入主中原，为求长治久安，极力吸取历代统治经验，对道德教化极为重视。以皇帝钦定的圣谕作为教化的核心和主要内容，是清代教化的重要特点。

清开国不久，顺治帝即颁布圣谕，说："教化为朝廷首务。"顺治九年，仿明代《圣谕六言》颁行《六谕卧碑文》。康熙九年（1670），清廷颁布《圣谕十六条》，即"敦孝弟以重人伦，笃宗族以昭雍睦，和乡党以息争讼，重农桑以足衣食，尚节俭以惜财用，隆学校以端士习。黜异端以崇正学，讲法律以儆愚顽，明礼让以厚风俗，务本业以定民志，训子弟以禁非为，息诬告以全良善，诫窝逃以免株连，完钱粮以省催科，联保甲以弥盗贼，解仇愤以重身命"，旨在劝说百姓"重人伦""重农桑""端士习""厚风俗"，带有浓厚的儒家伦理色彩。雍正二年（1724），清世宗对《圣谕十六条》详加阐释，形为《圣谕广训》，刊刻颁行各省督抚学政，转行各府、州、县地方文武官员及教职衙门，晓谕军民生童人等，通行宣讲。《圣谕广训》是清朝为实现儒家理想社会而制定的政治思想纲领，乡约教化的普遍推广，体现了清朝以来以孝治天下的政治特色。除此之外，儒学经典、律令、礼仪以及乡规民约等也是教化的重要内容。

（3）依靠乡绅，宣讲圣谕

清初，地方官员亲自编撰教化指导材料，主要由官府衙门进行宣教，地方县衙建有褒德厅，经常召集民众宣讲圣谕、旌表文告、教化诗歌文章等。另外，还在交通要道设置讲堂，专门进行圣谕宣讲。另外，在乡村社会，每隔半月举行一次由十六条政治——道德准则组成的圣谕，向百姓灌输官方思想。但圣谕既不包含宗教内容，也没有宗教光环，如何才能让百姓信服、接纳并体现在人伦日用之中？将目光投向乡绅阶层，让乡绅阶层承担起宣讲圣谕的责任。在幅员辽阔的疆域内，如何把纷繁复杂的社会思想统一在一种思想之中，如何将各有所求的基层社会和百姓整合在一种制度之下，是任何统治者都必须面对的重要问题。

在自给自足的农耕社会，乡绅阶层享有文化和教育特权，清代乡贤事实上承担着宣讲圣谕的职责。"宣解圣谕，化导民风，绅曹士庶，一体遵从，下消诊气，上格苍穹，能知礼仪，自靖兵戎，里仁俗美，人寿年丰，穷乡僻壤，地殊情同，更望师长，训教儿童，现开讲局，先设城中，选董

① 参见杨开道：《乡约制度的研究》，《社会学界》第5卷，1931年6月。

举行，日久奖功，为此示谕，各宜省躬。”[①] 清廷利用乡绅阶层进行儒家伦理教化和社会整合。“其绅士居乡者，必当维持风化，其耆老望重者，亦当感劝闾阎，果能家喻户晓，礼让风行，自然百事吉祥，年丰人寿矣。”乡绅宣传圣谕的效果比地方官员要好，乡绅与百姓联系更密切，对百姓更为了解，能够用百姓听得懂的乡言俚语来解说圣谕，或是结合乡规民约来解释圣谕，推动官方意识形态向民间社会渗透。

（4）建立乡约组织，丰富教化载体

清代，乡村社会基础组织进一步分化，诞生了诸如青苗会、同善会等民间组织，为实施软治理奠定了社会基础。这些民间组织是临时性和松散性的，没有严密的组织体系和组织规范，但它们对乡村社会生活和经济的意义远比国家政权延伸来的基层组织更为重要。[②] 清代，乡村社会建立了别具特色的教化组织——乡约组织。“尝为乡约曰：凡同约者，德业相劝，过失相规，礼俗相交，患难相恤。”乡约制度具有独特的软治理功能，并与乡村其他治理制度相结合，“其目的是官僚机构进一步加强对乡村社会的整合与资源的汲取，以维系其统治体系的运转”[③]。例如，明清时期闽台地区乡约得到普遍推行，是当时特殊历史背景下闽台地方基层政权与乡绅势力重建社会秩序的一种表现。[④] 清代，除乡约外，社学、书院、私塾、义学以官方和非官方的组织形式、以儒家经义为教育内容推行教化，而保甲、宗族等组织和族表、宗教、戏曲等文化载体均各以其自身特有的功能推行与宣导教化。

（5）调解民间纠纷，有效化解矛盾

清代，官府倡导“和为贵”的理念，不希望民间发生有伤风俗的民事纠纷。“民之有讼，出于不得已而后控，官之听讼亦出于不得已而后准，非皆乐于有事者也。”[⑤] 对于民事纠纷，地方官府倾向于在乡村内部调解解决，一般是先由亲邻调解，若调解不成，再“打官司”。

三、民国时期乡村建设运动中的软治理探索

民国时期，国家动荡，战乱频仍，是中华民族由传统社会向现代社会转型的关键时期。民国时期的乡村建设涉及文化和教育等领域，通过发展

---

① 《江苏常州府江阴县乡约局规》(咸丰五年五月)。

② 参见马戎:《中国乡镇组织变迁研究》,北京,华夏出版社,2002 年,第 308 页。

③ 陈晓莉:《新时期乡村治理主体及其行为关系研究》,北京,中国社会科学出版社,2012 年,第 41 页。

④ 参见汪毅夫:《试论明清时期的闽台乡约》,《中国史研究》2002 年第 2 期。

⑤ (清)黄六鸿:《福惠全书》,《官箴书集成》第 3 册,合肥,黄山书社,1997 年,第 328 页。

教育启发民众自觉，运用社会力量促进乡村组织建设，采用团结合作的办法进行农村经济建设，调动村民积极性，倡导村民自治，乡村建设运动具有鲜明的软治理色彩。民国时期，较有代表性的软治理举措主要有：发展乡村教育，提高村民的知识文化水平；建立乡村互助合作组织，增强村民互助自强的能力；破除陋习恶俗，改良社会风俗；等等。上述举措取得了良好的实践效果。

（一）中华民国时期乡村建设的背景

辛亥革命推翻帝制后，建立了资产阶级共和国，民主革命先行者孙中山在乡村社会建立了县、区、乡三级政权体制。随着科举制的废除，民国时期乡绅大量减少，乡村社会和国家联结的纽带断裂。皇权不复存在，族权岌岌可危，绅权日渐式微，宗族组织、乡绅阶层发生蜕变和瓦解，传统社会乡村治理的社会环境发生巨变。

民国时期各种政治力量粉墨登场，袁世凯、黎元洪、徐世昌、蒋介石等鼓吹“地方自治”，颁布了一系列地方自治条例，推动国家权力向乡村渗透，在乡村建立各种基层组织，加强对乡村的控制，强化不同派系自身的统治。当时的“乡村自治”，“名为自治，实为官治”。[①] 暴力和强权纷纷登场，土豪劣绅日益增多，“营利型经纪人”（将小农视为榨取利润的对象）不断取代“保护型经纪人”（代表社区利益，并保护自己的社区免遭国家的侵犯）[②]。乡村精英的角色转化导致国家政权“内卷化”，营利型经纪体制向乡村的延伸，意味着国家政权的深层蜕化，乡村社会进一步被压榨和逐步破产。民国时期的政权内卷化在被日本侵占的华北地区尤为严重，日本在占领区实行大乡制，迫使乡村领袖和村民对立，德高望重的乡村领袖退出，地痞流氓恶棍充斥乡村政权，“这使国家政权在民众中的威信更为降低，实际上这是一种‘内卷化’的政权扩张”[③]。费孝通指出，晚清以来中央集权与地方自治政治双轨制的解体导致基层行政效率低下和地方社会结构紊乱。[④]

早在20世纪20年代，农业生产方式较为落后，农村生产力水平较低，农民生活较为艰难。由于时局动荡、战乱不断，乡村发展面临枯竭，

---

① 王培棠编著：《江苏省乡土志》，民国刊本，第229页。

② 〔美〕杜赞奇：《文化、权力与国家：1900—1942年的华北农村》，南京，江苏人民出版社，1994年，第53页。

③ 〔美〕杜赞奇：《文化、权力与国家：1900—1942年的华北农村》，南京，江苏人民出版社，1994年，第212页。

④ 参见《费孝通文集》第4卷，北京，群言出版社，1999年，第337～342页。

乡村衰败成为令人忧虑的社会问题。为繁荣农村经济，发展农村事业，民国时期开展了形式多样的乡村建设实验。各种形式的乡村建设团体有600多个，比较著名的有南京国民政府的江宁实验、阎锡山的山西村政建设、梁漱溟的山东邹平实验、晏阳初的河北定县实验、高阳的无锡实验、卢作孚的四川北碚实验、黄炎培的徐公桥实验、陶行知的乡村教育实践以及中国共产党领导的延安乡村建设，等等。

（二）中华民国时期乡村建设中的软治理探索

从思想到行动，中华民国时期乡村建设运动如火如荼，探索出了一条具有软治理特色的道路。民国乡村建设运动是一场社会改良运动，即在维护现存社会制度和秩序的前提下，采用和平的方法，通过兴办教育、改良农业、流通金融、提倡合作、公共卫生和移风易俗等措施，以复兴日趋衰落的农村经济，实现所谓的民族再造或民族自救。① 据《第二次中国教育年鉴》统计，全国各地建立的各种乡村教育与乡村建设的实验区到1935年已多达193处。② 在乡村建设运动中，具有鲜明软治理色彩的举措主要体现在以下几个方面。

1. 文化再造与礼俗道德的进步

梁漱溟在《中国文化要义》和《乡村建设理论》等专著中，提出只有中国儒家文化才能保障中国的复兴。中国是伦理本位的社会，要通过恢复“法治礼俗”来巩固社会秩序。中国不能走西方现代化的老路，而应当从文化中寻求复兴乡村的良方，即“创造新文化，救活旧农村”。梁漱溟创造了“文化——乡村改造”模式，认为乡村建设的核心任务是文化再造，文化精英要与农民结合，为乡村发展贡献力量。

1931年，梁漱溟在山东邹平、菏泽开展乡村建设实验。梁漱溟废除乡村自治组织——乡镇公所，在县以下设立“政教合一”机构——乡学，乡学一般由几个村或十几个村设立。乡学之下设立村学，培养农民新的政治习惯，养成对团体生活和公共事务关注的习惯。乡学接受县政府领导，乡学学长由乡村德高望重、有文化、年龄高的乡绅名流担任。乡学学长监督和调和众人，乡里行政事务由乡理事处理，学长监督理事。梁漱溟提出“大家齐心向上，学好求进步”的主张，发展农民合作社等团体组织，推

---

① 参见胡玲玲:《民国时期“乡村建设运动”经验对当前乡村治理的启示》,《淮海工学院学报》(人文社会科学版)2016年第5期。

② 参见教育部教育年鉴委员会编:《第二次中国教育年鉴》,北京,商务印书馆,1948年,第1455页。

动科学生产技术和礼俗道德进步。

2. 开展平民教育活动

在梁漱溟及乡村建设研究院的努力下，至1937年，邹平14乡316村共建立乡学、村学285处，其中乡学14处，村学271处，众多乡学、村学的开办，对于促进邹平乡村教育的发展起了积极的作用。① 梁漱溟在山东邹平等17个县推行“乡农教育”，参照北宋《吕氏乡约》的做法，制定村规民约，推行伦理教化，取得了一定实效。

1922年，晏阳初发起全国识字运动，“除文盲，做新民”。他在湖南长沙组织平民教育讨论会，推行《全城平民教育运动计划》。他将长沙分为52个单位，发动小学教师以游行、散发传单等方式推行平民教育。1923年，晏阳初在北京成立中华平民教育促进会，在多地开展义务扫盲活动，并逐渐认识到平民教育的重点是农民教育。中华平民教育促进会设立乡村教育部，以河北定县作为实验试点。晏阳初调查发现，农民存在“愚、穷、弱、私”的问题，因此要大力开展“四大教育”，即文艺教育、生计教育、卫生教育和公民教育。其中，“文艺教育”治愚，欣赏和了解自然环境和社会生活，培养知识力；“生计教育”治贫，普及科学的知识技术改善生计组织，提高农民经济生活；“卫生教育”治弱，普及卫生知识，养成卫生习惯，培养健康国民；“公民教育”治私，培养公共心与合作精神，训练团结力。“四大教育”必须整体推进，以提高成效。平民教育的方式主要有学校式教育、社会式教育和家庭式教育等。河北定县倡导毁庙兴学，发展教育，建立了完整的乡村学校教育体系，大力扫除社会青年文盲。到1934年6月，定县14～25岁的青年中，文盲仅占39%。男性青年中，文盲占10%；女性青年中，文盲占73。② 晏阳初加强农村教育，送知识下乡，进行农民教育的研究与调查，形成了“教育——乡村改造”定县模式。该模式取得了较好的社会效果，河北省成为当时乡村治理模范省，晏阳初的经验在全国得到推广。

在四川省北碚县，卢作孚积极创办民众教育。卢作孚认为，乡村建设的目标是乡村现代化，而乡村现代化离不开人才培养和民众素质提升。“乡村现代化，应先解决人的训练问题，使训练出来的人担负起责任，这

---

① 参见胡玲玲:《民国时期“乡村建设运动”经验对当前乡村治理的启示》,《淮海工学院学报》(人文社会科学版)2016年第5期。

② 参见《晏阳初全集》第1卷,长沙,湖南教育出版社,1989,第408页。

样才能够在旧社会中创造出新的社会来。”① 卢作孚采用学校教育和社会教育两种方式开展民众教育，民众教育有实业作为基础和保障。卢作孚将个人的民生实业股份有限公司的部分利润用于兴办文化教育事业，于1928年创办北碚第一所高级小学，之后又兴办兼善中学、瑞山中学等中小学校，培养有理想、有抱负、有技能、有奉献精神的青年人才。

陶行知提出“平民教育论”，把“乡村学校作为乡村改造的中心”，希望借此提高村民的道德水平。他成立民众学校，创办了吉祥庵、神策门等多所乡村学校，鼓励南京晓庄附近村民入学，“开学不到一周，到校学员来自周边19个小村庄，最远的在四五里外”，“最多时达到50人左右”。② 陶行知以中华教育改进社为抓手，普及乡村教育，培育村民及其子弟的道德意识。他还成立中心茶园，号召村民读书看报，扫除聚众赌博、吸食鸦片的恶习。陶行知倡导教育是改造社会的工具，教育要与社会生活实践紧密结合，满足人民大众生活向上向前的需要。乡村教育搞得好不好，直接关系三亿四千万人民的幸福。他在《全国乡村教育改造的宣言书》《师范教育下乡运动》《创设乡村幼稚园宣言》《中国乡村教育之根本改造》等文章中提出教育必须下乡，知识必须给予农民；要利用祠堂、庙宇、会馆、公所以及其他空闲房屋等社区资源办学，利用门牌、发票、货币、报纸等一切有字之物充当教材，全国小学生、全国识字成人、全国知识分子辅导、普及和推进现代生活教育。在正规学校中，要利用农田、商店、工场等资源为学生提供学习和实践的机会与条件，真正将教育融入社区之中。乡村学校要让农民认识文字、学习技能，提高生活质量。教育内容主要包括村民自治、平民教育、合作组织、乡村生活调查、农民娱乐等内容。在多种措施的协同推进下，南京晓庄周边地区的村民道德水平得到极大提升。乡村改造活动有效破解了乡村“愚、穷、弱、私”等问题，获得村民的认可。在晓庄师范建校一周年时，各村乡民“打锣、敲鼓、吹笛、吹笙，一面还放着连串的爆竹”，送来“许多匾额和对联，匾额曰‘改造社会’‘造福乡村’‘农人导师’‘农人良友’”。③

3. 发挥村规民约的治理作用

河北定县翟城村注重制定村规民约，改良社会风俗，改善卫生状况。1914年，上任伊始的河北定县知事孙发绪提出仿效日本模范村，把翟城

① 卢作孚:《中国的根本问题是人的训练》，卢作孚:《中国的建设问题与人的训练》，上海，生活书店，1934年，第105页。

② 王文岭:《晓庄师范与民国乡村建设》，南京，河海大学出版社，2017年，第133页。

③ 杨效春:《晓庄一岁》，上海，儿童书局，1933年，第45页。

村打造为中国本土的自治模范村。翟城村的自治事务涉及纳税组合、义仓、风俗改良、卫生与交通、保卫等方方面面。翟城村《改良风俗规约》规定，男非满20岁不娶，女非满16岁不嫁；女子不准缠足，其已缠未满16岁者，一律放足；办理丧事时，禁止照庙说书、念经、糊纸人等活动；过年劳酒，注重阳历，并禁贴灶门香；除丧事死者的子女仍遵行旧礼外，其余庆贺吊问，概行鞠躬，严禁跪拜；其他有涉迷信的种种风俗，也一律改正。① 1915年3月，针对秽土烂柴堆积街内浊气散发危害环境的糟糕卫生状况，翟城村议定了全村卫生治理办法，各街推荐两人监督每户村民，进行卫生清理，一月之后，污秽清除完毕，街巷两旁栽种树木，卫生状况大为改观。为巩固卫生治理成果，翟城村制定了《卫生所规约》，规定公共卫生由村卫生所负责。村民要做到“三不准”，即不准在街内设置厕所粪坑，不准在街内晒粪，不准在街内堆积粪土。每日黄昏前，各家出一人清扫门前，以保持街道清洁。卫生所还负责全村传染病的预防及救护，于每年春夏，用村慈善捐款购买痘浆，免费为村民施种牛痘。②

阎锡山自1917年开始主政山西，认为社会治理的基础在乡村，要加强村政建设。村政建设的主要内容是“六政”（水利、蚕桑、种树、禁烟、剪发、放足）和“三事”（种棉、造林、畜牧）。伴随山西村政建设的开展，大量“村范”“村禁约”问世。“村范”为村民言行提供规范；“村禁约”主要是列举不得从事的事项，明确禁止性规范，如女子不得缠足、树木不得毁坏，等等。“某某村公议禁约如下，不准贩卖金丹洋烟，不准聚赌窝娼，不准打架斗殴，不准游手好闲，不准忤逆不孝，不准儿童无故失学，不偷窃田禾，不准毁坏树木，不准挑唆词讼，不准缠足，不准放牧牛，不准侵占别人财产。”③ 阎锡山强调“村范”和“村禁约”相辅相成，以“村范”开其先，以“禁约”善其后，“既足补法官检察所不及，又可省警察渗设之繁费”，并能收到“坏人者畏社会制裁之力，日见其少”的效果。④ 1922年，阎锡山推行“村本政治”，成立村公会、息讼会、人民会议等机构，对吸毒贩毒、窝娼、聚赌、偷盗、斗殴、游手好闲、怜逆不

① 参见李德芳:《民国时期乡村治理方式的变革:以河北定县为例》,《第二届中国地方治理学术研讨会论文集 中山大学行政管理研究中心会议论文集》,2004年1月。

② 参见李德芳:《民国时期乡村治理方式的变革:以河北定县为例》,《第二届中国地方治理学术研讨会论文集 中山大学行政管理研究中心会议论文集》,2004年1月。

③ 柳诒徵:《中国文化史》下册,北京,中国大百科全书出版社,1988年,第842页。

④ 成新文:《评阎锡山的村政建设》,《晋阳学刊》1995年第1期。

孝之人进行感化教育，在伦理观念上提出“村公道”和“村仁化”。①

4. 支持农村合作社事业

合作主义思潮自清末民初传入我国，引起有志之士的关注。梁漱溟提出合作社思想，倡导“政教合一”原则，呼吁乡学、村学聚焦于合作事业，并成立了“邹平实验县合作事业指导委员会”。

南京国民政府成立之前，经济合作事业有零星尝试，但效果不明显。1931 年 4 月，农矿部公布农村合作社暂行规程，是年 5 月国民会议制定并通过了《中华民国训政时期约法》，致力于发展农村合作社事业，推动其如火如荼发展和活跃起来。农业合作社的成立，旨在满足农民的资金需求，提高农产品价格。宁波开办合作社事业较早，1928 年第四区县长会议通过《提倡农民合作社案》。② 同年秋，宁波鄞县成立“农人肥料合作社”，该社以全县为范围，社员有两千余人，遍布鄞县各乡镇，但是组织不健全，会务办理也不理想。③ 为积极推动合作事业的发展，鄞县政府派员调查合作社事业，于 1931 年 1 月成立“县合作事业促进委员会”。20 世纪 30 年代，鄞县合作社事业发展迅速，相继成立了一批合作社（见表 3-1、表 3-2）。

表 3-1　经政府核准成立并登记的合作社

	类别	社员人数	社股总额		已缴金额	核准登记日期
			股数	银数		
少白村有限责任利用合作社	利用	一八	三九六	一九八〇	一九八〇	二一，二，二四
东乡农人有限责任肥料供给合作社	供给	二六二	三九八	一一九四	三九八	二〇，七，二〇
第十区有限责任耕牛保险合作社	保险	五五	一八八	三七六	三七六	二一，二，九
九龙乡无限责任信用工作社	信用	三〇	四三	二一五	二一五	二一，五，一三

① 白寿彝总主编，王桧林、郭大钧、鲁振祥主编：《中国通史·第十二卷·近代后编（1919—1949）》，上海，上海人民出版社，1998 年，第 1211 页。

② 参见《第四区县长会议第三日》，《申报》1928 年 7 月 16 日。

③ 参见《鄞县办理合作社事业经过及进行概况》，宁波市鄞州区档案馆编：《近代鄞县史料辑录》，天津，天津古籍出版社，2013 年，第 31 页。

续表

	类别	社员人数	社股总额		已缴金额	核准登记日期
			股数	银数		
第三区有限责任农村信用供给合作社	信用供给	四一	二一一	四二二	四二二	二一，六，二
江北有限责任肥料供给合作社	供给	五五	五八	一七四	一七四	二一，六，三

表 3-2　经政府许可设立而未经核准登记之合作社

	类别	设立人代表姓名	许可设立日期
农民有限责任肥料供给合作社	供给	金晋辉等	二〇，七，二一
第六区有限责任耕牛保险合作社	保险	施永香等	二〇，七，二八
东南有限责任耕牛保险合作社	保险	王钦荣等	二〇，八，二〇
西成区农村有限责任肥料供给合作社	供给	任世恩等	二一，五，一三

资料来源：宁波市鄞州区档案馆编：《近代鄞县史料辑录》，天津，天津古籍出版社，2013 年，第 33～34 页。

20 世纪 30 年代，浙江宁波成立了大量合作社，较有代表性的是 1932 年成立的鄞县堇江贝母运销合作社和鄞东钱湖农民利用合作社，1934 年成立的鄞县咸东有限责任柴炭运销合作社和外海渔业捕捞合作社。1935 年，政府为表示支持并统制全省贝母，省建设厅从浙江地方银行借款收买鄞县堇江贝母合作社的贝母。① 鄞奉地区还举办合作社干部讲习会，鄞县县长陈宝麟还亲自出席结业典礼，为合作社事业培养人才，以推广合作社事业，促进合作社事业的发展。②

由于合作社经营不善和抗日战争爆发等不利因素的影响，抗战胜利之际，宁波鄞县仅存两个合作社，分别为中国合作社鄞县支社和中国合作社宁波水产合作社。中国合作社鄞县支社于 1931 年开始筹备，时称“鄞县第十区农村产销供运合作社”，翌年 1 月扩大范围，改称“宁波合作社”，主要为社员配给肥皂、洋烛、菜油、豆、盐等日用品，同年 6 月 10 日奉令改为“中国合作社鄞县支社”。“该社共有社员二九，五八八户，出资口数（即股东数）计二一，一四四名，资金总额二，二二二，八〇〇元。历年除办配给物，又于卅二年成立山产部于鄞江桥，贩卖茶叶，创模范农

① 参见《甬地方银行经理等今日赴樟村发放贝母贷款》，《宁波民国日报》1935 年 9 月 14 日。

② 参见《鄞第八区合作讲习会结束》，《宁波民国日报》1939 年 3 月 6 日。

场，广事宣传，改良农产。”① 中国合作社宁波水产合作社成立于1941年11月，原名为“有限责任宁波水产合作社”。该社在江厦街设有鱼市场，但是资金短缺，业务受到同行挤压，附设有渔民福利小学及渔民施诊所（设在宁波大来街），办理渔业贷款是该社主要业务之一。② 抗战胜利之后，国民政府力图恢复合作社，但由于形势所限，最终不了了之。

5. 民间力量参与乡村矛盾调解

民国时期，延续了古代民间纠纷的解决方式，即主要依靠族长或德高望重的长者等民间力量参与乡村纠纷的调解。1911～1928年，政府权力没有渗透到乡村，县知事主要依靠乡村精英维持乡村秩序。1928年，国民政府试图采取措施削弱城镇精英的势力，并将正规官僚体制扩展到县级以下。③ 国民政府的乡村重组并给有改变乡村权力结构，乡村精英继续维持传统的地位和作用，继续承担乡村纠纷调解的任务。“中华民国时期，虽然中央政府试图将国家权力延伸至乡村，实际上，非正式精英在乡村治理中所扮演的角色与作用十分重要。”④

一是家族调解，主要分为族内调解和族间调解。族内调解针对的是宗族或家族内部的矛盾，大多由族长出面解决。族间调解针对的是不同家族之间的矛盾和纠纷，一般由其他宗族的权威人物居间调解。“只要宗族或家族存在，一切问题就在其内部解决了。”⑤ “天高皇帝远”，公权力难以触及基层，只能依靠宗族或家族自治组织进行管理。实践证明，利用宗族或家族力量解决乡村矛盾纠纷，成本低，方便快捷，效果好，节约了国家治理成本。

二是精英调解，主要是指乡绅和村长等乡村精英人物参与矛盾纠纷的处理。乡村社会是熟人社会，精英人物的品德和能力深得百姓信赖。一方面，乡绅作为权威人物，具有经济资源、社会资本、文化知识等优势，在乡村社会有很大的发言权和影响力。“辛亥革命之后的民间社会，在相当长的一个时期内，依然存在着由乡绅阶层以及乡族上层人物来实施管理控

---

① 逸飞：《浙东观感（四）——今日之宁波》，《申报》1945年6月18日。

② 参见逸飞：《浙东观感（四）——今日之宁波》，《申报》1945年6月18日。

③ 参见李怀印：《华北村治：晚清和民国时期的国家与乡村》，岁有生、王士皓译，北京，中华书局，2008年，第25～26页。

④ 萧公权：《民国乡村：十九世纪帝国政权对人民的控制》（*Rural China：Imperial Control in the Nineteenth Century*），转引自黄宗智：《华北的小农经济与社会变迁》，北京，中华书局，2000年，第21页。

⑤ 谢冬慧：《民国时期乡村区域治理的特殊力量》，《东南学术》2015年第2期。

制局面。”① “乡绅熟悉地方事务，风闻切近，与地方亲近无间，自视为乡里福祉的保护人，可为官府备咨询、提建议，可受命官宪而办事，或协助官府而办事。”② 乡绅坚持儒家伦理的乡里道义，在乡村矛盾的处理方面发挥独特作用。另一方面，村正也是乡村矛盾重要的调解主体。民国初年，实施“新政”，广泛设置村正职务。村正既是一村之长，也是百姓一员，熟悉乡村事务，能够上传下达。村正一般具有公正的作风、调解纠纷的能力，善于和地方官员打交道，能够获得村民支持和上级保护。村正调解纠纷，“天时地利人和”，能够兼顾村民利益诉求、乡村价值导向、地方官员维持秩序的愿望，取得了较好的矛盾调解的效果。

三是精英调解的组织机构——乡调解委员会的设立。《河北省顺义县志》记载，1931 年设立乡调解委员会，“每一编村设立一处由村民选举公断员五人或七人组织之（均为无给职），再由公断员中互推一人为主席处理村中争执事件，范围很广，除命盗案外，均可请求调解，但不服者得自由起诉”③。乡调解委员会由多名乡村精英组成，采用公断方式，确保调解的公正性与合理性。为规范乡调解委员会的调解活动，国民政府分别于 1931 年和 1943 年颁布《区、乡、镇、坊调解委员会权限规程》《乡镇调解委员会组织规则》。

民国时期民间调解具有显著的软治理色彩，主要是依据民俗乡规来进行，充分发挥地方性制度资源的作用；尊重乡村善良风俗并将其制度化和规范化。例如，1945 年 3 月 9 日，国民政府专门出台了《倡导民间善良习俗实施办法》，倡导民间善良习俗，以实行礼义廉耻、整齐清洁、简单朴素、迅速确实、共同一致之新生活作为准则；如民间旧有习俗与时代不相违背、与法律不相抵触、不妨碍公共秩序，且有提倡价值者，应辅导其改善和发展；蒙古、西藏两地因宗教关系风俗特殊，应另订蒙藏地方推行新生活办法倡导之。④ 该做法实现了乡村矛盾的就地化解，减轻了地方政府的治理负担，有效地维护了乡村秩序，保持了乡村社会的稳定。

6. 乡村风俗文化的改良

民国时期，各地普遍从剪辫易服禁缠足开始，推动乡村风俗文化的改良。例如，浙江省奉化县于民国初年制定改良风俗议案，倡导节俭婚嫁费用、节省丧葬费用、禁止妇女缠足、严禁花会串客、禁止妇女宿山、严禁

① 李长莉、左玉河：《近代中国的城市和乡村》，北京，社会科学文献出版社，2006 年，第 292 页。
② 李长莉、左玉河：《近代中国的城市和乡村》，北京，社会科学文献出版社，2006 年，第 273 页。
③ 《顺义县志》，成文出版社民国 22(1934)年铅印本，第 303～304 页。
④ 参见《倡导民间善良习俗实施办法》，《山东省政府公报》复刊第 24 期，1946 年。

灯戏、戒吸卷烟、严禁凌虐童养媳、严禁开场聚赌，等等。1911 年 7 月，奉化县议会强调，“民国成立，政尚共和，举一切浇风薄俗，固应悉予革除”，即使是“间有习俗所趋未合文明之度者”也要“及时改良，以正人心，而敦风俗”，不得因“僻在山乡”就使风气“安于固陋”。①

南京国民政府成立之后，由于常年受到战争的影响，乡村风俗文化的改良进展缓慢。1934 年，南京国民政府在全国推广“新生活运动”，各地纷纷响应，广泛宣传并身体力行。例如，宁波地区成立“浙江新生活运动促进会鄞县支会”，举行市民大会活动，悬挂《浙江新生活运动促进会鄞县支会》横匾，张贴“革故鼎新赖全国闻风兴起，涤瑕荡秽要大家身体力行”联对，高竖“礼义廉耻”大字标语。大会主席团赵胜次、鄞县党部常委左洵、县长陈宝麟等纷纷发言，讲述新生活运动的大义，主要是反对粗野卑陋，求生活的艺术化；反对争盗窃乞，追求生活的生产化；反对乱邪昏儒，追求生活的军事化。概而言之，要追求生活合理化，日常饮食起居，应提倡礼义廉耻。“现在先从养成生活上之整齐，清洁，简单，朴素做起，将来达到合乎礼义廉耻的目标，自浅入深，从简到繁，推己及人。”② 新生活运动历时较长，从 1934 年一直持续到 1949 年国民党败逃台湾，之后又以“中华文化复兴运动”的形式持续下去。新生活运动虽然宣传多于实践，与国民政府的预期相去甚远，但在一定程度上对淳化风气、消除陋习、改造乡村环境、培养乡民习惯等发挥重要作用。

（三）民国时期乡村软治理实践的总结和反思

民国时期的乡村建设运动，采取了大量软治理的措施，在复兴传统文化、发展乡村教育、健全村规民约、调解乡村纠纷等方面取得良好的治理效果。虽然相关举措尚不健全和完善，但毕竟是在治理理念和制度设计等方面做了重要的探索并有所突破，为当代中国乡村治理提供了可资借鉴的宝贵经验。

1. 拓展乡村软治理的主体性力量

推进乡村软治理，振兴乡村传统文化，发展乡村教育事业，促进农民团结合作，化解乡村矛盾纠纷等，并非单一力量所能完成，需要动员多元主体参与其中，形成治理合力。但是，民国时期接受近代新式教育的乡村精英离开乡村流向城市，乡村治理缺乏责任心强、能力突出的知识精英，

---

① 《中华民国七月奉化县参议会议决案》，宁波市档案馆编，孙伟良主编，孙善根编校：《民初宁波地方自治史料集》，杭州，浙江大学出版社，2012 年，第 29～37 页。

② 《宣传推行新生活运动——宁波市民大会记详》，《上海宁波日报》1934 年 6 月 18 日。

乡村精英在乡村治理中的作用逐渐减弱。尽管国民政府在乡村治理过程中发挥主导作用，但其治理成本高、效果差，引起知识分子的担忧。有责任心的知识分子或是亲力亲为，或是组织社团积极参与乡村事务的治理，推动乡村治理变革，以弥补乡村精英之不足。例如，1927～1930 年，陶行知在南京晓庄开展乡村建设实践，中华教育改进社成员和乡师学子拜访晓庄一带德高望重的乡绅，争取乡绅对乡村建设的支持。不仅如此，他们还采取“会朋友”“艺友制”的方式，将乡师学子派往村民家中交流。这种以乡绅开道，注重情感交流的方式，消除了陶行知团队与农民的隔阂，为乡村建设奠定了情感基础。因此，在乡村软治理过程中有必要借鉴民国时期的经验，把政府、社会组织、乡村精英、村民等多元主体的力量汇聚起来，推动多元主体共同参与，建立情感纽带，构建多元共治的乡村治理格局。

2. 政府与民间力量良性互动

自古以来，乡村治理结构一直是典型的“官—民”二元结构。① 在乡村治理过程中，政府与民间力量各具优势，乡村事务往往需要二者合作完成。政府不能包办一切，需要借助民间力量，二者应该保持平衡，实现良性互动，即政府采取激励措施，鼓励民间力量发挥作用；政府不对民间力量做过多干预，为民间力量发挥作用创设一定的自由空间。另外，民间力量要接受政府的指导，更好地发挥协同治理效用。

应予强调的是，为激励民间力量参与乡村治理，政府有必要对做出突出贡献的人士进行表彰和奖励，形成良好的榜样示范效应。例如，1935 年浙江省教育厅对宁波地区捐资兴学人士分别予以奖励，颁给“捐资兴学奖状”，“得国府奖状者鄞县陈神佐…得教育部一等奖状者：奉化竺泉通…三等奖状者…奉化陈□、陈卓，鄞县徐庆云，得五等奖状者有鄞县周宗良、傅成洨、蔡董氏、周条庆、周延龄、杨菊庭、陈松泉、金廷荪、王杨氏，奉化王文翰、叶张氏、陈绍函、方汪氏、竺芝□”。② 政府大张旗鼓地表彰社会人士的捐资助学行为，激励更多社会人士为乡村教育做出贡献，推动乡村教育快速发展。

3. 挖掘乡村软治理的地方制度资源

民国时期，乡规民约初步展现了正式制度化的村民自治特征。③ 中央

① 参见刘大伟、杜京容：《民国时期南京晓庄乡村治理模式探析》，《江汉论坛》2020 年第 4 期。

② 《旧宁属捐资兴学人士政府分别奖励》，《宁波民国日报》1935 年 5 月 17 日。

③ 参见郎友兴：《对七十二年前山东一个村庄村规民约的简要述评》，《中国农村观察》2003 年第2 期。

和地方政府出台了大量政策方案和制度规定，为乡村软治理提供制度性资源。无论是传统文化的复兴，还是平民教育的开展，抑或是乡村矛盾的调解等，都需要善于挖掘和运用乡约习惯这一特定的地方制度资源。

4. 观照乡村软治理的地域差异性

中国幅员辽阔、地大物博，乡村治理生态千差万别。在特定乡村适用的软治理措施，更换到其他乡村实施，未必奏效。因此，要观照乡村软治理的地域差异性，根据乡村现实需要去探索行之有效的软治理举措。例如，针对生活贫穷、科技落后的地区，乡村教育应该侧重于农作物的改良和推广，增加小麦、棉花、大豆、玉米等农作物的产量，同时推动科技下乡，加强对村民的科技培训，提高其科技素养。针对合作观念和互助组织缺乏的乡村，应在乡村兴办合作社，以合作的方式进行农业技术改造，改善耕作模式，改良农作物品种，推动农业经济规模化和工业化，同时以合作精神塑造村民，体现自治特色。

5. 提供乡村软治理的配套条件

提高乡村软治理的成效，需要有完备的条件作为支撑。实践经验证明，发达的经济水平、先进的教育理念、卓越的能力素养，能够为乡村软治理的实施提供有力支撑。乡村软治理如果不充分利用经济、文化、教育等有利因素，仅仅采用软法工具、思想教育手段、物质激励等，难以发挥乡村软治理的整体效用，无法取得预期效果。

民国时期，乡村经济、政治、文化等方面发生重大变化。外国列强凭借发达的生产技术，生产成本低廉的商品，这些商品如潮水般冲击着中国的市场，致使中国传统农业和手工业遭到严重冲击，乡村经济呈现凋敝局面；民国时期政权分裂，军阀混战，内战不断，乡村建设缺乏强有力的政权保障；不仅如此，民国时期的西方文化以强劲的势头传入，并对国人思想产生深刻影响，文化失调现象日益严重。乡村建设运动正是在这种背景下展开的，目的是建设新的礼俗，创造新的组织文化，实现乡村复兴的目标。梁漱溟认为："所谓建设不是旁的，是建设一个新的社会组织构造——即建设新的礼俗。"① 晏阳初认为："乡村建设就是整个社会结构的建设，其内容包括文化、教育、农业、经济、自卫等方面。"② 陈序经认为："乡村建设运动实为农村复兴运动，实际上也就是以农立国。"③ 不难

① 梁漱溟：《乡村建设理论》，北京，商务印书馆，2015年，第144页。

② 晏阳初：《十年来的中国乡村建设》，《晏阳初全集》第1卷，长沙，湖南教育出版社，1989年，第559页。

③ 陈序经：《乡村建设理论的检讨》，广州，中山大学出版社，2004年，第113页。

看出，民国时期的乡村建设涵盖文化、教育等柔性因素，蕴含乡村软治理的命题。反过来讲，乡村软治理同样需要经济发展、政治稳定、社会团结、文化进步等配套条件的支持。

四、近代以来中国共产党乡村软治理的考察

近代以来至新中国成立之前，中国共产党先后在大革命时期、土地革命时期、抗日战争时期、解放战争时期积极探索乡村治理的举措，从体制外对乡村政治、经济、文化、社会等进行全方位的革命性改造，其中部分措施具有鲜明的软治理色彩，积累了较为丰富的乡村软治理经验。

（一）国民大革命时期（1924～1927）：乡村软治理的萌发

中国共产党在成立之初高度重视思想宣传、政治教育等的柔性教化功能，以此组织革命力量。中国共产党明确宣告自身无产阶级政党的性质和建立无产阶级专政的革命目标，强调“把工农劳动者和士兵组织起来”①，并将党的思想、组织和力量渗透其中。例如，中国第一个新型农民组织于1921年9月在浙江萧山衙前村成立，广州的马克思主义小组组员通过创办《新村》刊物来宣传马克思主义和党的主张。党的二大提出了“用阶级斗争的手段，建立劳农的政治”的目标，认为绝大多数农民是“革命运动中的最大要素”②，并且能与工人结成革命联盟，取得革命的成功。广泛深入的教育宣传，推动农民运动如火如荼的开展。1922年7月，彭湃在广东省海丰县成立第一个秘密农会；到1923年5月，海丰、陆丰、惠阳三县的很多地方成立了农会，会员达20多万人；9月，党领导湖南衡山县白果地区农民成立的岳北农工会，成为湖南农民运动的第一面旗帜。③党的三大明确提出“国民革命不得农民参与，也很难成功”④，要实行“乡村自治”。瞿秋白指出，“国民革命不得农民参加，革命不得成功”，无产阶级必须“唤醒农民，与之联合”。⑤

20世纪20年代，中国共产党意识到中国是农民占绝大多数的国家，

---

① 《建党以来重要文献选编（一九二一—一九四九）》第1册，北京，中央文献出版社，2011年，第1页。

② 《建党以来重要文献选编（一九二一—一九四九）》第1册，北京，中央文献出版社，2011年，第131页。

③ 参见《中国共产党简史》，北京，人民出版社、中共党史出版社，2021年，第18～19页。

④ 《建党以来重要文献选编（一九二一—一九四九）》第1册，北京，中央文献出版社2011年，第251页。

⑤ 中共中央书记处编：《六大以前——党的历史资料》，北京，人民出版社，1981年，第698页。

要想取得革命的成功，必须获得农民的支持，因此中国共产党高度重视农民教育。彭湃经常教育农民，“我们若不团结，就无力量，无力量的人，定受人的欺负，大家若要力量，就请速来加入农会”①。彭湃深信，只有把农民组织起来，不断提供农民的革命觉悟和斗争水平，才能汇聚起革命的磅礴力量。1921 年 7 月，彭湃发起组织“劳动者同情会”，目的是“表同情于劳动者”和“促成教育与贫民相接近”。1923 年 1 月 1 日，海丰县总农会成立，彭湃起草《海丰总农会临时简章》，提出“本会本人类合群之天性，互助之精神，唤醒农民之自觉”②，规定农会有救济老弱疾病无依者和普及乡村教育等责任。农会的纲领是“谋农民生活之改造，谋农业之发展，谋农村之自治，谋农民教育之普及”，具体会务包括：如果有会员发生争执事件，必须由农会极力和解以息讼累；禁止会员吸食鸦片、赌博等事；调查农村户口、耕地、收获及其他农村状况；办理农团以防盗窃掠及保护农产品；兴办农民医院、育婴养老及其他扶助事项；等等。彭湃在《雇农工作大纲》中强调，教育训练雇农的目的是“提高他们的无产阶级意识，使他们在一般农民运动中，团结一般的贫民去起农民运动中的领导作用”③，教育训练雇农的任务是“使雇农的无产阶级意识，去战胜农民中的小资产阶级意识，和富农的动摇的保守主义或反动宣传，肃清农民中的封建思想和地方主义与家族主义，或地方派别的械斗观念等”④。经过农会的宣传教育，广大农民纷纷觉醒，农民运动风起云涌。

国共第一次合作期间，中国共产党领导了轰轰烈烈的农民运动，各地纷纷成立农民协会，打击土豪劣绅、不法地主以及各种宗法思想和制度，广泛开展禁毒、禁烟、剪发、放足、破除迷信等反封建斗争。党的四大提出了无产阶级领导权和工农联盟问题，指出：“农民问题在中国尤其在民族革命时代的中国，是特别的重要。”1926 年 3 月，毛泽东被任命为农民运动讲习所所长；11 月，毛泽东担任中共中央农民运动委员会书记，决定将湖南、湖北、江西、河南的农民运动作为工作重点。湖北全省的农民协会会员到 1926 年 11 月激增到 20 万人；江西省的农民协会会员到 1926 年 10 月也有 5 万多人；1926 年夏到 1927 年 1 月，湖南农民协会的会员从 40 万人激增到 200 万人，直接领导的群众增加到 1000 万人，几乎一半的湖南农民被组织起来。1927 年 3 月，湖北省第一次农民代表大会在武汉

① 《彭湃文集》，北京，人民出版社，1981 年，第 119 页。

② 彭明主编：《中国现代史资料选辑》第 1 册，北京，中国人民大学出版社，1987 年，第 442 页。

③ 《彭湃文集》，北京，人民出版社，1981 年，第 321 页。

④ 《彭湃文集》，北京，人民出版社，1981 年，第 322 页。

召开，农民运动如火如荼。农民有了广大的组织，便开始行动起来，造成了“一个空前的农村大革命”，他们不同程度地通过土地改革来夺取地主阶级的土地。

国民大革命时期，中国共产党破除封建陋习，推动移风易俗。边界各地农会广泛开展禁毒、禁烟、禁毒的宣传教育活动，对一般的赌徒和烟民进行耐心的思想说服教育。针对海丰地区教育落后、思想保守、迷信盛行、械斗不断等状况，彭湃在海丰乡村地区推动革除陋习的社会革命，淳化乡风民俗，营造良好的乡村人文环境。彭湃号召农民取消“伙头鸡”（城里的地主东家到农民家里收租，农民要杀鸡杀鸭助膳）、“码头费”（城市土霸向到城里运粪的农民收取的费用）等乡村恶习，成立农民可以自由加入的济丧会，统一号召会员挪出两毫钱来济丧，集体为死者举办追悼会，悼念者不到死者家中吃喝，丧事隆重又节俭，改变了当时乡村大操大办的旧风俗。

总之，国民大革命时期，中国共产党注重农民思想宣传教育，选派大批优秀共产党员深入农村，将农民组织起来，汇聚起改造社会的磅礴力量；中国共产党在各地建立农民协会，开展农民运动，改良乡风民俗，对农村革命根据地的乡村社会进行根本性改造。通过上述举措，中国共产党提高了广大农民的思想觉悟，激发了农民的革命热情，壮大了革命力量，推动了国民大革命的发展。

（二）土地革命时期（1927～1937）：乡村软治理的进展

中国共产党重视维护和保障农民利益，团结和扩大革命队伍，获得了农民的大力支持，工农武装力量不断取得胜利，巩固了红色政权。1927年4月12日，蒋介石在上海发动“四·一二”反革命政变，汪精卫在武汉发动“七·一五”反革命政变，这标志着国民大革命的失败。血的教训使中国共产党认识到了农民问题和土地革命的重要性。毛泽东指出：“谁赢得农民，谁就赢得中国；谁能解决土地问题，谁就能赢得农民。”[①] 1927年7月13日，中共中央临时常委通过《中共共产党中央委员会对政治宣言》，明确了中国共产党解放农民、解决土地问题的坚定立场；7月20日，又发布《目前农民运动的总策略》，宣布中国革命进入土地革命阶段。在随后召开的八七会议上，中共中央政治局正式确立了土地革命和武装反抗国民党的总方针。

① 〔美〕洛易斯·惠勤·斯诺：《斯诺文集》第1册，北京，新华出版社，1984年，第208页。

中国共产党将马克思主义普遍原理同中国革命具体实际相结合，把无产阶级革命的重心由城市转向乡村，探索出了一条农村包围城市、工农武装割据的道路。党中央深刻认识到“农民的土地革命，仍旧是中国革命现时阶段的主要内容”①，并适时提出了“绝对地没收土地以消灭封建的政治基础，以肃清封建的社会关系”②。中国共产党领导的工农武装力量不断发展壮大，建立了若干红色政权，形成工农武装割据。革命根据地开展土地革命，消灭地主阶级，变封建土地所有制为农民土地所有制，并实行依靠贫农、雇农，联合中农，限制富农的政策。《井冈山土地法》（1928）规定“没收一切土地归苏维埃政府所有”③，并将其分配给农民耕种，使农民获得实际利益。《兴国土地法》（1929）规定“没收一切公共土地及地主阶级的土地”④，保障农民利益不受侵犯。毛泽东在《寻乌调查》（1930）中增加了平分土地、抽多补少、抽肥补瘦等分配原则，制定了适合当时农村实际的切实可行的路线、方针和政策。1931 年春，中国共产党提出土地革命的总路线：“依靠贫农、雇农，联合中农，限制富农，保护中小工商业者，消灭地主阶级，变封建半封建的土地所有制为农民的土地所有制。”1931 年 11 月 7 日，中华苏维埃第一次全国代表大会在江西瑞金召开，成立中华苏维埃共和国，组建中华苏维埃临时中央政府。

土地革命战争时期，中国共产党制定了一系列适合中央苏区文化教育实际的方针政策，提高广大群众的政治水平和阶级觉悟。1934 年 1 月，毛泽东在第二次全国工农兵苏维埃代表大会的报告中提出了苏维埃教育文化建设的总方针：“在于以共产主义精神来教育广大劳苦大众，在于使文化教育为革命斗争和阶级斗争服务，在于使教育和生产劳动联系起来，在于使广大中国民众都成为享受文明幸福的人。”⑤ 1934 年 3 月，瞿秋白主持召开江西省第一次全省各县教育部长联席会议，会议通过了《江西省第一次教育会议的决议案》，规定了中央苏区文化教育工作的方针和任务。此次会议还起草了《〈教育行政纲要〉修正案》，规定中央教育部除了设立巡视委员会外，还设立初等教育局、高等教育局、艺术局、社会教育局和

① 《建党以来重要文献选编（一九二一一九四九）》第 5 册，北京，中央文献出版社，2011 年，第 403 页。

② 《建党以来重要文献选编（一九二一一九四九）》第 5 册，北京，中央文献出版社，2011 年，第 137 页。

③ 《毛泽东文集》第 1 卷，北京：人民出版社，1993 年，第 49 页。

④ 《建党以来重要文献选编（一九二一一九四九）》第 6 册，北京，中央文献出版社，2011 年，第 184 页。

⑤ 董纯才：《中国革命根据地教育史》第 1 卷，北京，教育科学出版社，1991 年，第 50 页。

编审局五个局，其中初等教育局和高等教育局负责“协同管理普通教育”，艺术局和社会教育局负责“协同管理社会教育”，编审局“领导编审教材事宜”，负责苏区教材课本以及文化书籍的编纂和审定工作。①中央苏区还将诸多文化教育方面的条例、规章和制度，汇编成《苏维埃教育法规》并正式颁布发行，涉及对苏区学龄儿童义务教育、成人社会教育、红军干部教育等制度法规，确保苏区文化教育有法可依。

土地革命战争时期，以毛泽东同志为主要代表的中国共产党人大力倡导苏区红色教育，强调苏区教育与革命战争形势紧密结合，不断提高广大民众的工作能力和战斗精神；要变“地主文化”为“农民文化”，苏区教育要为劳动人民服务。《中华苏维埃共和国宪法大纲》指出：“中国苏维埃政权以保证工农劳苦民众有受教育的权利为目的。在进行国内革命战争所能做到的范围内，应开始施行完全免费的普及教育。”②苏维埃政府在广大群众中间大力普及义务教育，全面发展社会教育；努力实施扫盲教育。通过消灭文盲协会和工农剧社等文化团体，苏维埃政府引导广大民众在识字读书过程中加紧战争的各种准备。

为打破国民党对革命根据地的包围与封锁，中国共产党发动农民积极从事农业生产，鼓励农民劳动互助、建立农业合作社；不断提高农民的文化素质，创立红色学校，创办识字班，实施扫盲教育，大力开展文化建设，用共产主义精神感染和激励劳苦大众。土地革命时期中国共产党的乡村软治理实践别具一格、特色鲜明，对于发展革命根据地生产力、提高人民群众生活水平，改善群众道德观念、丰富群众文化生活，推动根据地人民群众革命情绪高涨和壮大农村革命力量等发挥了重要作用，同时也为中国共产党在广袤农村长期坚持武装斗争夯实了基础。

（三）抗日战争时期（1931～1945）：乡村软治理的实施

1. 团结各种力量共同抗日

九一八事变之后，中日民族矛盾逐渐上升为中国社会的主要矛盾。1935 年华北事变后，中日民族矛盾进一步激化。抗日战争时期，中国共产党团结一切可以团结的力量，组建抗日民族统一战线，英勇抗击日本侵略者。中国共产党在广大农村根据地创造性地实施“三三制”原则，即各根据地政府机关人员由中共党员（占 1/3），以农民阶级、知识分子和小资产阶级为主体的进步势力（占 1/3）和以民族资产阶级、开明绅士和地

---

① 王铁仙：《瞿秋白传》，北京，人民出版社，2011 年，第 402 页。

② 陈元晖等：《老解放区教育资料》（一），北京，教育科学出版社，1981 年，第 28 页。

方实力派为主体的中间势力（占 1/3）组成。该举措将社会各阶级团结在抗日民族统一战线之下，为夺取抗日战争的胜利提供了有力保障。

中国共产党根据抗战形势的发展，颁布了《关于抗日根据地土地政策的决定》，实行“地主减租减息，农民交租交息”的政策。之后，为了提高农民的抗日积极性，激发地主抗战的主动性，需要兼顾农民和地主两方面的利益，即构建抗日民族统一战线，需要同解决农民问题相结合，更好地发动和组织农民抗战，需要同各根据地内停止实行没收地主土地的政策，普遍实行减租减息政策相结合。具体办法是：从 1939 年冬起，实行“二五减租”（即把原租额减少 25%）；规定年利率一般为一分（即 10%），最高不得超过一分半（即 15%）；正租以外的杂租、劳役和各种形式的高利贷一律取缔。①另外，面对日本帝国主义入侵和蒋介石集团卖国行径，富农逐渐改变立场，同情和支持中国共产党的反帝斗争，中国共产党随即调整和改变对富农的政策，规定在实行平分一切土地的区域，“富农有与普通农民分得同样土地之权”②。

2. 推进乡村文化建设

抗日战争时期，党领导的乡村文化建设主要以实现抗日战争胜利、争取人民解放为目标，以对抗日本帝国主义的侵略和唤醒民众的民族意识为主题，以党领导的各个抗日根据地为依托，以新闻宣传、艺术创作、兴办教育、加强卫生工作等方面为主要内容。③中国共产党大力推进乡村文化建设，将其视为关系抗战胜利和革命前途的重大问题。中国共产党清醒地认识到“要创造一个新民主主义的社会，在满是文盲的国度里是建立不起来的”，④要“把落后的农村造成先进的巩固的根据地，造成军事上、政治上、经济上、文化上的伟大的革命阵地，借以反对利用城市进攻农村区域的凶恶敌人，借以在长期战斗中逐步地争取革命的全部胜利”⑤。

中国共产党采取了行之有效的乡村文化建设措施，在各级政府中设立专门的文化教育部门，制定较为详尽完备的文化教育方针政策，并采用行政和法律手段规范农村各项文化教育建设。该时期既有政府大力兴办的各级公办教育机构，亦有农民创办的民办村学。民办村学实行民办公助的办学模式，农民筹集办学经费，政府给予部分补助和奖励。根据地的文化教

① 参见《中国共产党的九十年》，北京，中共党史出版社、党建读物出版社，2016 年，第 232 页。

② 《毛泽东文集》第 1 卷，北京，人民出版社，1993 年，第 375 页。

③ 参见冯冰、刘光辉：《抗战时期中共领导乡村文化建设的实践与启示》，《乐山师范学院学报》2020 年第 5 期。

④ 孙晓忠、高明：《延安乡村建设资料(3)》，上海，上海大学出版社，2012 年，第 274 页。

⑤ 《毛泽东选集》第 2 卷，北京，人民出版社，1991 年，第 635 页。

育与农民的生产、生活相结合，对成年农民以生产教育为主，同时辅以文化教育；对青壮年则以文化教育、生产教育和军事教育为主；对妇女则以妇婴卫生教育和纺织生产教育为主。此外，中国共产党还采用集体授课方式，利用生产和战争间隙对农民进行教育。

3. 创作文化精品

中国共产党在根据地开展宣传科学、反对迷信的新文化运动，改造农村旧文化，揭露和批判封建礼教、巫婆、神汉等文化糟粕，逐步改造农民的世界观和人生观，引导农民树立科学文明的思维。延安文艺座谈会之后，广大文艺工作者深入农村，开展丰富多彩的“文化下乡”运动，创作了《白毛女》《太阳照在桑干河上》《小二黑结婚》《王贵与李香香》《兄妹开荒》《送公粮》《血泪仇》等一大批贴近农民生产生活的文艺作品。这些作品充分利用群众喜闻乐见的信天游、秧歌等民间艺术形式，塑造了诸多具有乡土时代特色的新型农民形象，为改造农民思想、丰富农村文化提供了新鲜的素材。

抗日战争时期中国共产党的乡村软治理举措突出团结主题，将社会各阶级团结在抗日民族统一战线之下，同时大力推进乡村文化建设，提高农民的思想觉悟和民族意识，激发他们建设根据地、参与抗战的热情。

（四）解放战争时期（1945～1949）：乡村软治理的推进

抗日战争胜利之后，国民党挑起全面内战。中国共产党领导全国各族人民进入推翻国民党反动统治、解放全中国的阶段。中国共产党实施土地制度改革，让农民分得土地，保障农民利益，使他们自觉团结在自己周围，这一举措具有明显的软治理特征和色彩。

内战爆发前夕，中共中央于 1946 年 5 月 4 日发布了《中共中央关于清算减租及土地问题的指示》，规定在解放区放手发动农民群众，进行土地制度改革，实行“耕者有其田”的政策，没收地主土地归农民所有，使贫雇农都得到土地。到 1947 年下半年，解放区三分之二的地方基本实现了“耕者有其田”，但还有三分之一的地方没有进行土地制度的改革；已进行改革的地方，有的也不够彻底。[①]即便如此，土地改革仍然满足了农民对土地的诉求，兼顾了农村各阶层的利益，有利于团结一切和平民主的力量反对内战。

1946 年 6 月，国民党撕毁《双十协定》，悍然对解放区发动进攻，全

① 参见本书编写组:《中国共产党简史》,北京,人民出版社、中共党史出版社,2021 年,第 123 页。

面内战爆发。农村广大贫雇农和中农支持中国共产党，地主富农则支持国民党反动派。1947年夏，人民解放军进入战略反攻阶段，需要调动广大农民支援前线的积极性，因此迫切需要满足农民对土地的要求。为推动土地改革走向深入，取得土地改革的胜利，中共中央工作委员会于1947年7月至9月在河北省平山县西柏坡村召开全国土地会议，颁布了《中国土地法大纲》，大纲明确规定："废除封建性及半封建性剥削的土地制度，实行耕者有其田的土地制度。""没收一切地主的土地及公地，由乡村农会接收，连同乡村中其他一切土地，按乡村全部人口，不分男女老幼，统一平均分配，在土地数量上抽多补少，质量上抽肥补瘦，使全乡村人民均获得同等的土地，并归各人所有。"①针对《中国土地法大纲》在实施中出现的问题，中国共产党及时采取措施加以纠正。1948年4月，毛泽东在在晋绥干部会议上的讲话中提出了新民主主义革命时期"依靠贫农，团结中农，有步骤地、有分别地消灭封建剥削制度，发展农业生产"② 的土地改革总路线和总政策，这是中国共产党土地政策真正成熟的标志。

解放战争时期中国共产党的乡村软治理举措重在废除封建地主土地所有制，实行农民土地所有制，满足广大贫苦农民对土地的要求，巩固党和群众的血肉联系，调动广大农民发展生产、支援前线、拥军参军的革命热情，进而为取得解放战争胜利、建立新中国奠定坚实的物质基础和群众基础。

五、新中国成立后乡村软治理的实践

新中国成立后，中国共产党领导农民开展了土地改革运动，完成了对农村的社会主义改造，农村发生深刻变革，农村基层政权的组织形态发生变化，大体上经历了乡政并立、人民公社、村民自治等阶段。改革开放前，国家主要遵循总体性支配方式，统摄乡村社会各个领域，采取政治动员、群众运动、社会规训等方式重塑乡村社会秩序。国家和政府嵌入乡村治理，很好地填补了乡绅缺位带来的治理"真空"。改革开放后，我国经济体制和政治体制改革逐步走向深入，政府权力下放，乡村自治空间得到拓展，乡村治理的重点不再是征收税赋，而是如何更好地为村民提供优质的公共产品和公共服务。乡村治理环境发生重大变化，乡村治理模式也逐

---

① 《建党以来重要文献选编(一九二一—一九四九)》第24册，北京，中央文献出版社，2011年，第417页。

② 《建党以来重要文献选编(一九二一—一九四九)》第25册，北京，中央文献出版社，2011年，第250页。

渐由刚性控制向韧性治理转变，同时合作治理、柔性治理、协商治理等特征日益明显。从某种意义上讲，建立新型乡村秩序，不仅需要国家力量的有序推进，还需要发掘乡村软治理的资源。基于此，中国共产党积极构建政府与民间良性互动、“硬控制”和“软治理”互补共生的乡村发展新局面。

（一）以社会主义思想教育为主的乡村软治理（1949～1958）

新中国成立后，亟须完成由新民主主义社会向社会主义社会转变的任务，亟须把一个落后的农业国建设成为较为发达的工业国。为巩固社会主义政权，进行社会主义建设，国家对乡村社会的治理以硬治理为主，同时辅之以软治理手段。

具体来讲，国家通过“政党下乡”在乡村建立党支部，开展了一系列轰轰烈烈的群众运动，打倒了传统乡村社会的族权、神权、绅权等，将乡村社会整合于国家政权体系之中。乡人民委员会、乡人民代表大会、乡党委，以及村党组织、村主任等在组织和管理乡村政治、经济、社会、文化等事业方面发挥了重要作用。在土地改革、抗美援朝等运动中，国家开展了乡村社会主义思想教育活动，有力地动员了农民巩固社会主义政权，参与社会主义建设。农民坚决拥护党的领导，坚定地走社会主义道路，通过各种方式行使当家做主的权利。

这一时期，国家高度重视农民教育，将农民教育视为社会主义乡村建设的关键。农民教育注重理论联系实际，教育与生产实践相结合。农村干部的培训也相当重要，要经常参加农业生产实践，提高农村管理水平。

（二）乡村软治理遭到全面压制（1958～1978）

人民公社和“文化大革命”时期，国家政权加强对基层社会的渗透，在广大乡村实行人民公社体制，人民公社取代乡镇政权组织成为乡村治理主体。人民公社实行“三级所有，队为基础”，遵循国家权力的逻辑，坚持“政社合一”“党的领导”“党的一元化领导”，是以组织军事化、行动战斗化、生产集体化为特征的基层组织。“人民公社只是一种国家财政不负担的，靠集体自己养活自己的，一切听命于国家计划的劳动组织。”[①] 国家权力对乡村社会全面渗透，政治国家完全压制社会自治的空间，村民被政治运动裹挟，完全陷入政治运动的漩涡。“文化大革命”时期，各级

① 张云伦:《中国机构的沿革》,北京,中国经济出版社,1998 年,第 4 页。

地方党委、政府改设为地方各级革命委员会，国家动员和整合乡村社会的能力空前增强。这一时期，党和政府主要靠政治权力和意识形态来管理和控制乡村社会。总体而言，这一时期乡村社会生活和村民个人自由受到国家全面控制，乡村和村民的民主与自由受到压制，乡村软治理由于缺乏宽松的政治环境而难以开展。

（三）乡村软治理的不断探索（1978～2012）

改革开放时期，乡村治理环境发生重大变化，乡村公共权威越来越重视动员、合作、说服、激励等软治理手段的采用。正如俞可平所讲，“像任何公共权威一样，乡村自治权威在管理村务的过程中要达到有效的治理，也必须同时使用说服教育、行政命令、政治动员、法律强制、自愿合作、经济刺激和精神鼓励等方式”①。其中，说服教育、政治动员、自愿合作、经济刺激、精神鼓励等方式即带有鲜明的软治理色彩。

改革开放后，人民公社体制解体，家庭联产承包责任制普遍实施，深刻地改变了乡村的利益结构。农户成为生产经营单位，农民成为独立的利益主体。村民具有参与乡村自治的原初动力，村民自治具有自发性、主动性和民主性的特征，是村民自我管理、自我教育、自我服务、自我约束的治理主体。1978 年春，安徽凤阳小岗农民签订“生死状”，实行包产到户，包干后第一个秋收产量就比上年增长了 6 倍多。② 1982 年中央一号文件肯定家庭联产承包责任制这种统分结合的经营方式调动了村民的积极性，推动了乡村生产力的发展。这是乡村治理重视制度性资源的体现，通过制度诱导的方式，激发村民的独立性和自主性，促进乡村面貌发生深刻变化，带动乡村社会快速进步。

在国家权力适度收缩，意识形态管控放松，公民社会快速成长，村民自治有序发展的背景下，乡村治理模式悄然发生变化，村民的首创精神得到充分激发和尊重。1978 年通过的《农村人民公社工作条例（试行草案）》删除“政社合一”的提法，主张党社分开。广大农村普遍采用“乡政村治”模式，在“坚持国家统一领导的同时，重视农民群众的参与，体现了国家和社会的分权原则”③。1980 年，广西宜州屏南乡合寨村建立全国第一个村民委员会，开始试行村民自我组织和自我管理。村规民约成为

---

① 俞可平、徐秀丽：《中国农村治理的历史与现状（续）——以定县、邹平和江宁为例的比较分析》，《经济社会体制比较》2004 年第 3 期。

② 参见何沁主编：《中华人民共和国史》，北京，高等教育出版社，1999 年，第 277 页。

③ 徐勇：《中国农村村民自治》，武汉，华中师范大学出版社，1997 年，第 32 页。

村民自治的主要制度形式，在规范村民行为、维护乡村秩序等方面发挥了重要作用。1982年12月，第五届全国人大第五次会议通过的《中华人民共和国宪法》确认了村民委员会是农村基层群众性自治组织的法律地位。1983年10月，中共中央、国务院发出《关于实行政社分开建立乡政府的通知》，废除工、农、兵、学、商“五位一体”的人民公社体制，预示着揭开了村民自治的序幕。1987年制定的《中华人民共和国村民委员会组织法（试行）》赋予村民委员会自治权，1998年通过的《中华人民共和国村民委员会组织法》以法律形式推动村民自治在全国范围内开展起来。各种法律政策文本的制定和实施，推动了“乡政村治”政治格局的形成。

自2004年起，我国实行取消农业税试点并逐步扩大试点范围。自2006年1月1日起，全国正式取消农业税，中国正式进入“后农业税时代”。取消农业税，意味着国家和农民、干部和群众、城市和乡村等利益关系的重新调整，同时也引发了乡村基层社会财政基础、权力结构、治理方式等方面的变化。其一，取消农业税，尊重和保护了农民的利益，维护了农民的生存权和发展权，在一定程度上提升了农民的权利意识，增强了农民对国家的政治认同。其二，取消农业税，农民的负担减轻，种粮积极性有所提高，乡村两级组织对农村事务的管理由刚性管制变为柔性指导，乡村社会“单中心”治理模式也调整为多元共治模式。其三，取消农业税，乡村社会原先征收农业税的中心工作不复存在，官民因征收农业税发生矛盾的概率大大降低，干群紧张关系大大缓解，村庄场域各权力主体的关系得到优化，为乡村治理由“强权控制”向“民权治理”提供了新的机遇和条件，乡村软治理具备现实的条件和可能。正是在此背景下，各地结合本地实际情况进行了积极探索，形成了独特的地方软治理经验。

一是制定“乡村典章”。即创新村规民约，为乡村治理提供制度保障。2004年，浙江省绍兴市新昌县儒岙镇石磁村制定“乡村典章”，原有的“村官治村”逐渐转变为“制度治村”，村民进行自我管理、自我教育、自我约束有了明确的制度依据，消解乡村矛盾、维护乡村和谐、保障村民权利，真正做到了有章可循。典章涉及村级组织职责、村务议事及决策、村级财务管理、村务公开制度、村干部违规追究办法等，共6章26条。具体内容包括：（1）明确了村党组织的领导核心地位；（2）运用分级管理机制使村务管理规范化。根据全体村民授权，典章按重要程度及数额大小将村务分为“重大村务”“重要村务”“一般村务”；（3）创新了议事决策规则，弥补了政策法律的盲点；（4）明确了对村干部和村民的监督机制，村干部上任要交“风险押金”，村民根据村规民约实行加分减分；等等。①“乡村典章”的制定与实施，有效缓解了村两委的矛盾，健全了村务公开制度，缓解了干群关系紧张局面，具有独特的乡村治理作用。

二是重视乡村文化建设。改革开放以来，乡村生产力快速发展，村民生活水平快速提高，乡村生产生活方式逐渐发生变化。大量农民流入城市，乡村传统纽带逐渐断裂，地缘、业缘等社会关系弱化，乡村空心化、产业空壳化现象日益凸显。与之相伴而生的是，“部分乡村的凝聚力下降；乡村邻里关系淡化，传统乡土情感因土地纠纷而日渐冷淡；乡村干群关系紧张，群众利益受损不时引发对村干部的信任危机，甚至一定程度上导致政府公信力下降”②。乡村公共精神匮乏、多元价值并存、制度约束功能弱化现象较为突出，亟须加强乡村文化建设。

在乡村文化建设方面，已有诸多创新型的实践案例。例如，中国农业大学老师何慧丽在河南兰考县进行了十年左右的乡村建设活动，廖晓艺实施了“乐和家园”乡村建设行动。这是社会力量推动乡村文化建设的典范，带有明显的软治理色彩。何慧丽在兰考县进行乡村建设时主推四件事：“一是成立农民合作社（以中青年农民为主），二是成立文艺队（以农村妇女为主），三是成立老年人协会（农村留守老人的组织），四是引导农民搞生态农业，城乡互动，如号召城里人来农村‘包地购米’之类。”③遗憾的是，该活动随着志愿者和社会工作者的撤离而难以为继。廖晓义的“乐和家园”建设方案是：注入“建设型社工”带动乡村骨干，构建“一站两会”（社工站、互助会、联席会）修复乡村基层组织，实行“三事分流”明确各方责任，建立“参与式管理投入机制”激活公共意识，基于社会建设盘活乡村经济，通过人际关怀复苏乡村文化。④

三是推进民主协商。协调乡村日益复杂的利益关系，处理乡村公共事务和乡村矛盾，民主协商必不可少。各地注重扩大有序参与，保障信息公开，完善议事程序，达成协商共识，不断丰富民主协商的程序和形式，保障农民群众拥有广泛真实的民主权利。中共中央提出乡村要加强协商治

---

① 参见袁海平：《村规民约创新及价值分析》，《长白学刊》2010年第1期。

② 姬超：《城乡结构演变视阈下的乡村治理体系优化研究》，《农业经济问题》2018年第8期。

③ 石破：《何慧丽10年乡建路》，《南风窗》2013年第14期。

④ 参见刘芳：《“乐和”乡村：小事自己办的“乐和”互助会——廖晓义和她的“乐和”理念在长沙乡村的实践》，《学术评论》2015年第1期。

理，“倡导协商精神、培育协商文化，引导群众依法表达意见，积极参与协商”[①]。群众的事情群众办，有事好商量，在健全村民自治制度的基础上，对乡村重大事项和重大问题实行民主协商制度，增强村民自我管理、自我教育和自我服务的水平和能力。

（四）党的十八大以来乡村软治理的逐渐成熟（2012 年至今）

党的十八大以来，以习近平同志为核心的党中央着眼于实现全面建成小康社会和“两个一百年”奋斗目标，推动美丽乡村建设，提出乡村振兴战略，稳步推进乡村治理体系和治理能力现代化，在乡村软治理方面取得重大进展和突破。

一是通过有效治理满足了人民群众对美好生活的需要。党的十九大报告指出，中国特色社会主义进入新时代。新时代，我国社会主要矛盾已经转化为人民日益增长的美好生活需要和不平衡不充分的发展之间的矛盾。党和政府高度重视乡村治理，构建基层治理新格局，破解乡村风俗习惯畸变、村民信仰缺失、公共精神衰落、功利主义抬头等问题。党和政府坚持以人民为中心，尊重村民的主体性地位，加强对农民心态和情绪的引导，推动乡村精神文明建设，满足村民群众精神生活的需求，增强他们的幸福感、获得感和安全感。

二是增强中华优秀传统文化的乡村治理功能。习近平总书记倡导“文化自信”，提出“传承发展提升农耕文明，走乡村文化兴盛之路”[②] 的新命题。针对乡村道德滑坡、人心涣散、物欲横流、功利侵蚀、信任式微等现象，党和政府高度重视中华优秀传统文化，挖掘传统道德、村规民约、族规族训、优良家风、传统礼仪等隐性资源的软治理价值，并将其作为治国理政的重要思想文化资源。例如，弘扬传统文化，构建村民自律机制；重塑乡贤文化，提升村民参与意识；制定村规民约，健全村民自治制度；修订家训家规，消除陈规陋习；加强乡村道德文化建设，移风易俗，引领社会新风尚，消除天价彩礼、孝道缺失、薄养厚葬等不良风气，传承乡村优秀传统文化。乡村“软约束”“软治理”的实施，有效降低了治理成本，乡村治理的有效性得以增强。

---

① 《中共中央关于坚持和完善中国特色社会主义制度　推进国家治理体系和治理能力现代化若干重大问题的决定》，2019 年 10 月 31 日，http://www.12371.cn/2019/11/05/ARTI1572948516253457.shtm。

② 《中央农村工作会议在北京举行　习近平作重要讲话》，2017 年 12 月 30 日，http://cpc.people.com.cn/n1/2017/1230/c64094－29737283.html。

三是乡村振兴背景下乡村社会主义核心价值观的培育。乡村振兴是一种全面振兴，即要实现乡村物质生活的富足，也要实现村民精神面貌的改观；乡村振兴要求培养和造就一大批思想政治素质强、科技水平高、富有开拓创新精神的新时代村民。乡村振兴需要以社会主义核心价值观为引领，明确乡村振兴的价值遵循，激发乡村振兴的精神动力。“社会主义核心价值观是当代中国精神的集中体现，凝结着全体人民共同的价值追求。”[①] 在中国共产党的领导下，各级干部率先垂范，以爱国、奉献、团结、进取的精神风貌感染广大村民，协调好乡村文化建设和经济、政治、社会、生态文明建设之间的关系，将社会主义核心价值观的培育融入乡村振兴的各方面、全过程，融入乡村生产生活和移风易俗的实际行动之中。各地结合当地村民的需求和乡土文化的特色，充分尊重村民的意愿，发挥村民的主体地位，用身边人、身边事教育广大村民，提高村民素质；加强乡风文明建设，推出符合时代要求的精品力作，满足村民精神文化生活需要；举办丰富多彩的村民运动会、剪纸艺术展、摄影展、书画展、文艺汇演、节庆娱乐等活动，引导村民养成文明健康的生活方式，为村民搭建展示才华和良好精神风貌的平台。

四是建立了“自治、法治和德治”三位一体的乡村治理体系。2013年，浙江省桐乡市率先开展“三治融合”的实践探索。之后，党的十九大报告将其明确并加以推广，党的十九届四中全会强调要建构基层社会治理新格局，健全党组织领导的自治、德治、法治相结合的城乡基层治理体系。其中，乡村自治培养村民的自主、参与、责任意识，提高村民综合素质，增强广大村民自我管理的能力；构建村民监督乡村权力运行的机制，确保乡村干部公正透明地行使权力，提高村干部的服务和廉洁意识；乡村德治弘扬传统文化，传播优良家风，重塑乡风文明，发展乡贤文化，大力开展乡村精神文明建设，增强道德的感化力量，改善乡村道德风尚，提高村民道德觉悟；乡村法治为乡村自治、乡村德治提供保障，通过加大乡村普法力度，增强村民尊法、学法、守法、用法的意识，树立法治思维，提升法治素养，善于运用法治方式处理问题，同时构建多元法律纠纷解决机制，综合运用调解、仲裁、复议、诉讼等方式预防和化解乡村矛盾。不难看出，乡村自治、乡村德治、乡村法治均蕴含软治理的因素，是新时代乡村软治理的可贵探索。

① 习近平:《决胜全面建成小康社会　夺取新时代中国特色社会主义伟大胜利——在中国共产党第十九次全国代表大会上的报告》,北京,人民出版社,2017年,第42页。

第四章　乡村软治理主体的行为分析

从主体层面考察，治理具有多元主体合作共治的典型特征。乡村软治理的主体结构同样呈现出“多中心”的特征，既包括作为正式权威的乡镇政府、村党支部、村委会（居委会），也包括乡村非正式权威，如乡村第三部门、乡村精英等。在不同的历史时期，受到经济发展水平、政治制度架构、思想文化变化等因素的影响，各乡村软治理主体发挥的作用不尽相同。在传统农耕社会，由于生产力水平相对低下，国家与社会高度融合，公共权威机构在乡村软治理中发挥主导作用。现代社会，经济社会发展程度加深，国家与社会呈现二元分化格局，乡村软治理主体日益多元化，党的基层组织、乡镇政府、民间组织和村民等汇聚成强大的治理合力。应予强调的是，尽管乡村软治理主体呈现多元互动态势，但当前乡村治理结构变革基本上是由政府推动的，官方权威机构仍然发挥着主导作用。党和政府不仅直接推动乡村治理的范式变革，而且综合采用经济、政治、思想、文化等手段来提升乡村软治理成效。

一、基层党政部门的软治理行为

“乡政村治”是当前乡村治理的基本特点。国家出于对乡村社会管理和控制的行动惯性与现实需要，倾向于将行政权力延伸到乡村社会。单纯依靠乡村硬治理模式已不合时宜，乡村基层党组织需要积极探索软治理的新经验和新办法。

（一）乡村基层党组织的软治理行为

乡村基层党组织是当前乡村治理的领导核心，引领乡村治理的发展方向。乡村基层党组织主要包括乡镇党委和村党委。除此之外，还有乡镇企业党组织、乡村站所等县直属部门驻乡镇单位的党组织、乡村新经济社会组织中的党组织。其中，乡镇党委和村党委是最为重要的基层党组织。

基层党组织主要通过政党价值目标的号召力和凝聚力、政党组织方式和行为方式的包容性与亲和力、政党倡导的社会制度的吸引力和感召力等来发挥软治理的效用。意识形态宣传、价值观念引领、公共文化建设、模范人物褒奖等，都可以看作基层党组织软治理的主要表现形式。

1. 乡镇党委的软治理行为

乡镇党委是国家政权体系中的组织末梢，是农村各项组织和工作的领导核心。乡镇党委的主要职责是：宣传和贯彻执行党的路线方针政策和上级党组织及本乡镇党员代表大会（党员大会）的决议；讨论决定本乡镇经济建设、政治建设、文化建设、社会建设、生态文明建设和社会发展中的重大问题。需由乡镇政权机关或集体经济组织决定的问题，由乡镇政权机关或集体经济组织依照法律和有关规定做出决定；领导乡镇政权机关和群众组织，支持和保证这些机关和组织依照国家法律法规及各自章程充分行使职权；加强乡镇党委自身建设和以党支部为核心的村级组织建设；按照干部管理权限，负责对干部的教育、培养、选拔和监督工作。协助管理上级有关部门驻乡镇单位的干部；领导本乡镇的社会主义民主法治建设和精神文明建设，做好社会治安综合治理及计划生育工作。

乡镇党委软治理的方式多种多样，主要有提高服务能力、加强自身建设、开展干部教育、重视精神文明建设等。“早在2010年，H市委就在全省率先开展了以‘访民情、解民忧、送温暖、促和谐’为主题的干部下基层活动”①，安排干部联系困难群众，结成帮扶对子，通过送政策、技术、信息等形式，提供项目、资金、咨询、培训等服务，这是乡村软治理的生动体现，有利于促进服务型党组织建设，提升其服务基层和乡村的意识和能力（见附录3）。

2. 农村党支部的软治理行为

农村党支部是党领导广大群众进行生产和建设的领导核心，其主要职责是：贯彻执行党的路线方针政策和上级党组织及本村党员大会的决议；讨论决定本村经济建设和社会发展中的重要问题。需要由村民委员会、村民会议或集体经济组织决定的事情，由村民委员会、村民会议或集体经济组织依照法律和有关规定作出决定；领导和推进村级民主选举、民主决策、民主管理、民主监督，支持和保障村民依法开展自治活动；领导村民委员会、村集体经济组织和共青团、妇代会、民兵营等群众组织，支持和保证这些组织依照国家法律法规及各自章程充分行使职权；搞好支部

① 周庆智：《乡村治理制度建设与社会变迁——基于西部H市的实证研究》，北京，中国社会科学出版社，2016年，第110页。

委员会自身建设，对党员进行教育、管理和监督；负责对要求入党的积极分子进行教育和培养，做好发展党员工作；负责村、组干部和村办企业管理人员的教育管理和监督；搞好本村的社会主义精神文明建设和社会治安工作。同样，乡村党支部的工作职责中，领导村民行使民主权利，支持和保证群众组织行使职权，对党员和入党积极分子进行教育，搞好本村精神文明建设，对普通村民进行思想教育等，上述职责蕴含丰富的软治理思想和要求。

（二）基层政府的软治理

在传统社会，“皇权不下县”，县政府是最重要、最基层的行政单位，村是最基本的基层社会治理单位。新中国成立后，设置乡（镇）与行政村，并将二者纳入国家政权体系。五四宪法和地方组织法规定，乡镇是我国最基层的政权组织，行政村退出行政体系。1957 年开始撤区并乡，1958 年以后在乡一级建立“政社合一”的人民公社体制，1978 年改革开放后人民公社体制开始解体，1982 年废除人民公社体制，恢复乡镇政权建制，1982 年宪法规定村民委员会是基层群众自治性组织。乡镇政府作为一级政府，承担着诸多管理职能：(1) 执行本级人民代表大会的决议和上级国家行政机关的决定和命令，发布决定和命令；(2) 执行本行政区域内的经济和社会发展计划、预算，管理本行政区域内的经济、教育、科学、文化、卫生、体育事业和财政、民政、公安、司法、计划生育等行政工作；(3) 保护社会主义全民所有的财产和劳动群众集体所有的财产，保护公民私人所有的合法财产，维护社会秩序，保障公民的人身权利、民主权利和其他权利；(4) 保护各种经济组织的合法权益；(5) 保障少数民族的权利和尊重少数民族的风俗习惯；(6) 处理上级县委、县政府交办的其他事项。

在当前的“乡政村治”格局中，乡镇政府是主导乡村治理的决定性力量，协调多方治理主体的关系，为其他治理主体发挥作用创造条件，推动乡村社会有序发展，乡镇政府的软治理作用是伴随政府职能转变逐渐凸显的。

计划经济时期，乡镇政府扮演着“全能政府”的角色，无所不包、无所不管，青睐硬治理模式。20 世纪 80 年代，村民自治兴起，政治国家与乡村社会适度分离，这为乡镇政府职能转变和软治理萌生提供了条件。1986 年 9 月 26 日中共中央、国务院《关于加强农村基层政权建设工作的通知（草案）》指出：“为了真正把农村基层政权建设成为密切联系群众、全心全意为人民服务，并且能够有效地领导和管理本行政区域的政治、经济、文化和各项事务的有活力、有权威、高效能的一级政权，乡党委要保证乡政府按照宪法和法律的规定独立行使职权，支持乡长大胆开展工作；县级和县级以上党政机关要按照党政分工的正常工作渠道领导基层工作，凡属于乡政府的工作，就不要布置给乡党委；乡政府管理经济，主要是运用经济的、法律的和行政的手段，为发展商品生产服务；乡政府要支持经济组织行使其自主权，不能包揽或代替经济组织的具体经营活动，更不能把经济组织变成行政管理机构；县级许多部门设在乡镇的分支机构要简政放权，健全和完善乡政府的职能。”1991年10月，国务院《关于加强农业社会化服务体系建设的通知》指出：“要以县级专业经济技术部门为依托，以乡村集体或合作经济组织为基础，以农民自办服务为补充，形成多种经济成分、多渠道、多形式、多层次的服务体系，为农民提供产前、产中、产后的全过程综合配套服务。”

1994年我国开始实行分税制改革后，县、乡两级财政收入只占全国的21%，而财政供养人员却占到全国的71%，以致全国“有政无财”。① 乡镇政府的主要精力是解决“吃饭财政”问题，没有条件谋划公共服务和开展基层治理。2006年1月1日起在全国范围内取消农业税后，乡镇政府行政职能弱化，服务性职能增强。2009年，中共中央办公厅、国务院办公厅正式印发《中央机构编制委员会办公室关于深化乡镇机构改革的指导意见》，要求乡镇政府将职能定位于促进经济发展、增加农民收入，强化公共服务、着力改善民生，加强社会管理、维护农村稳定，推进基层民主、促进乡村和谐。乡镇政府的公共服务职能得到高度重视和具体落实，为乡村软治理奠定了基础和创造了条件。

关于基层政府软治理，诸多乡镇政府积累了丰富的经验。以陕北沿河镇政府为例，在日常工作中，镇政府承担了较多的软治理职责。镇政府工作人员52人，下辖78个行政村，领导包片、干部包村，每片3～4个村，两个村一名干部。镇干部主要工作是产业开发、退耕还林、基础设施建设、党的建设和精神文明建设等。其中，退耕还林工程是国家实施的重大生态战略，也是关系农村发展、农业生产和农民增收的民生工程。沿河镇退耕还林89690亩，人均5.4亩，人均一年享受国家专项补助514元左右。镇政府主要解决退耕还林中的产权纠纷、地界纠纷等。当地政策规定，农村基础设施建设中遇地占地、遇墙拆墙、遇树砍树，树木、旧窑

① 参见陈晓莉：《新时期乡村治理主体及其行为关系研究》，北京，中国社会科学出版社，2012年，第99页。

洞、坟头都不给补偿，附着物不做任何补偿，村民强烈不满，对此乡镇干部主要是做好协调沟通工作，先一事一议，积极向村民讲明政策、讲清道理，遇有不同意的村民要做工作，使村民充分体谅基层干部的难处，引导他们顾全大局支持国家建设，发展乡村经济。大部分村民能够接受，做出了牺牲。沿河镇某村修建一条出村公路，镇干部就协调了一月之久。

除此之外，乡镇政府还要及时处理好乡村纠纷，尽量把问题化解在基层，不把矛盾上交，防止农民集体越级上访和聚众闹事。乡镇在维持乡村社会秩序中具有调节器的功能和意义，通过协调村级组织矛盾（如村两委矛盾）、扶持新型农民专业组织，化解各类矛盾纠纷，维护农村社会稳定，推进乡村治理。①

二、民间组织的软治理行为

在社会转型期，乡村社会传统行政权力逐渐式微，民间社会组织的生长空间日益扩大，村民自治组织和乡村民间组织的活动范围日益拓展，在扩大村民参与、保障村民权益、挖掘乡村志愿力量、开展村民培训、维护乡村稳定等方面发挥黏合剂和润滑剂的作用。不仅如此，经济合作社、民间志愿组织、村民互助组织等民间主体还拾遗补缺，弥补政府在提供公共物品和公共服务方面的不足，协助政府采用说服教育的手段处理解决乡村社会矛盾。这是民间主体软治理功能的生动体现。

（一）村民自治组织的软治理

村民自治组织主要包括村党支部、村民委员会、村民代表会议、村民小组、村民监事会、乡村民间组织等。其中，村党支部、村民委员会相当于乡村的“决策中枢”，决定乡村各种事项的安排和执行；村民代表会议、村民小组、村民监事会、乡村民间组织相当于乡村的“监督机构”，保证各项决策不变形、不走样，符合村民意愿和利益。

1. 村民委员会的软治理

村民委员会作为村民选举产生的村民自我管理、自我教育、自我服务的群众性自治组织，实行民主选举、民主决策、民主管理和民主监督。民族乡、镇的人民政府对村民自治委员会的工作给予指导、支持和帮助，但不得干预依据《中华人民共和国村民委员会组织法》规定的属于村民自治范围的事项。村民委员会要落实和执行村务决策事项，执行村民会议、村

① 参见陈晓莉：《新时期乡村治理主体及其行为关系研究》，北京，中国社会科学出版社，2012年，第101～102页。

民代表会议通过的决定和计划，依法行使管理村务的职权和职责，向村民会议负责，接受村民会议或村民代表会议的监督。

村民委员会“作为人民群众自我教育、自我管理、自我服务的组织，办理公共事务和公益事业，调解民间纠纷，协助维护社会治安。这些工作中有许多由它们来做比由政权机关来做更适当，更有效”①。针对土地纠纷、宅基地纠纷、邻里冲突等，村民委员会可居间调解，寻求双方都能接受的方案，切实发挥软治理的作用。

一般而言，村民委员会在村庄软治理的作用主要体现在四个方面：一是调节民间纠纷，协助维护社会治安，向人民政府反映群众意见、要求和提出建议；二是宣传宪法、法律、法规和党的政策，教育和推动村民履行法律规定的义务，保障村民的合法权益，发展农村文化教育事业，普及科技知识，促进村落之间、村民之间团结互助，开展形式多样的精神文明建设活动；三是开展环境保护活动，引导村民树立讲究卫生、保护环境的意识，改善乡村环境；四是针对多民族聚居的村落，村民委员会教育和引导村民互相尊重对方民族习惯和宗教信仰，加强民族团结，促进民族和谐，鼓励各民族群众积极开展互帮互助活动。

2. 村民监督委员会的软治理

民主监督是村民自治制度的重要内容，民主监督的重要渠道是成立村民民主监督委员会。这既是监督村干部权力运行，防止乡村腐败的重要举措，也是健全决策权、执行权、监督权相互制约又相互协调的权力结构和运行机制的需要。目前，部分乡村实行“村权三分、三会分治”的模式，即将乡村治理权力分为决策权、执行权、监督权，成立村民议事会、村民委员会、村民监督委员会（村民监事会）（合称“三会”）履行相应职权。例如，江苏省连云港市海州区设立“三会”村务治理机构，在村党组织发挥领导核心作用的前提下，村民委员会或村民代表会议负责决策，村民委员会负责执行，村民监督委员会负责监督。

村民监督委员会负责监督村两委和乡村管理制度，广泛联系村民并听取意见，定期或不定期向村党支部和村民代表会议通报监督情况。村民监督委员会负责民主监督、公开监督、党务监督、干部监督等事项，其监督工作注重柔性手段的使用，很好地体现了乡村软治理的要求。比如，陕西省乡村村民监督委员会成立以来，共化解矛盾 47389 起，全省 3200 多个“难点村”“薄弱村”治理工作取得了阶段性成果，其中 314 个“难点村”

① 《彭真文选(一九四一——一九九〇)》,北京,人民出版社,1991 年,第 477 页。

已有 156 个治理达标。[1] 陕西西安长安区上王村成立村民监督委员会以来，列席村委会 13 次，监督各类事项 26 件，提出合理化建议 17 条，化解矛盾纠纷 5 起，促进了村干部廉洁干事，被村民亲切地誉为村里的“人大”和“纪检委”。[2]

3. 村民小组的软治理

村民小组是实行村民自治的基本单位，是享有对本组内部经济、社会和公共事务独立管理权的基本自治组织。[3]《中华人民共和国村民委员会组织法》规定：“村民委员会可以按照村民居住状况分设若干村民小组，小组长由村民小组会议推选。”村民小组还是全组村民的自治组织，和村民委员会是分权自治的关系，能够在充分讨论、共同协商的基础上对村庄事务进行经营和管理，带有明显的软治理色彩。

4. 村民会议或村民代表会议的软治理

村民会议是村民实行自治的权力机构，拥有决定权、选举权、监督权、罢免权、创制权和复议权。其中，村民会议的创制权主要是指村民会议享有制定村民自治章程、村规民约的权力。村民会议的运行采取直接民主的形式，但是由于受到村民数量众多、居住分散、流动频繁等因素的影响，村民会议召集难度较大，因此目前大多数农村采取村民代表会议的形式。《中华人民共和国村民委员会组织法》规定：“人数较多或居住分散的村落，可以推选产生村民代表，由村民委员会召集村民代表开会，讨论决定村民会议授权的事项。”

不仅如此，村民代表会议还承担着一些柔性职责，同样可以发挥软治理的作用。例如，陕西西安城郊贾村《村庄章程》就规定，村民代表会议对村里重大事项具有决定权，对村干部有监督评议的权力，有制定村规民约的权力，等等。

5. 专门委员会的软治理

部分村庄专门设立人民调解委员会、公共卫生委员会、村精神文明建设委员会等，与村民委员会形成协助与合作的关系。人民调解委员会可以就村民矛盾居间调处，寻求最大公约数；公共卫生委员会宣传“一切为了人民的健康”，对村民进行健康教育和良好卫生习惯的引导；村精神文明建设委员会移风易俗，培育村庄道德风尚和良好乡风民风，是各自开展软治理的主要方式。

---

① 参见《陕西省建立村民监督委员会制度纪实》，http://www.chuzou.net/article/150676。

② 参见《西安涉农信访案减五成　村监会成廉政“防火墙”》，《西安晚报》2010 年 11 月 1 日。

③ 参见陈晓莉：《新时期乡村治理主体及其行为关系研究》，北京，中国社会科学出版社，2012 年，第 76 页。

（二）乡村民间组织的软治理

伴随市场经济的发展，经济合作组织、宗亲会、乡贤会等乡村民间组织如雨后春笋般涌现。乡村民间组织是乡村软治理的重要载体，能够汇聚村民的利益诉求，弥补政府失灵的缺陷、协调乡村社会矛盾。乡村民间组织具有非营利性、公益性、自愿性、服务性等特征，主要有村民政治组织、村民经济组织和村民社区自治组织，它们在发挥软治理效能方面具有独特优势。

俞可平教授曾对福建省漳浦县长桥镇东升村进行调查，该村有 18 个民间组织，分别是村民委员会、团支部、妇代会、老年协会、果树研究会、治保会、计划生育协会、调解会、经济合作社、人口学校、老年学校、民兵营、村民小组、村民代表会议、庙会、能人会、村务公开民主管理小组、村民理财小组。① 就全国范围来讲，据统计，已登记和未登记的乡村两级社会组织至少有 300 多万个，占全国社会组织总数的三分之二以上。② 乡村两级社会组织主要有三类：一是政治性的民间组织，以村民委员会、村民代表会议、村民小组等为代表；二是经济性的民间组织，以乡村专业合作社、社区性合作社、专业协会、各类经济联合体等；三是社会性的民间组织，以户族、宗族、庙会、宗亲会、乡贤会等为代表（见表 4-1）。

表 4-1　农民组织分类比较

	主要目标和功能	要处理的关系
政治性的（利益集团）民间组织	影响国家立法和政策	农民和国家
经济性的（合作社）民间组织	在市场竞争中保护农民	农民与市场
基层自治性的（村民委员会）民间组织	民主管理社区事务	农民与村集体
社会性的（家族宗族组织）民间组织	血缘认同、自我救助	农民与血缘共同体

资料来源：程同顺：《农民组织与政治发展——再论中国农民的组织化》，天津，天津人民出版社，2006 年，第 28 页。

乡村民间组织的软治理以社会性民间组织最为典型，这些组织以服务于乡村教育、道德培育、文化发展、敦睦邻里为宗旨，承担家族内部的互帮互助、协调矛盾等职能。例如，陕西西安市南郊的贾村，宗族起着调解

① 参见俞可平：《中国公民社会的兴起与治理的变迁》，北京，社会科学文献出版社，2002 年，第33 页。

② 参见陈晓莉：《新时期乡村治理主体及其行为关系研究》，北京，中国社会科学出版社，2012 年，第 79 页。

纠纷、重塑价值、和睦乡邻的作用。贾村较大的家族主要有孟氏、马氏、梁氏、刘氏、王氏、田氏、唐氏等，这些姓氏的人口占村庄人口总数的90%左右。新中国成立至今，贾村从未发生重大事件，各宗族之间无较大利益冲突，和睦相处；宗族内部同宗同源，情感融洽，关系密切，宗族的凝聚和团结有力地抵制了村庄黑恶势力，对维护乡村秩序具有重要作用。而且，“宗族作为一种传统的社会设置，其深蕴意义在于，在相当长的历史时期，宗族是中国人生活世界的一部分，是中国人关照生命意义的视野，也是中国人经济、社会、政治行为的背景因素，是中国人世界观、人生观、价值观无法超越的前结构”①。

乡村民间组织在满足村民生产、交换、消费等环节及日常生活所需方面也具有重要的价值和意义。例如，恩施土家族苗族自治州宣恩县高罗乡杨柳池村杨氏族人于1998年2月成立杨府理事会，为当地的村民和杨氏族人做了九件好事：(1) 统一了杨氏的家仙神龛及派序，起到了敬宗收族的作用；(2) 购置了一套餐具，方便族人办事；(3) 1998年腊月，麻阳小学教师杨某与同事张某为工作发生争执被打伤，理事会出面要求教育站公正解决此事，维护了族人利益；(4) 同年月，族人杨某某在高罗医院结婚，理事会组织了40多人帮忙，婚礼办得很隆重，显示了本族的团结与力量；(5) 1999年农历三月，四组的陈某母亲去世，理事会帮助他料理后事；(6) 1998年农历三月，杨柳池小学召开“普九”教育现场会，学校请理事会提供帮助，理事会不仅送了50元贺礼，还承担了全部的后勤工作；(7) 1998年冬，族人杨某准备建房时逢大雪，理事会组织了30多人去帮忙，帮他解了困；(8) 族人杨某某建房，开始时请陈家湾的人帮忙，因他以前为引水管的事与邻近陈家发生过矛盾，陈家拟趁他建房时搞破坏，理事会获悉后在建房时派了30多人相助，使陈家的阴谋没有得逞；(9) 以前族人杨某某的三个儿子不愿意承担赡养老人的义务，组里干部为此调解多次无效，理事会成立后出面将老人的田地划成三块，要求其三个儿子各负责一块耕种，三兄弟对此处理结果都乐于接受，并承担了自己的义务。②

乡村民间组织作为村庄自助性力量，负责“政府不愿管，也管不好”的事项，在公共服务提供、生产生活互助、社会矛盾化解、社会秩序维

---

① 朱士群、李远行：《自治性与徽州村庄》，《中国研究》2007年第3期。

② 参见崔榕：《湖北省宣恩县土家族地区宗族文化的变迁》，孙秋云：《社区历史与乡政村治——鄂西土家族地区农村宗族文化与村民自治研究》，北京，民族出版社，2001年，第274页。

护、多元利益整合等方面发挥重要作用。例如，休闲娱乐型民间组织能够丰富乡村精神文化生活，促进农村人际关系和谐；乡村公益性组织能够优化乡村资源配置，形成关爱弱势群体、美化生活环境、增进乡村社会资本的环境；自律性民间组织能够培养契约精神和法治意识，实现乡村社会有序发展；服务型民间组织能够调节民间纠纷，促进农村善治。以老年人协会为例，该民间组织能够引导村民形成合理的村庄预期，正确处理好眼前利益和长远利益、局部利益和整体利益的关系。“村庄预期可以分为两个方面：一是村民对自己未来的预期，二是村民对村庄生活的预期。稳定预期有利于提高村民的责任感，减少机会主义行为。因为有了稳定预期，村民会在年轻时为未来投资，从而形成长远利益，也因为有了稳定预期，村民就会考虑全村人的整体利益。这种长远利益和整体利益的考虑，就为村民之间的相互信任与合作提供了基础，就为村庄公共工程和公益事业建设提供了基础，就为民主的村级治理提供了基础，也就为增进村庄整体福利提供了基础。”① 俞可平认为，包括老年人协会在内的所有乡村社会组织的最重要作用，就是促进乡村善治，善治的目的是促进社群公共利益最大化。乡村社会组织或多或少都是村民的利益代表，它们代表村民向上级政府争取更多的利益，当村民的利益受到外部的威胁时，它们起着利益保护者的作用。②

三、乡村精英的软治理行为

乡村精英是乡村生活中政治地位高、经济收入多、社会威望大的群体，“一方面是国家权力在村庄下沉的载体，另一方面是广大村民治村的当家人，一定程度上可以视为国家与社会权力的交接点。”③ 有学者认为，乡村精英是指在乡村社区生活中发挥着“领导、管理、决策、整合的功能”的人。④ 项辉等认为，乡村精英是指“他们在某些方面拥有比一般成员更多的优势资源，并利用这些资源取得了成功，为社区做出了贡献，从而使他们具有某种权威，能够对其他成员乃至社区结构产生影响”⑤。贺雪峰、仝志辉将乡村精英分为治理精英和非治理精英，前者掌握村庄正式

---

① 贺雪峰：《新乡土中国》，桂林，广西师范大学出版社，2003 年，第 140 页。

② 参见俞可平：《中国农村的民间组织与治理的变迁——以福建省漳浦县长桥镇东升村为例》，《中国社会科学季刊》2000 年夏季号，第 78～84 页。

③ 陈潭、罗晓俊：《中国乡村公共治理研究报告（1998—2008）》，《公共管理学报》2008 年第 4 期。

④ 参见杨善华：《家族政治与农村基层政治精英的选拔、角色定位和精英更替——一个分析框架》，《社会学研究》2000 年第 3 期。

⑤ 项辉、周俊麟：《乡村精英格局的历史演变及现状》，《中共浙江省委党校学报》2001 年第 5 期。

权力资源，后者掌握传统资源等其他资源。① 按照领域的不同，乡村精英分为政治精英、经济精英和社会精英。

（一）传统社会乡村精英的软治理行为

传统社会的乡村精英，具有较高的才学和声望，代表的是一种精英文化。“士、农、工、商之四民，而士居四民之首。”② 乡村精英大多受到儒家文化的浸润，自觉肩负起造福家乡的使命，承担着振兴宗族和建设乡村的责任。“官如河水流，绅衿石头在”，“人人皆宜孝尔父母，敬尔兄弟，教训尔子孙”，“德业相劝，过失相规，礼俗相交，患难相恤”，“孝顺父母，尊敬长上，和睦乡里，教训子孙，各安生理，毋作非为”等村规民约，既体现了乡村社会的伦理色彩，也反映了乡村精英通过发挥志愿精神发挥着造福桑梓的软治理职能。

乡村精英区别于地主、富商，具有政治人物的特征。乡绅作为乡村精英的代表，追求的是政治性的特权概念而非财富，“拥有财富和土地并不是绅士身份的充分条件”③。梁漱溟先生描述道：“士人不事生产，却于社会有其绝大功用；便是他代表理性，主持教化，维持秩序；夫然后，若农、若工、若商始得安其居。”④

（二）现代社会乡村精英的软治理行为

1. 乡村政治精英的软治理行为

乡村政治精英（如村干部、村民小组组长、村民理财小组成员、村民代表等）在村庄政治生活中有较大发言权，具有领导、决策、管理、协调、组织等职能。他们文化水平较高，有一定的理论水平和政治觉悟，能够重塑乡村政治价值观，形成村庄事务人人关心的局面，推动民主、自由、平等价值观念在村庄的广泛传播，有利于提升乡村治理的效果。

2. 乡村经济精英的软治理行为

在“让一部分人先富起来”政策的带动下，乡村经济精英大量涌现。他们属于快速发家致富、掌握大量物质资源的能人，以运输大户、种植大户、养殖能手、个体工商户、私营企业主等最为典型。乡村经济精英的来

---

① 参见仝志辉、贺雪峰：《村庄权力结构的三层分析——兼论选举后村级权力的合法性》，《中国社会科学》2002 年第 1 期。

② 梁漱溟：《乡村建设理论》，上海，上海人民出版社，2011 年，第 42 页。

③ 张仲礼：《中国绅士研究》，上海，上海人民出版社，2008 年，第 288 页。

④ 梁漱溟：《乡村建设理论》，上海，上海人民出版社，2011 年，第 48 页。

源主要有两个，一个是原村干部，另一个是改革开放后在经济上获得成功的私营企业主，前者又包括弃政从商的私营企业主（或个体工商业者）、集体经济的经营者、个人承包或租赁集体企业的企业家。① “农村新兴经济精英凭借掌握的优势社会资源，利用党和政府提供的制度平台，逐渐成为农村政治生活中最活跃的力量，甚至是村庄治理的主导力量。”② 乡村经济精英的软治理主要体现在致富发家不忘众乡邻，带领村民主动寻找和把握市场机遇，为村庄公益事业出谋划策、出钱出力，帮扶和救助贫困家庭，捐资兴办学校、资助学生，在乡村弘扬人道主义和无私奉献精神，营造互帮互助、共谋发展的氛围。

3. 乡村社会精英的软治理行为

乡村社会精英是指拥有丰富的人生阅历、宽广的人际关系、高超的社会声望、在乡村社会领域有突出影响的人。陈光金认为，乡村社会精英是“那些在重大的民间活动场合充当组织发挥者的社区成员”③。朱士群认为，乡村社会精英包括三个类别——宗族精英、有声望的村民和在外工作的精英群体，其中也包括一批从事文化礼仪活动（婚丧、嫁娶）的所谓的“忙人”。④

乡村社会精英调解民事纠纷，宣传乡村礼仪传统，热心于乡村建设事宜，发挥着独特的软治理功能。20 世纪 90 年代，鄂西土家族地区乡村宗族势力在一定程度上得以复兴，一些地方成立了以修（续）宗谱家谱为中心的临时组织，称为“某氏修（续）谱小组”“某氏（府）理事会”“某氏家（宗）谱编辑小组”等。这些组织的实际领袖多是一些退休的干部、中学教师和在县城机关从事文化工作的干部。如宣恩《南方满姓嬗衍史》的主要倡导者和负责人之一是该县民族中学的退休教师；宣恩《候氏族谱》的编撰者也是退休教师；出面整理咸丰《严氏族谱》的是县粮食局的退休干部；宣恩《龙潭河谭姓家谱》的主要负责人是县史志办公室主任。一些大学、中专毕业后在家乡工作并有所成就的干部也都或明或暗地支持或资助过家族宗族的一些文化活动。⑤

① 参见项辉、周威锋：《农村经济精英与村民自治》，《社会》2001 年第 12 期。

② 应小丽：《政府对农村新兴经济精英参与的引导和规范——对浙江省永康市的调查与分析》，《中国行政管理》2009 年第 3 期。

③ 陈光金：《当代中国农村社区精英的权力与社区权力结构研究》，http://www.sociology.cass.cn。

④ 参见朱士群：《农村社区精英与村民再组织》，《安徽大学学报》2002 年第 2 期。

⑤ 参见崔榕：《湖北省宣恩县土家族地区宗族文化的变迁》，孙秋云：《社区历史与乡政村治——鄂西土家族地区农村宗族文化与村民自治研究》，北京，民族出版社，2001 年，第 274 页。

上述乡村文化精英有文化、懂政策、声望高、有威信，编修家谱政策分寸拿捏准，“理辈分、正伦理”的做法深得百姓和地方干部认可和赞扬。编修家谱或族谱有利于加强家族认同，增强家族凝聚力，对教育青少年熟悉家族历史、弘扬良好家风等大有裨益。乡村文化精英倡导族人生活上团结互敬、生产上互帮互助、精神上互相慰藉，推动乡村社会回归传统、再续亲情、重建伦理。这种软治理有助于维护乡村社会的稳定和人际关系的和谐。

第五章　城乡一体化视域下乡村软治理的现实困境

随着城乡一体化发展和经济社会快速转型，乡村社会的封闭、同质、凝固状态逐渐被打破，乡村社会的开放性、异质性、高流动性与碎片化程度逐步提高，乡村治理生态发生显著变化。乡村刚性治理的社会效用逐渐递减，需要乡村软治理发挥替代或补充作用。然而，乡村软治理因面临观念淡薄、组织障碍、文化束缚和社会困扰的问题举步维艰，在一定程度上陷入"治理恐慌"。例如，乡村软治理"无用论""多余论""偏差论"等观念根深蒂固；村民缺乏公共理性而呈现"原子化"态势，村民集体主义价值观缺失，乐于助人的道德规范失去效力，村民功利心态日益膨胀；乡村内部差距扩大，出现阶层分化，人口流动加快和人口异质性增强。上述因素增加了乡村软治理的难度。

一、乡村软治理的体制障碍

（一）村务乡治：乡镇政府对村委会的刚性控制阻碍乡村软治理的实施

我国的法律制度文本设计了乡镇政府和村委会和谐相处与融洽共存的图景。然而，在现实的政治运作过程中，乡镇政府和村委会屡屡发生冲突，乡镇政府对乡村的刚性控制在一定程度上妨碍了乡村软治理的实施。

1. 乡镇政府和村委会的应然逻辑

改革开放后，实行家庭联产承包责任制，政社合一的人民公社体制逐渐解体，村民自治制度逐渐确立，全面取消农业税的政策落地，新农村建设的深化等逐渐改变了乡镇和村的关系。乡村传统的命令服从型关系被新型的"乡政村治"取代，乡镇政府作为最基层的一级政府，只在行政区域范围内行使管理权，不直接干涉基层社会事务；农村实行村民自治，乡镇政府和村委会在村民自治范围内是指导与被指导的关系。《中华人民共和国村民委员会组织法》对此明确规定："乡、民族乡、镇的人民政府对村民委员会的工作给予指导、支持和帮助，但是不得干预依法属于村民自治范围内的事项。村民委员会协助乡、民族乡、镇的人民政府开展工作。"乡镇政府作为最基层的国家政权，村委会作为村民自治的组织载体，二者之间是指导、支持、帮助和协助的关系。从法律规定上讲，村民委员会不是一级政府，也不是乡镇政府的派出机构，而是基层群众性自治组织，享有民主选举、民主决策、民主管理和民主监督四项权利。乡镇政府不得借指导、支持和帮助之名，行干预村民自治事务之实。

2. 乡镇政府和村委会的实然逻辑

乡镇政府在同村委会打交道时，习惯于将村级组织看成是隶属于乡镇政府的下级单位，倾向于将二者关系定位于"命令——服从"关系。在这种思维的影响下，法律规定的乡镇政府和村委会的指导和被指导的关系，逐渐异化为现实政治生活中的领导与被领导的关系。乡镇政府的职责是"指导、支持和帮助"村委会，但由于语义表述的模糊性，往往容易变为"指示与命令"，而村委会的"协助"则成为一项必须履行的义务。"只要村委会承担着来自上级政府的行政管理任务，那么它们的关系就非常可能具有领导与被领导的特征，而很难保持指导与被指导关系的性质。"① 上级政府制定了大量的指标和任务，明确了严格的官员问责制度，需要乡镇政府不折不扣地认真落实。乡镇政府别无选择，只能再将这些指标和任务分解下派给村委会，责令村委会完成。在这个过程中"命令"代替了"指导"，"控制"取代了"协助"，村委会实质上成为附属于乡镇政府的办事机构。

"乡镇机构是乡村治理最强而有力的国家力量。农村发展战略、乡镇政权的特殊功能以及乡村利益的分殊，在一定程度上造成乡政权力与村治权力在功能上的冲突，由此导致两种权力的运作界限不明、相互干扰的现象时有发生。许多乡政机构仍然将村级组织作为自己的下属机构，通过操控选举及颁布政令干预村务。"② 有的乡镇政府为加强对村委会的控制，还牢牢掌握着村委会的人事权，对不听指挥的村委会干部随意撤换；个别乡镇领导为了个人私利，甚至操纵和干预村委会选举工作和日常工作。"乡镇政府和村级组织之间的关系，总的特点是，既趋于紧密，也趋于紧张。目前，可以说村级组织正陷入一种行政色彩强化、实际功能弱化的尴

---

① 景跃进:《国家与社会关系视野下的村民自治》,《中国书评》1998 年第 5 期。

② 金太军:《村庄治理中三重权力互动的政治社会学分析》,《战略与管理》2002 年第 2 期。

尬境地。”①

3. 乡镇政府和村委会关系错位对乡村软治理的影响

乡镇政府和村委会关系的错位，反映了个别乡镇政府与村委会之间存在严重的张力，“乡政村治”为“村务乡治”所取代，乡镇政府强势介入乡村内部事务，严重阻碍了乡村软治理。党和政府的各项政策需要借助行政命令才能贯彻下去，各种治理目标需要借助行政强制力量才能达成，压力型行政体制形塑了乡镇政府的角色和地位。乡镇政府习惯于听从上级政府的指示，乡镇领导的晋升取决于上级政府对其工作成绩的满意度。上级政府对乡镇政府招商引资、GDP 增长速度、信访人数等实行“一票否决”，这种刚性机制势必促使乡镇政府把完成上级政府的任务和考核指标作为头等大事，而要完成这些任务，乡镇政府又必须采取压力传导、层层传递的方式，对乡村各项任务提出更高的要求。“为此，乡镇政府必然会加强对村级组织特别是村委会的渗透、影响和控制，包括运用强有力的行政命令手段，以保证上级各项任务的贯彻落实，乡镇政府如此作为可谓是其所担负的特殊角色使然。”② 在这种情况下，乡村治理的刚性特征较为明显，柔性的软治理无从谈起。

（二）主体间理性协商缺位：村委会、村民代表（会议）、村民之间的合作链条断裂阻碍乡村软治理的推进

乡村软治理的实施，需要培育主体间的理性协商精神，形成有效的信任合作机制。就村委会、村民代表（会议）、村民多元主体来讲，相互之间应当本着信任、互助、团结、友好的原则处理相互关系，对村庄事务共同参与、协商治理，唯有如此，乡村软治理呼吁的协商共治才有现实依托，多元主体合作共治才有实现希望。然而，现实生活中，村民委员会、村民代表（会议）和村民之间由于强力干预、缺乏信任等因素的影响，协商治理难以实现，信任基础尚未夯实，影响了乡村软治理的顺利进行。

1. 村委会强力干预村民代表会议，不利于乡村软治理自主自治精神的培育

村民委员会是由村民选举产生的群众性自治组织，实行民主选举、民主决策、民主管理、民主监督。村民委员会办理本村的公共事务和公益事业，调解民间纠纷，协助维护社会治安，向人民政府反映村民的意见、要

---

① 赵树凯:《乡村治理:组织和冲突》,《战略与管理》2003 年第 6 期。

② 金太军、董磊明:《村民自治背景下乡村关系的冲突及其对策》,《中国行政管理》2000 年第 10 期。

求和提出建议。村民代表会议是经村民会议授权，对本村公共事务和公益事业行使议事、决策、监督职能的重要村民自治组织形式。涉及全村村民切身利益的重大事项，由村民代表会议讨论决定。关于二者的地位及其相互关系，《中华人民共和国村民委员会组织法》明确规定："村民会议或村民代表会议是村民自治组织的权力机构，决策与村民利益相关的公共事务，村民委员会是村民自治组织的执行机构，村民委员会向村民代表会议负责并报告工作。""村民委员会执行村民会议或村民代表会议的决议、决定，接受村民的监督。"由于村民代表会议缺少正式的组织形式，法律规定"村民代表会议由村民委员会召集"。这种关系定位容易产生村民委员会控制村民代表会议的局面，对于村庄重大事项，村民委员会有可能将村民代表会议搁置起来而自行其是。其结果是村民委员会取代村民代表会议成为事实上的决策、执行合一机构。

实践中，村民代表会议常常受到村民委员会的过度干预，诸如议题设置、村务公开等事项往往都由村民委员会决定。村民委员会是否向村民代表会议汇报并报告工作，甚至有无必要建立村民代表会议，大多数情况下是由村党支部、村民委员会或村两委联席会议决定的。此时，村民代表会议和村民委员会的权力关系发生错位和倒置，作为村民自治权力机构的村民代表会议，反而受到本应对其负责并报告工作的村民委员会的制约。村民委员会强力干预村民代表会议，甚至取而代之，成为决策和执行的唯一自治机关，堵塞了村庄事务民主决策和民主监督的渠道。这影响村民代表会议自主自治精神的培育，背离了乡村软治理的精神和要求，与乡村软治理强调的民主参与、民主监督、民主决策等背道而驰。

2. 村民委员会对村民代表的防范或利用关系，不利于乡村软治理协商共治的运行

乡村软治理的一个重要特征是各治理主体能够以谈判、协商、妥协等柔性手段化解利益纷争。从理论上讲，村民委员会是基层群众自治性组织，理应代表村民利益同社会强势集团谈判，保障村民拥有畅通的利益表达渠道，切实维护村民的合法权益。村民代表是村民利益的代言人，肩负着为民代言、为民谋利的重任。但是，在实际生活中，村民委员会对村民代表的防范或利用心态，直接损害村民利益，妨碍协商共治。

从政治层面上讲，村民代表和村民委员会是监督和被监督的关系。个别村民委员会对村民代表具有防范心态，认为村民代表的监督是对自己的不信任，监督会使自身权力受到限制。因此，有的村民委员会认为村民代表"太碍事"，"不通情理"，往往绕开原则性强、公正严明的村民代表，

而选择好说话、能听话、易驾驭的村民代表开会；或是将棘手难办的事情提交村民会议，把责任推给村民代表，村民委员会只处理于己有利并且易于办理的事项；或是在村中经费支出、公益事业立项、集体收益分配等重要事务上绕开村民代表独断专行；或是给予村民代表小恩小惠，让村民代表一致表决同意特定事项，然后再动员村民代表说服村民……村民委员会对村民代表的防范和利用，反映了村民代表政治责任感和义务感的缺失，反映了其对物质利益和个人好处的偏好，反映了村民代表对村民利益的抵触和背离。在这种情况下，村民委员会和村民代表都难以获得村民的信任和认可，村干部、村民代表和村民利益的分化和行为上的背离，使协商民主难以立足，合作共治无法实现，乡村软治理缺乏必要的支持条件。

3. 村民代表难以获得村民充分的信任，不利于乡村软治理社会资本的培育

村民代表从村民中来，到村民中去，代表村民行使民主权利，维护村民利益，这是村民代表的职责所在。村民代表和村民有着密切的社会联系，具有相互信任与合作的天然基础。“在乡村的熟人社会中，作为一种信任、参与和合作网络的社会资本在治理过程中的作用尤为重要。”① “就村落内部关系而言，其熟人社会及相应的社会信任体系似乎没有太大的变化，亲属、亲戚、邻里之间，人情、面子和礼节等乡土规范依然在人际交往中发挥作用，可能稍有变化的是，在人际交往中，市场交易规则的成分越来越多地渗透到人情、面子的规则之中。”② 然而，现实生活中村民代表和村民利益分化与价值背离，使村民不信任村民代表，导致乡村软治理缺少信任与合作基础。

村民代表之所以会发生信任危机，原因错综复杂，或是由于村民代表选举程序不透明、不公正、不规范，或是由于村民代表与村干部有亲戚、战友、同学或其他亲密关系，或是由于村民代表缺乏为民代言的能力和素养，或是由于村民代表只是“影子代表”而徒有虚名……这些因素共同引发了村民代表信任危机。据陈晓莉调研，“在陕西省咸阳市秦都区某村的一次招商引资谈判中，村民聚集村委会，要求每户派代表参加谈判，就是不许村干部去，不许村民代表去。村民代表也不敢去，因为谈好谈坏群众都会骂。老百姓不相信村干部和村民代表会真正为自己谋利益，村干部与

① 关于“社会资本”的概念及其在治理中的作用，参见〔美〕罗伯特·D.帕特南等:《使民主运转起来》,王列、赖海榕译,南昌,江西人民出版社,2001年,中译本序及第2、5、6章。

② 陆益龙:《乡土中国的转型与后乡土性特征的形成》,《人文杂志》2010年第5期。

村民，村民代表与村民之间，缺乏一个必然的利益连接”①。由于乡村民主参与机制的匮乏和权威人物影响力的式微，村民对自己选出的代表缺乏信任，这导致村民代表缺乏尊严感和荣誉感，无法全心全意地投入村集体的各项事业中，无法积极主动地代表村民推动村庄公共事务和公益事业。正是上述社会信任、参与网络、制度规范等要素的缺失，导致乡村软治理缺乏必要的社会资本支持。

（三）宗族组织过度干预：宗族势力的膨胀和扩张挤压乡村软治理空间

中国历史上长期存在的家族宗族组织，是一种基于血缘关系结成的社会共同体。新中国成立后，宗族组织一度受到打压而销声匿迹，改革开放后又呈现活跃态势。乡村软治理具有双重效应，它满足了村民认祖归宗的心理认同需要，人心得以凝聚，宗族历史得以铭记，宗族价值得以传承；宗族还担负着内部成员互帮互助、共克时艰、调解矛盾、和睦相处的职责，对推动乡村软治理具有重要作用。但是，宗族势力干预村民自治，破坏和干扰乡村选举，会成为乡村软治理的破坏性因素。

宗族势力干涉乡村选举，压缩乡村软治理的自由空间。在村委会选举的关键档口，乡村宗族势力高度重视，极力把本宗族的候选人推上村干部职位，把宗族势力的比拼看成关乎宗族颜面的事情，各宗族互不想让，互相攻讦，想尽办法暗地里操纵选举。由于选票过于分散，候选人难以超过半数，导致选举失败。在个别村落，村民固守由近及远、亲疏有别的思维方式，按照“个人—家庭—家族—宗族”的逻辑路线处理问题，村民的选举活动也为家族或宗族势力控制，小宗族的候选人即使很优秀也难以脱颖而出。在个别乡村，村民委员会成员的构成带有鲜明的宗族色彩，有宗族势力作为后盾，村民委员会干部全面控制乡村权力。例如，2008 年西安市村党支部换届选举，有个别党员发展家族化，某家族有三名党员，占到全体党员人数的 25%，而支部换届选举中的党员推荐环节，要求党员到会人数必须达到党员总数的 85%会议才有效。三名党员不出席会议，致使党员推荐大会达不到规定人数而无法召开。②

在日常的村民公共事务的管理中，宗族为实现自身利益的最大化，往往以潜在的力量渗透和左右乡村事务的处理。因此，村民委员会很容易被

① 陈晓莉:《新时期乡村治理主体及其行为关系研究》,北京,中国社会科学出版社,2012 年,第 153 页。

② 参见陈晓莉:《新时期乡村治理主体及其行为关系研究》,北京,中国社会科学出版社,2012 年,第 153 页。

架空，宗族势力成为左右村庄命运的决定性力量，村民委员会有名无实，村级事务的管理陷入瘫痪。不仅如此，宗族势力还和地方宗教精英、社会活跃分子结合在一起，织就强大的势力网，给党在农村基层的治理带来严峻的挑战。

可见，宗族势力往往坚持宗族本位的价值观，最大限度地谋求家族利益，对乡村事务过度干预，甚至出现宗族势力过度膨胀的情形，其结果是乡村软治理的空间较为狭小，乡村软权力受到排斥，乡村软治理缺乏生存和适用的空间。

二、乡村软治理工具的缺陷

乡村软治理的工具主要有村规民约、行业自律公约、社团自治章程等，三者构成了软法规范体系的主要内容。乡村软治理工具蕴含丰富的道德智慧，体现了意思自治、缔约自由、平等协商、理性宽容、诚实守信、互利互惠等精神，对于推进乡村治理体系和治理能力现代化、提升乡村治理效能具有重要意义。由于村规民约是乡村软治理最为常见、较为实用的工具，特将其作为特例，对其缺陷做出深刻分析。村规民约在实施过程中存在的缺陷以及面临的诸多难题或困境，制约着其软治理效用的发挥。

（一）村规民约自治色彩的淡化

村规民约作为“乡土法律”，其制定本应遵循自治理念，由多元主体充分协商、达成合意、形成约定。然而，调研发现，一些地方的村规民约备受诟病，被称为“禁约”“官约”“管约”，是上级约束下级、官员约束村民、少数人约束多数人的工具，无法体现村民的集体意志。“现代的城市居民自治、乡村自治以及他们制定的自治性乡规民约主要是国家公权力意志的反映，而非村民意志和社会权力意志的反映。”① 地方政府对村规民约的强力干预，在一定程度上破坏了乡村自治。村规民约的制定缺乏多元主体的积极参与，村委会和党支部“一言堂”现象较为普遍；村规民约只是象征性地提交村民代表大会讨论通过，未能广泛听取村民意见，不能反映广大村民的诉求和意愿。有的村规民约根据“上级的指示和要求”制定，生搬硬套乡镇政府发布的“模板”，千篇一律、结构雷同、形式呆板、缺乏特色，村规民约实质上演变为政府规约。“许多村庄照抄他村村规民约或者由县乡政府按照统一模式制定村规民约颁行各村的做法还很多，由

① 谢晖、陈金钊主编:《民间法》第7卷,济南,山东人民出版社,2008年,第32页。

此导致很多地方的村规民约不受当地村民的真切认同。”①

（二）村规民约法治精神的缺失

作为村民自治的制度化、规范化形式，村规民约是一种介于国家法律与乡村传统习俗之间的民间规范。② 村规民约属于一种“地方性知识”，带有明显的地域特殊性，大多沿袭地方宗族规范和乡土习惯，与国家法律法规的衔接不够紧密。个别地方的村规民约仅是照抄照搬国家法律和政策，内容僵化生硬的情况较为严重；受制于乡村干部和村民法律素养的匮乏，双方共同酝酿的村规民约容易出现与法律相冲突或与法治精神相背离，漠视或侵害村民正当合法权益的情形，如再婚生子给孩子上户口，要先交一万元公益金；外嫁姑娘收回土地，上门女婿不分田地；本村寡妇外嫁他村不能继承丈夫遗产，有儿户不许外来女婿落户；村民不交垃圾清理费，不准参加养老保险、合作医疗，等等。不仅如此，有的村规民约还排斥法律法规的适用，用“土办法、土政策、土规定”代替国家法律，如“牲畜下田，打死不赔”“偷鸡摸狗，吊打屁股”“外出未婚打工女领取土地转让补偿金之前，需到医院做贞洁鉴定”，等等。显而易见，上述规定存在性别歧视、内容违法等情形，与法治逻辑和法律精神背道而驰。

（三）村规民约德治资源的匮乏

乡村德治资源既是乡村软环境和软实力的体现，也是实施村规民约的重要保障。然而，由于村民个体原子化、疏离化带来的精神冷漠日益凸显，村民价值观念的世俗化和“去意识形态化”日益突出，村民集体意识、共同体意识、公共责任观念等逐步弱化，导致村规民约在实施过程中缺乏德治资源的滋养和浸润。

一是村规民约缺乏集体主义价值观念的支撑。村规民约的实施旨在维护村庄集体利益，但乡村个体主义价值观念盛行，直接冲击村规民约的德治资源。改革开放后，乡村经济体制改革逐步深化，家庭联产承包责任制普遍实行，原先的集体经济转化为个体经济，集体主义的价值观念缺乏经济依托，个人主义的观念日渐盛行。当集体利益和个人利益发生冲突之时，有的村民选择个体利益优先，甚至为了一己私利而置集体利益于不顾。

---

① 王宏选：《现代村规民约的组织创新与治理重心》，《甘肃社会科学》2016 年第 2 期。

② 参见贾秀莲：《村规民约对国家法的规避及其解决途径》，《山东社会科学》2010 年第 4 期。

二是村规民约受到乡村共同体意识淡漠的影响。在传统乡村共同体内部，村民的经济收入、生活经历、社会地位相仿，容易形成情感共鸣和政治认同，培育乡村共同体精神具有现实基础。然而，随着现代经济社会的飞速发展，乡村阶层分化加剧，村民收入差距扩大，制约了现代乡村共同体精神的培育。在乡村共同体意识淡化、人际关系疏远、社会凝聚力和向心力弱化的背景下，村规民约中有关崇德向上、守望相助、团结友好、敬畏自然、和谐安宁等方面的规定难以付诸实施。

三是村规民约面临乡村公共精神匮乏的窘境。伴随我国市场经济的快速发展，传统乡村社会的利益关系和价值观念正在悄然发生变化。现代乡村社会呈现出利益多元、诉求增多、矛盾凸显的特征，乡村公共性不断消解。村民越来越重视物质利益和个人利益的满足，而对集体利益和公共福祉关注不够，乡村社会团结合作的纽带断裂，利用村规民约维护乡村公共利益的目标难以达成；个别村民执行村规民约意愿不强、动力不足，村民对乡村公共事务的态度，诚如亚里士多德所言，“凡是属于最多数人的公共事物常常是最少受人照顾的事物，人们关怀着自己的所有，而忽视公共的事务，对于公共的一切，他至多只留心到其中对他个人多少有些相关的事物”①。部分村民公共精神匮乏，对村庄建设、选举、议事、公益事业等漠不关心，这导致村规民约缺乏公共责任机制的保障，往往只停留在口头的宣传与号召上，难以转化为具体的行动。

（四）村规民约权威地位的弱化

塑造村规民约权威性，对于提高乡村公共事务治理绩效，维护乡村社会公序良俗，重建乡村社会资本和信任关系具有重要意义。当前，村规民约在促进乡村制度构建、公共产品供给、乡村文明建设等方面存在薄弱之处，一定程度上削弱了村规民约的权威性和影响力。从一般意义上讲，削弱村规民约权威性的主要因素是规制性要素和工具性要素。其中，规制性要素主要强调村规民约要规定惩戒措施，强化对村民的约束；工具性要素主要关注村规民约要提高乡村治理绩效，提高村民的生活质量。上述两种要素的叠加和整合，影响和决定着村规民约的权威性和影响力。与此相对应，村规民约权威性和影响力的流失，也主要体现在以下几个方面。

从规制性要素看，村规民约的权威性主要来自惩戒性条款。设立惩戒性条款，目的在于处罚违背村规民约的村民，让村民对村规民约心存敬

① 〔古希腊〕亚里士多德：《政治学》，吴寿彭译，北京，商务印书馆，1983年，第43页。

畏。然而，目前大多数村规民约结构和体系不完整，内容空泛、脱离现实，多停留在口号性宣传、纲领性劝导层面，存在指向不明、弹性过大、意思模糊等弊端，缺少通报批评、公开曝光、罚款、减少福利待遇等惩戒性措施。大多数村规民约只停留在道德倡议层面，缺乏约束力和规制性，无法让村民有所忌惮，影响其权威性地位的确立。

从工具性要素看，借助村规民约解决乡村矛盾纠纷，提高村民的幸福指数，改善乡村文明程度，提高乡村治理绩效，有利于巩固其权威性地位。然而，在乡村治理的工具选择和设计方面，基层政府、村民等主体更加看重上级政府的政策扶持、干部队伍素质的提升、乡村规章制度的完善等因素，而对村规民约的工具性价值缺乏足够的认知。在乡村司法实践中，很少援引村规民约来调解乡村矛盾纠纷和治理乡村腐败，致使村规民约的权威性遭到一定程度的削弱。

（五）村规民约适用空间的压缩

高度流动的“液态社会”和悄然而至的“陌生人社会”崇尚规则，强调法律法规的适用，在一定程度上压缩了村规民约的适用空间。我国城市化进程正加快推进，大量农村人口外出打工，城乡之间的流动日益频繁，乡村异质性和空心化现象严重。农村人口流动速度加快，乡村社会关系和人情往来逐渐淡化，削弱了村规民约发挥治理效能的社会基础。“城镇化带来的最大影响就是流动性，这对乡村内生规则来说是致命的摧毁。”① 传统乡村社会相对封闭，人员流动频率低，类似于一种“固态社会”。人们交往遵循“熟人社会”的规则，乡村秩序的维系主要依靠人情关系、传统礼仪、风俗习惯，村规民约大有用武之地；而城镇化背景下的乡村社会，开放程度日益提高，人员流动速度快、规模大，主要依靠法律法规维系乡村社会秩序，村规民约的适用范围相对较小。

不仅如此，重制定、轻执行的弊病，也导致村规民约适用空间的收缩。村规民约属于软约束，一般不对村民做出硬性规定，不以国家强制力为后盾，其贯彻落实主要取决于村民的积极配合和自觉行动。但是，有的村规民约制定后“万事大吉”，没有付诸实施，属于“挂在墙上”的规则；村规民约监督评估制度尚不健全，无法确保村规民约得到严格执行；村民对村规民约的重视程度不够，不能身体力行；村规民约的执行缺乏乡贤、宗族等乡村公共权威的支持，争议受理主体和权利救济渠道缺位，压缩了

① 张良:《乡村公共规则的解体与重建》,《浙江社会科学》2016 年第 6 期。

村规民约的生存和适用空间。

概而言之，村规民约自身存在的缺陷主要体现在三个方面。内容方面，部分村规民约与现行法律冲突；内容陈旧与时代脱节；重义务轻权利；偏口号无实效；惩戒性条款有侵权风险；照搬拼凑痕迹明显，缺乏本土特色；汲取美德良俗和法治资源不够。程序方面，民意征集受少数家族支配；村民会议召集困难，两委代为制定；象征性表决普遍，人为操作空间大；村民参与度低、公信力弱、透明度不高、权威性缺失等影响村规民约合法性基础。保障方面，政府指导监督缺位；缺乏乡贤、宗族等民间权威的支持；缺乏效力确认机关；争议受理主体缺位；救济途径缺失。

村规民约在实践运行中存在的困扰主要有二：一是村规民约与乡村自治的功能冲突。村规民约功能定位模糊，几乎囊括乡村所有事务，治理效果被过分夸大；个别村规民约侵害村民合法权益，治理权威弱化；乡村“神治”仍有市场，村规民约治理功能受阻。二是村规民约缺乏权威性和执行力。“停在纸上”，“挂在墙上”，缺乏可操作性；村规民约的约束力日渐弱化，原有封闭性的乡村社会环境被打破，村规民约所依赖的资格剥夺、区别对待、舆论施压等机制渐趋失效。

三、乡村软治理资源的匮乏

改革开放以来，中国加速由传统社会向现代社会转型，基层社会生活方式和社会关系发生显著变化。乡村传统意义的文化共同体受到冲击，乡村社会的价值塑造能力受到影响，乡村传统道德的生产空间受到排挤，乡村软治理的实施面临传统伦理道德式微、农民公共理性不足等困境。

（一）传统伦理道德的式微导致乡村软治理道德资源的匮乏

随着市场经济的快速发展，信息技术的广泛应用，农民的思想观念、价值准则、行为方式等发生深刻变化，乡村道德风尚和伦理观念也悄然发生变迁。

1. 合作互助的美德式微，功利主义伦理抬头

乡村经济水平的提高，人口流动的加快，为村民接受新思想、新事物、新观念提供了便利条件。乡村群体的血缘、地缘关系弱化，“陌生人社会”的规则正逐渐向“熟人社会”渗透，“经济人”理性成为许多村民处事的重要规则。有的村民凡事以实现自身利益最大化为目标，只在乎短期利益，而置长远利益于不顾；亲人之间、邻里之间、村民之间温情脉脉的关系逐渐为冷冰冰的物质利益所取代，人际交往的真诚与亲近被虚假的

客套和敬而远之的疏离所置换。功利主义成为处事规则，讲究实利成为交往规范，互帮互助减少，道德约束降低，乡村社区的凝聚力和感召力大幅度降低。申端锋认为："在川西平原，农民之间基本上不再发生互助、帮忙意义上的私人合作，连亲兄弟之间的帮工都要付工钱，人与人之间打交道完全是按照市场的方式来进行。"①

2. 责任担当伦理缺失，热心村庄事务的农民减少

乡村中有一技之长、素质较高的人纷纷"孔雀东南飞"，在外地打工生存发展、购房安家，有了新的交往圈子和亲朋好友。他们对村庄事务"事不关己，高高挂起"，与村民的交往越来越少，相互之间的感情日益冷淡。每每村庄有选举、村民会议等事项邀请他们返乡参加时，常常以工作繁忙、赚钱要紧为由而推脱。他们的村庄集体意识慢慢淡化，他们在外地见过大世面，眼界和见识大幅度提高，对村干部的所作所为颇有微词甚至充满抵触情绪，越来越脱离乡村生活共同体。"以乡村组织为主导的农民一致行动日趋不可能，农民集体主义观念丧失殆尽，农民的精神文化生活荒芜，地下宗教蔓延等。"② 受此影响，村庄集体活动日益减少，村民交往互动也随之减少，村民交往圈子向内收缩，能够担当大任者少之又少，村干部后继乏人，村庄软治理缺乏有道德觉悟、有责任担当精神的优秀人才。

3. 传统道德失落，主体行为失范

改革开放后，我国确立了社会主义市场经济体制，打破了以土地为核心生产要素的自给自足的传统小农经济模式。村民生产生活行为日益商品化、市场化和社会化，乡村社会的传统结构遭到解构，传统宗法伦理观念受到严重冲击，传统道德日益碎片化和边缘化。传统道德失落导致乡村出现道德真空，使得乡村道德评价标准紊乱，增加了乡村社会陷入混乱无序的风险。市场经济是一把"双刃剑"，既给乡村道德建设带来自由、平等、法治、效率等积极因素，也在一定程度上带来了自私自利、功利主义、拜金主义、享乐主义的道德风险。由于传统道德失落，新型道德尚未建立，无法有效规范村民的行为，因此部分村民追逐私人利益，侵害乡村集体利益；有的乡村干部贪腐贿选，不择手段大肆敛财、攫取乡村资源；个别村民歪曲理解独立自主意识，放弃孝敬父母、赡养老人的义务；村民炫富比阔现象严重；黄、赌、毒沉渣泛起，破坏乡村社会风气；个别乡村社会黑恶势力为非作歹、横行乡里，为害一方；有的乡村邪教和非法组织潜滋暗

---

① 申端锋:《从失衡到平衡——转型中的乡村社会及其叙事》,http://www.snzg.cn。

② 申端锋:《乡村治权与分类治理:农民上访研究的范式转换》,http://www.snzg.cn。

长，散布蛊惑人心的言论，恶化社会治安状况。

（二）村民公共理性的匮乏导致乡村软治理缺乏精神滋养

公共理性是一个复合性概念，蕴含自由平等的精神，倡导公民参与行为，反对私人利益而诉诸公共利益。约翰·罗尔斯（John Rawls）认为："当一个公民在一个他或她真诚地认为是最合乎情理的、政治性的正义观念的架构中进行协商时，而这种观念表达了其他人作为自由而平等的公民也可以合乎情理地被期待、合乎理性地予以认可的政治价值时，这个公民便运用了公共理性。"① 尤根尔·哈贝马斯（Jürgen Habermas）探究发现，18 世纪英国、法国和德国的公众舆论便是在一批具有批判意识的公众参与公共论坛，共同讨论公共事务，在理性对话的基础上产生的。② 在中国语境下，公共理性多是从自由精神、平等理念、公共利益、公共参与等方面培育和建构。

1. 村民主体意识的弱化

村民的主体意识是村民对自身地位、价值、能力的主观反应和自我认知。它受到村民世界观、人生观和价值观的影响，体现了村民在乡村治理过程中的地位和作用。乡村软治理的实施，需要尊重村民的主体地位，彰显村民的主体意识，发挥其主动参与乡村治理的积极性。而村民主体意识的弱化，则会导致乡村软治理主体力量的匮乏，制约乡村软治理的开展。

一是村民政治参与意识弱化，乡村软治理缺少民主精神的支撑。由于缺乏主体意识，有的村民对村庄事务保持"政治冷漠"，不能积极参与乡村事务；或是认为乡村选举是乡村精英的"权力游戏"，自己没有能力参与，也没有兴趣参加；或是认为村务是由村干部决定的，自己人微言轻、无足轻重，不能对决策结果产生实质性影响；或是认为自己文化水平低，不能高质量地建言献策，缺乏参与乡村治理的信心；等等。上述种种反映了村民主体意识的欠缺和参与村庄事务能力的不足，这势必影响乡村软治理的效果。

二是村民臣民意识明显，乡村软治理缺少平等精神的涵养。历史上，农民长期处于压力型政治体制之下，深受儒家"君臣父子纲常伦理"的影响，等级、服从、义务、权力崇拜等观念根深蒂固。有的农民敬畏权力，

---

① John Rawls, 1997: "The Idea of Pubic Reason Revisited", *The University of Chicago Law Revivew*, Vol.64, No.3.

② 参见〔德〕尤尔根·哈贝马斯:《公共领域的结构转型》,曹卫东等译,上海,学林出版社,1999 年,序言。

不敢表达反对意见；农民人格长期受到权力的压制，个人言论和行为受到严格控制。美国著名历史学家巴林顿·摩尔在分析中国社会时就曾指出："中国农民很难发展出一种政治民主的平等理论，因为中国不存在自己的民主传统。"① 对此，邓小平也指出："旧中国留给我们的，封建专制传统比较多，民主法制传统很少。"② 村民身上的依附意识远远大于民主政治所需要的政治主体意识，村民行使民主权利的动力不足、意愿不强。村民缺乏对民主权利、民主规则和民主价值的深刻体认，不能自觉遵守乡村民主规则。农民自由、民主、平等意识的淡薄，无法为乡村软治理提供足够的支持。

2. 村民自由精神的压抑

长期以来，我国坚持国家中心主义的立场，行政权力渗透于社会的方方面面，全能政府占据主导地位，乡村社会的发展受到国家权力强制干预，自由精神、独立观念和公共理性较为匮乏。

乡村软治理深受中国政治传统的影响。中国政治传统缺乏独立思想、自由精神和理性意识，乡村社会传统权威主体仍有较大的话语权，基层政府的权威地位突出，权力资源丰富，而乡村社会各种类型的民间组织的自由空间较为有限，其自治权力仅停留在理论号召层面而缺少内生动力，广大村民的主体意识和独立精神尚处于培育成长阶段，乡村社会多元主体缺少平等交流和自由协商的平台，公共场域的理性表达、公共意志的集体讨论、公共利益的凝练汇聚等难以长久维系。"工具主义"的乡村治理哲学妨碍和压抑公共治理下的自由精神，政府职能的转变相对滞后，从"最小政府"到"全能政府"再到"公共治理政府"的角色转变还不到位，治理理论与实践的反思相对不足。其结果是，尽管社会主义市场经济迅猛发展，但社会自主性发展相对缓慢，乡村社会对政府仍然存在较为明显的依赖；尽管乡村社会组织发展迅速，积极参与乡村治理，但各类乡村社会组织缺乏法律、政策、资金等方面的支持和保障，社会组织的自主性和独立性较弱；尽管乡村社会教育水平逐步提高，村民的思想觉悟和道德素质有所改善，但传统文化的影响根深蒂固，义务本位的价值取向依然颇有市场，村民"自我立法"的主体意识和自由精神相对匮乏，社会主体间交往的深度和广度远远不够。

3. 村民集体主义原则的淡薄

乡村社会的急剧变化带来了村民权利观念的颠覆与重组，进而引发村

---

① 〔美〕巴林顿·摩尔:《民主与专制的社会起源》,北京,华夏出版社,1987 年,第 409 页。

② 《邓小平文选》第 2 卷,北京,人民出版社,1994 年,第 332 页。

民行为标准的调整与革新。村民的维权意识逐渐增强，个人权利观念日益增强，容易与集体主义原则发生矛盾，引发乡村软治理的无序和失控。

其一，个体权利过度扩张，对集体主义价值观造成冲击。市场经济的高歌猛进，传统村落的衰退，乡村家族观念的解体，重塑乡村价值规范体系面临严峻挑战。村庄公共性逐步丧失，核心家庭趋势增强，个体权利诉求日渐彰显，挤压集体主义原则的生存空间。实行家庭联产承包责任制之后，广大农民从集体中解放出来，不再受到集体强有力的规范约束。村民更加关注和在乎个人权利的实现程度，对个体权利的偏好与追求，使部分村民不能正确处理个人利益与集体利益的关系，“舍小家，为大家”的集体主义精神式微，热衷于个体权利和个人利益的满足，导致乡村社会陷入离散和无序状态。

其二，个体权利极度膨胀，使乡村行为失范发生概率增加。乡村价值观念的多元化引发村民价值选择的混乱，村民对个体权利的畸形追求反映了乡村健康政治文化的衰落。虽然党和政府始终把提高村民的权利意识和增强村民的维权能力作为推进乡村治理现代化的重要举措，但是村民的权利意识并没有向着健康、良性、有序的方向发展，现代意义上理性守法的公民意识远未形成。诚如贺雪峰所言：“农村社会从头到脚，从外到内，从物质到意识，从观念到价值，都被彻底地卷入到了现代性的大潮之中……村民成了只注重短期经济利益的原子化的个人，成了丧失价值生产能力的经济动物。”[①] 个体权利的膨胀，导致部分村民在征地、拆迁、环保等事项上奉行“闹字”哲学，奉行“大闹大解决，小闹小解决，不闹不解决”的信条，过分看重并不计后果地追求“违法利益”，谋利型上访不断蔓延，坐地要价现象时常发生，行为失范成为维权常态，给乡村软治理带来重重阻碍。

4. 个别村民行为劣化

改革开放后，乡村实行家庭联产承包责任制和统分结合的经营管理体制，解放乡村生产力，调动村民生产积极性。自主经营、自负盈亏的经营体制，使乡村管理相对宽松，村民离散化特征较为明显。村民个体日益原子化，很少关心和参与乡村集体事务，乡村社会生活一盘散沙，导致乡村出现较为明显的无政府主义倾向。

不仅如此，有的村民极端自私自利，出现行为劣化的现象。例如，个别地方的村民得知高速铁路建设要占用自家的地块，连夜栽种大量的树

---

① 贺雪峰:《论农村基层组织的结构和功能》,《天津行政学院学报》2010 年第 6 期。

苗，以获得高额的补偿款，否则阻挠施工。2010 年 4 月，中石化华北石油总局在隆化镇进行石油勘探，每个钻孔直径仅十余厘米，但该镇李新沟、神咀、牛咀、隆台街、王台塬、鲁村等八村村民阻挠施工，认为勘探会对果园、地表和青苗造成严重损害，提出巨额赔偿。后经镇政府出面协调，反复做村民工作，告知村民勘探和开采石油的利益与好处。经过苦口婆心的劝服和认真细致的工作，村民才勉强允许施工，要求每一钻孔必须补偿 140 元，青苗补偿费由镇政府根据实际损失确定。但是，仍有几户坚决拒绝在自家果园勘探。中石化华北石油总局迫于无奈，被迫修改方案，更改勘探路线，付出巨大的成本，甚至直接影响勘探结果。对此，中石化华北石油总局与镇政府都无计可施，乡镇干部和社会公众发出感慨："现在的农民和以前不一样了，被惯坏了，有的甚至劣化了，农村越来越难管理了。"① 村干部所抱怨的"宁领千军，不带一村"，反映了个别村民的行为劣化，导致乡村软治理难以开展。"村民与村委会及乡政府之间处于离散甚至对抗状态。一切良好的愿望被扭曲，村委会和乡政府被置于尴尬的境地，村庄合意无法达成，村民自治面临困境。"② 个别村民只讲利益，不讲责任，提出诸多不正当、不合理的要求，增加了乡村软治理的难度。

四、乡村软治理条件的缺失

随着改革开放向纵深推进，乡村社会的封闭、同质和凝固状态被打破。在城市，随着单位制向社区制转型，"单位人"逐渐变为"社区人"，大量公共事务开始回归社区。在城乡一体化语境下，新型农村社区的生活方式和社会关系发生了根本性变化。乡村软治理呈现出复杂性、动态性和多样性的特征，客观上要求基层政府与各方利益主体有效互动，由单向度的管理和控制转变为双向度或多向度的合作与服务。然而，乡村软治理却面临诸多问题：精英流失，主体力量不足；多元主体权力博弈，难以协商合作；民间组织发展缓慢，社会资本较为匮乏；等等。

（一）乡村精英大量流失，对乡村软治理的贡献减少

自古至今，乡村精英是乡村软治理的重要力量，在弘扬传统美德、引领社会风尚、重塑社会资本等方面发挥独特作用。在城乡一体化背景下，

① 陈晓莉：《新时期乡村治理主体及其行为关系研究》，北京，中国社会科学出版社，2012 年，第 153 页。

② 罗兴佐：《治理与自治——江西田下村调查》，2006 年 11 月 1 日，http://www.snzg.cn/article/2006/1101/article－601.html。

大量乡村精英流动到城市发展创业，无法为乡村软治理提供充分的条件保障。

乡村精英是乡村软治理的重要主体之一，在乡村事务中越来越活跃。意大利社会学家帕累托认为，精英是具有特殊才能、在某个方面或某项活动中表现出杰出能力的人所组成的整体。① 乡村精英主要有政治精英、经济精英和社会精英，政治精英是指在农村社区生活中发挥着领导、管理、决策、整合功能的人，② 如乡镇领导、社区（村）党支部书记、社区居（村）委会主任、大学生村官等；经济精英是指在经济方面拥有更多的优势资源，并利用这些资源取得了经济上的成功，为社区做出了贡献，从而使他们具有某种权威，能够对其他人产生影响的乡村社区成员，③ 如种养大户、私营企业主、建筑包工头、运输专业户等；社会精英则是指乡村社会影响比较大的人物④，如离退休干部、乡贤、宗族精英、乡村教师、民间文化人等。总体而言，乡村精英并不是一个组织严密、目标明确、行动一致的群体，而是利益不同、层次不同、组织状况不同、目标不同、道德水准参差不齐、影响力大小有别的个体和群体。⑤

当今时代，市场经济高度发达，物质财富充分涌流，发展机会大大增多，许多村民选择外出打工、创业。例如，相当一部分原先执掌乡村治理权力的精英纷纷外出，到城市寻找更大的发展机会。乡村精英的大量流失，导致乡村治理主体力量的匮乏。美国社会学家帕森斯（Talcott Parsons）认为，具备足够数量的行动者作为系统的组成部分，乃是社会系统内部整合及社会系统和文化模式之间整合的必要条件之一。否则，便有可能无法维持系统的均衡而呈现“病态”。⑥ 近年来，农村青壮年劳动力大量外出，农村精英纷纷在城市安家落户，导致乡村社会缺乏活力，影响农村可持续发展和治理结构的优化。2022 年 4 月 29 日，国家统计局发布的《2021 年农民工监测调查报告》显示，2021 年全国农民工总量为

---

① 参见〔法〕莫里斯·迪韦尔热：《政治社会学》，杨祖功、王大东译，北京，华夏出版社，1987 年，第 147 页。

② 参见杨善华：《家族政治与农村基层政治精英的选拔、角色定位和精英更替——一个分析框架》，《社会学研究》2000 年第 3 期。

③ 参见项辉、周威锋：《农村经济精英与村民自治》，《社会》2001 年第 12 期。

④ 参见贺雪峰：《村庄精英与社区记忆：理解村庄性质的二维框架》，《社会科学辑刊》2000 年第 4 期。

⑤ 参见孙秋云：《村民自治制度下少数民族农村乡村精英与国家间的互动》，《中南民族大学学报》（人文社会科学版）2004 年第 3 期。

⑥ 参见〔美〕塔尔科特·帕森斯：《社会行动的结构》，张明德译，南京，译林出版社，2003 年，第 108 页。

29251 万人，比 2020 年增加 691 万人，增长 2.4%。其中，外出农民工 17172 万人，比 2020 年增加 213 万人，增长 1.3%；本地农民工 12079 万人，比 2020 年增加 478 万人，增长 4.1%。2021 年底，在城镇居住的进城农民工 13309 万人，比 2020 年增加 208 万人，增长 1.6%（见图 5-1）。

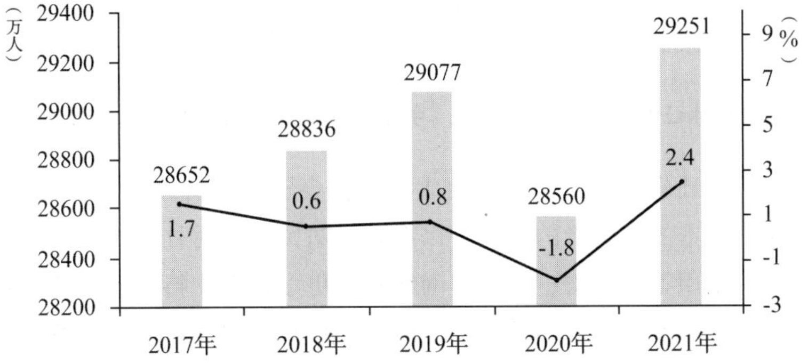

图 5-1　农民工规模及增速

资料来源：《2021 年农民工监测调查报告》，2022 年 4 月 29 日，http：//www. stats. gov. cn/xxgk/sjfb/zxfb2020/202204/t20220429l830139. html。

乡村精英的大量流出，使乡村社会的运转活力不足，同时也无法在乡村道德建设、移风易俗、社会资本营造等方面贡献足够的力量。乡村精英对传统伦理道德、社会舆论、信任机制的影响力逐渐减弱，乡村社会由于无法维持系统的均衡而呈现出帕森斯所说的“病态”，极大地限制了乡村软治理的开展。

（二）乡村多元主体权力冲突，难以汇聚乡村软治理的合力

乡村软治理的开展，需要乡村社会多元主体构建合作与信任机制。乡村多元主体的合作互补与良性互动，有助于形成积极有效的治理合力，不断提高治理绩效。然而，在实践中，为争夺村庄内部权力资源和利益资源，村两委之间、村级组织和村民之间、村两委和宗族势力之间频频发生矛盾和冲突。乡村多元主体坚持零和博弈思维参与乡村事务，不能理性平和地开展民主协商，制约乡村软治理有序推进和深入开展。例如，村民委员会为突出自己权力中心的地位，无视村党支部和村民代表会议的权力；村级组织和村民力量失衡，村级组织严重行政化和人格化，“村级治理表现出强烈的社区精英主导的特点，即社区的少数人实际上掌握着村治权

力”[①]，乡村精英把持和操控乡村权力，限制村民的利益表达，排斥村民对村庄事务的参与；“农村社会出现了新的群体利益集团，这些集团之间经常是对抗的”[②]，各种群体利益集团关系不畅，没有良性互动，权力冲突成为常态，为争夺权力资源展开激烈博弈……凡此种种，不一而足，使乡村社会结构离散和行为冲突频发，村民日益原子化，乡村社会生活秩序紊乱，极大地限制了乡村软治理的开展。

（三）乡村社会组织发展缓慢，乡村软治理缺乏社会资本的支撑

乡村软治理离不开社会组织的成长和社会资本的支撑。“农村组织作为农村社会资本的链接者的角色可以在农村居民对农村社会治理共同愿景的基础上，利用正式网络、非正式网络获取更多社会支持，增强了农村社会治理的互惠性与辐射范围。”[③] 鼓励和发展乡村社会组织，可以整合不同主体的利益诉求，促进乡村利益关系的协调。这不仅有利于提高各方主体的政治参与意识和能力，还可以建构乡村社会的信任结构和融洽的关系网络，为乡村软治理提供源源不断的动力。

乡村社会组织发展缓慢，在乡村“覆盖不足”，是一个突出问题。华中师范大学中国农村研究院发布的《中国农村社会组织发展报告》指出，目前我国乡村的社会组织虽然多样化，但数量、规模偏小，发展不均衡，进一步发展中存在社会组织主体空转、架构行政化、活力不足等难题。在中国农村，社会组织“覆盖不足”，每万人不足 10 个。同时，在 299 个样本村庄中，37.46％没有成立现代社会组织。[④] 总体来看，乡村新型经济组织和各类民间组织数量偏少，自身发育不足，乡村社会组织和乡村其他主体缺少信任、合作和协商，不能为乡村软治理提供充分的社会资本支持。

另外，乡村社会组织的发展还受到诸多不当干预和压制，严重妨碍乡村社会资本的积累，不利于乡村软治理的实施。普特南认为：“社会资本……指的是社会组织的特征，例如信任、规范和网络，他们能够通过协调的行动

---

① 郎友兴、郎友根：《从经济精英到村主任：中国村民选举与村级领导的继替》，《浙江社会科学》2003 年第 1 期。

② 中国改革发展研究院：《中国农民组织建设》，北京，中国经济出版社，2005 年，第 60～68 页。

③ 章晓乐、任嘉威：《治理共同体视域下社会组织参与农村社会治理的困境和出路》，《南京社会科学》2021 年第 10 期。

④ 参见雷宇、高杨：《社会组织在农村覆盖不足》，《中国青年报》2015 年 5 月 19 日。

来提高社会的效率。”[①] 然而，个别乡镇政府、村两委等为维护自身利益和控制乡村资源，排斥乡村社会组织参与乡村治理，挤压乡村民间组织的生存空间，剥夺乡村民间组织的发展机会，阻碍乡村社会组织拾遗补阙作用的发挥。乡村社会信任、规范和网络难以建立，不能为乡村软治理提供充分的社会资本支持。

① 〔美〕罗伯特·D.帕特南：《使民主运转起来》，王列、赖海榕译，南昌，江西人民出版社，2001年，第195页。

第六章　城乡一体化进程中乡村软治理的逻辑进路

统筹城乡发展，推进乡村软治理，需要在坚持党建引领的前提下，实现政治国家与乡村社会关系的重建，维护多元主体的合作共治；增强村规民约在乡村软治理中的功能，对村民进行价值重塑和观念引领；有效应对城乡文化冲突，重建乡村文化为乡村软治理提供精神动力；培养时代乡贤，发挥乡贤在乡村软治理中的作用。

一、党建引领乡村软治理的功能彰显

“求木之长者，必固其根本；欲流之远者，必浚其源泉。”基层治理是国家治理的基石，基层治理的成效对实现国家治理现代化影响深远。提升乡村治理的成效，需要强化党建引领，确保乡村治理沿着正确的方向推进。为加强党建引领乡村治理，党和政府颁布和实施了新修订的《中国共产党农村基层组织工作条例》《关于加强和改进乡村治理的指导意见》《中国共产党农村工作条例》《加强基层治理体系和治理能力现代化的意见》等一系列政策文件，基本建构了党建引领乡村治理制度体系的“四梁八柱”。中国共产党始终坚持以人民为中心的发展理念，将基层党组织打造成为乡村治理的坚强战斗堡垒，谱写新时代党建引领乡村治理的新篇章。“雁飞千里靠头雁”，为实现乡村软治理工作的高质量发展，需要高度重视党建引领，建立利益驱动机制，提高党员干部服务群众能力，提升乡村志愿服务水平，全面发挥乡村软治理的效用。

（一）党建引领乡村利益驱动机制的构建

充分发挥利益驱动和利益诱导的作用，是乡村软治理的重要体现。发展乡村经济，实现乡村振兴，满足村民的利益诉求，是基层党组织的基础性工作。党建引领乡村经济发展，通过利益驱动实现村党支部的多重管理目标，需要着力做好如下工作。

一方面，村级党组织充分利用利益联结作用，给予村民适当的利益回报，激励村民移风易俗，建设乡风文明。例如，有的村党支部号召村民厚养薄葬，移风易俗，“对大操大办丧事的，在‘美德之星’、‘文明户’等评选时实行一票否决，对带头践行厚养薄葬的村民给予适当奖励。现如今，大操大办丧事在辛海村已不见踪影，比孝顺、争当好人、争上善行义举四德榜已成为村民的新时尚”①。乡村基层党组织发挥利益驱动作用，将乡风文明与利益回报直接挂钩，较好地发挥了利益联结作用。

另一方面，村级党组织建立党和群众的利益联结机制，让群众真正感受到党和政府的温暖。村级党组织应始终把人民放在心中，全心全意为人民服务，竭尽所能为群众提供物质、精神、心理等各种帮助，帮助群众解决现实困难。“想问题、作决策、办事情都要站在群众的立场上，通过各种途径了解群众的意见和要求、批评和建议，真抓实干解民忧、纾民怨、暖民心，让人民群众获得感、幸福感、安全感更加充实、更有保障、更可持续。”② 党建引领乡村治理，解决好村民的重大关切，满足群众对美好生活的需要，使人民群众和基层党组织的情感联结更加牢固，这是乡村软治理功能彰显的内在需要。

（二）党建引领乡村干部服务群众能力的提高

“中国共产党领导是中国特色社会主义最本质的特征，是全党全国各族人民共同意志和根本利益的体现，是决胜全面建成小康社会、夺取新时代中国特色社会主义伟大胜利的根本保证。”③ 基层党组织要发挥引领作用，提高村级领导干部的德治水平，增强服务群众的能力和水平，彰显乡村情感治理的精神底蕴，进而提高乡村软治理的效果。

其一，党建引领乡村干部德治水平的提升。从某种意义上讲，德治本身即是软治理的体现，干部德治能力是衡量软治理水平的重要标志，也是提高干部群众服务能力的前提条件。村干部要心系百姓，德治为先；吃苦在前，享受在后；严以自律、公正为要；廉洁自律、秉公办事；雷厉风行、高效执行。通过不断提高德治能力和水平，赢得百姓的信任和拥戴，提高自身的号召力、凝聚力和影响力，促进政治权威和道德权威的高度融

---

① 盖鸣霆:《移风易俗,新村规让百姓得实惠　对带头践行厚养薄葬的村民适当奖励》,《济宁晚报》2017 年 11 月 29 日。

② 《习近平谈治国理政》第 3 卷,北京,外文出版社,2020 年,第 138 页。

③ 《习近平谈治国理政》第 3 卷,北京,外文出版社,2020 年,第 89 页。

合，德治和自治的有机统一。

其二，党建引领乡村干部改善干群关系的能力。乡村党员干部要以身作则、率先垂范，对群众工作有满腔的热情，深入村民中间摸底调查，组织村民喜闻乐见的活动，帮助村民解决急难愁盼的问题，满足村民的合理诉求，用自己的真情、亲情打动村民，改善与村民的关系，实现“民心政治”的目标。

其三，党建引领群众沟通、教育、激励等工作机制。乡村党员干部加强与村民的民主协商和意见沟通，积极参加教育培训活动，构建有效的激励机制，是乡村软治理的内在要求。为更好地发挥党建引领作用，要建立村党支部与村民代表的沟通机制，贯彻落实民主集中制原则，促进干部与村民的民主协商，全方位听取村民意见和建议；要建立常态化的乡村教育培训制度，将“三会一课”覆盖全体党员干部，有条件的地方可探索建立乡镇党校，把教育培训领域延伸到乡村基层，把教育培训内容由党课知识拓展到农业科技、专业技能、市场营销等方面；要构建乡村治理激励机制，激励村民努力发展生产、建设美丽乡村、维护社会秩序，实现乡村政治、经济、社会、环境等全面发展。

（三）党建引领乡村志愿服务水平的提升

乡村志愿服务作为乡村软治理的重要力量，在弘扬中华优秀传统文化、重建乡村社会资本、促进村民情感交融等方面具有独特的效用。党建引领乡村志愿服务，要着力实现如下突破。

首先，党建引领乡村志愿服务组织的成立。村级党组织要高度重视乡村志愿服务组织的重要性，大力培育和支持由乡村精英、爱心人士、活跃分子等成立的志愿服务组织，有效破解乡村志愿服务资源匮乏、专业欠缺、参与不足等问题，切实增强乡村志愿服务组织的内生动力。

其次，党建引领乡村志愿服务精神的弘扬。传统文化中蕴含丰富的志愿服务智慧和精神，村级党组织要引领多方力量，弘扬“无私奉献”“尊老爱幼”“助人自助”等精神，激发内心“性本善”的情感基因。村级党组织引领乡村志愿服务组织成员互帮互助，建立牢不可破的情感纽带，制定志愿服务组织内部规范，培养志愿服务成员的规则意识，构建乡村互动信任和规范网络，进而重塑乡村社会资本。

最后，党建引领乡村志愿服务情感的培育。将情感因素融入党建引领乡村志愿服务活动之中，适应从技术治理到情感治理转型的需要。乡村志愿服务需要“走心”，满足居民的情感需要，构建社区初级群体伦理文化。

"情感治理贯穿于党建引领社区志愿服务的全过程和各环节，将各类主体有机联系在一起，建构起相互融合、密切互动的共同体。"[①] 基于此，党建引领乡村志愿服务情感培育，需要激发党员的情感记忆，组织党员开展志愿服务活动，吸引更多成员参与志愿服务，为村民提供细致周到的服务，让村民体会到志愿服务的情感关怀，促进村民情感交融，进而由志愿服务的"受益者"转变为"提供者"。

二、推动乡村软治理多元主体的合作共治

软治理强调参与主体的多元合作共治，排斥单一主体的单向强制命令。[②] 软治理的实施有赖于多元主体沟通协商，建立柔性约束机制；有赖于改变过度偏好"硬权力"的做法，消除"硬治理"的路径依赖。乡村软治理主体具有广泛的包容性，主要有基层政府、村民委员会、农村经济合作组织、乡村精英、农民等；乡村软治理打破了传统"单中心治理"的格局，推动形成"多中心治理"模式，以"提高多元主体合作共治的参与度及其多层次需求的满足度以及治理秩序的和谐度"[③]。

（一）城乡一体化：乡村软治理主体多元共治的时代背景

伴随治理环境的变化，乡村治理模式需要做出调适。《中华人民共和国 2020 年国民经济和社会发展统计公报》显示，城乡区域协调发展稳步推进；2020 年底常住人口城镇化率超过 60%，[④] 城乡一体化进程持续推进。当前，我国乡村人口规模仍然庞大，对美好生活的需求日益增长。农村社会结构、农业经营方式、农民思想观念等与计划经济时代相比发生了巨大变化。

在市场经济快速发展的过程中，单一均质的乡村社会发生急剧变化。现代社会日益复杂多样，农村血缘、地缘、业缘、姻缘、友缘等相互交织，农村社会流动性日益增强，社会分层加快，社会隔阂与矛盾增多。政府"单中心""硬约束"的治理方式已不合时宜，需要各种社会组织和大量民间精英共同参与、贡献才智，灵活采用"多中心""软控制"的治理模式。

---

① 李晟赟、罗强强：《党建引领型志愿服务激发社区自治活力何以可能——基于兰州市 M 社区"共享集市"个案考察》，《云南行政学院学报》2022 年第 4 期。

② 张扬：《社区治理创新中的软法之治》，《沈阳工业大学学报》（社会科学版）2013 年第 4 期。

③ 周根才：《走向软治理：基层政府治理能力建构的路向》，《青海社会科学》2014 年第 5 期。

④ 国家统计局：《中华人民共和国 2020 年国民经济和社会发展统计公报》，2021 年 2 月 27 日，http://www.stats.gov.cn/tjsj/zxfb./202102/t20210227_1814154.html。

当前，乡村经济社会快速发展，乡村社会组织纷纷涌现，乡镇政府、村党支部、村民委员会、新型经济组织等成为乡村治理的重要力量。乡村社会组织的发展，能够增强乡村社会的自组织功能，改变村民一盘散沙和“原子化”的状况。村民作为各类社会组织的成员，利用社会组织开展沟通协商、民主评议、利益表达等软治理活动，是推进乡村治理体系和治理能力现代化的题中应有之义。

（二）由单中心到多中心：乡村治理主体演变轨迹

1. 新中国成立后至改革开放前的乡村单中心治理模式

新中国成立后至改革开放前，乡村“单中心”治理模式较为显著，该模式具有封闭性、排他性、单向性等特点。“在土地改革时期，乡村基层公共权力集中于农民协会，合作化时期主要集中于党领导下的合作社管理委员会，在人民公社体制下，高度集中于党政不分、政社合一的公社组织，‘文化大革命’期间则集中于公社和大队革命委员会。”①

这一时期，基层党组织是乡村社会的权力中心，具有显著的权威性、组织力和控制力。乡村基层党组织的网络体系“横向到边、纵向到底”，覆盖乡村社会的方方面面。乡村党支部的成立意味着国家权力在基层村庄的延伸和拓展，乡村实行党的一元化领导，乡村党支部的权力资源高度集中。村党支部拥有村庄事务的绝对领导权，掌握集体财产，负责土地分配，组织村庄重大活动。乡村党支部具有较高的政治权威，遵循自上而下的权力运行逻辑，依赖发号施令、制定政策、落实制度等对乡村社会实施单向度的单一管理。

2. 改革开放后乡村多中心治理格局的形成

改革开放后，我国确立了以“乡政村治”为主要特征的乡村行政管理体制。该体制包含“乡政”和“村治”两个方面，“乡政”即国家在乡镇设置最低一级政府，代表国家对乡村进行管理；“村治”即村民自治，在乡村成立自治组织，实行民主选举、民主决策、民主管理和民主监督。在“乡政村治”体制下，村民自治制度得以构建。伴随村民自治制度的实施，乡村公共权力逐步分化，治理主体日益多元化。“党的农村基层组织、各类农村经济组织、农村基层事业单位、农村基层社群组织，甚至农村宗族和宗教组织，都在农村治理过程中承担着一定的角色，从而使农村社会初步显露出‘多中心治理’的局面。”②

---

① 李莉、卢福营：《当代中国的乡村治理变迁》，《人民论坛》2010年第6期。

② 杨雪冬：《乡镇和村：当代中国农村民主建设中的博弈》，《天津社会科学》1999年第4期。

伴随社会主义市场经济迅猛发展，乡村社会分化逐步加快，乡村治理越来越受到多元主体的影响。孙立平曾专门对国家、民间统治精英和民众三个主体的互动关系做出分析：传统社会中，国家具有最高仲裁者属性和终极性质的权力，民间统治精英是国家与民众的中介和纽带，民众是国家和民间统治精英抽取资源的共同对象；1949 年后，国家垄断和控制了社会绝大部分资源，民间统治精英被摧毁，民众与国家直接联系；改革开放初期，国家权力结构分化，新民间精英形成，民众自主性与边缘化并存。多元主体的互动关系对乡村政治、经济、社会各方面事业的发展具有重大影响。

进入 21 世纪，农村经济社会快速发展，农村组织分化加剧，治理主体日益多元化。我国的村治格局由原来的村级政治组织“一统天下”转变为村级政治组织与民间组织、地缘组织、宗教组织等多种力量“共治天下”，彻底打破了传统乡村治理中治理主体单一化、官方化的模式，组织群体和个体行动主体有机统一的乡村基层公共权力体系正逐步形成。[①] 乡镇政府不再是唯一的权力中心，村民组织和村民代表共商村级事务，乡村精英崭露头角，农村专业经济合作社广泛参与村级事务，宗族组织以新的面貌和形式参与乡村治理。可见，乡村治理已进入多中心合作治理的轨道，“表现为以‘多元化’治理权力为基础，以‘多元化’治理主体为核心，以‘多元化’治理资源为桥梁，以‘多元化’治理手段为途径的一种村庄治理模式”[②]。多种类型、不同层面的社会力量相互合作、相互支持，共同在乡风文明建设、社会矛盾化解、公共服务供给等方面发挥作用。

3. 新型乡村社区背景下多中心治理的角色定位

在加快城乡一体化进程中，新型乡村社区建设快速推进，原来的行政村变为新型乡村社区，村民实现向居民身份的转变，乡村治理主体的地位、角色、职能等也发生相应的调整。

一是乡镇政府的角色定位。乡镇政府的职责主要是指导新型农村社区建设和发展，就社区经济、教育、民政、卫生、生态、人口、治安等提供指导性意见，以适应城乡一体化发展的需要。乡镇政府在推动新型乡村社区自治的基础上，发挥思想引领、利益诱导等软治理作用，推动新型乡村社区农业生产要素与市场经济有效结合，社区居民的就业与工业化进程有

---

① 参见陈晓莉：《新时期乡村治理主体及其行为关系研究》，北京，中国社会科学出版社，2012 年，第 94 页。

② 肖勇、龚晓、伍晓雪：《“多元”对“一元”的否定：村庄“多元”治理模式及其构建》，《社会科学研究》2009 年第 3 期。

效衔接，社区经济社会事业发展与城市化方向有效匹配。

二是社区组织的角色定位。新型乡村社区组织主要有居民委员会、业主委员会、物业服务公司、社区服务工作站等，社区组织之间存在共生互补关系，具有合作共治的天然优势。其中，居民委员是居民自我管理、自我教育、自我服务的群众性自治组织，既不是基层政府的办事机构，亦不是基层政府的派驻机构。其职责主要是通过直接民主方式产生社区负责人，协调社区多元组织之间的关系，组织社区公共事务，引导社区发展和提供公共产品和公共服务。另外，业主委员会、物业服务公司、社区服务工作站等可以开展平等协商、民主参与、建言献策等软治理行为，也是乡村软治理的重要主体。

三是社区居民的角色定位。社区居民是社区的主人，是社区自治的重要参与力量。社区居民履行相应的责任和义务，对社区事务行使管理权和监督权；社区居民享有广泛的权利，平等地享用社区公共产品与服务。由于社区人口流动速度加快，外来人口增多，社区居民的成分日益复杂化，同时社区居民的分层和分化加剧，当地居民、城市市民、外地农民工等交错杂居，迫切需要平等地享有和行使权利。“没有无权利的义务，也没有无义务的权利”，社区软治理同样要求居民履行社区义务，承担社区责任。

（三）乡村软治理多元共治的必要性分析

乡村软治理作为一种治理模式，适应乡村社会主体多元化和行为方式多样化的需要，契合新型公共治理模式的内在诉求，倡导多元主体的民主和协商，注重对话与沟通，推崇共识和认同。

1. 乡村社会单向度硬治理的局限性

长期以来，乡村治理理念相对僵化，单向度的硬治理模式偏重于行政控制，忽视社会管理，淡化服务宗旨，以热衷于招商引资、片面追求经济发展和促进 GDP 增长为特征。乡村“政治锦标赛”形塑了乡村社会硬治理的运作惯性，基层政府一度热衷于自弹自唱“独台戏”，习惯于一言堂、垂直命令和强制执行，强力高效、令行禁止的“硬权力”随处可见，硬性摊派、强制收费、暴力拆迁、强行征地时有发生，政府和民众关系较为紧张，官民矛盾和干群冲突频发。因此，单向度的硬治理容易使基层政府不堪重负，患上“硬权力依赖综合征”，严重影响社会治理效果。

2. 乡村社会权力结构嬗变的逻辑路向

党的基层组织一直是乡村社会权力结构的中心，主要实施全方位的领导、命令式的管理、强制性的措施和一元化的机制。在城乡一体化进程加快，乡村多元主体兴起，治理理念深入人心的当下，乡村社会权力结构悄然发生变化，权力中心正由一元走向多元，“现在需要变领导者为治理者，从命令与服从走向互助与合作，在协同合作基础上实现共治，这正是党组织村治理念和村治方式的改革方向”[①]。乡村社会权力结构正发生变化，村级党组织实现由领导者到治理者的角色重塑，是乡村治理多元主体的重要组成部分，主要通过总揽全局、协调各方发挥作用，其行动带有鲜明的软治理色彩。

3. 乡村多元自主性力量增强的内在意蕴

乡村社会的发展，不能单纯依靠外部力量的输入，更需要内部力量的培育。在城乡一体化发展背景下，放权于乡村社会，增强乡村社会内部力量的自主性，符合乡村治理的内在需要。政府应少一些管理和控制，多一些治理和服务，让乡村内部多元自主性力量在公共服务供给、社会秩序维护、社会矛盾化解等方面发挥基础性作用。乡村多元自主性力量的成长与作用的发挥，可以锻炼其自我管理、自我服务的能力，减轻基层政府的负担，弥补政府失灵的缺陷。乡村软治理的“基本目标是让乡村问题尽可能地内部化和社会化，减少普通问题被政治化的过程，这是改善乡村治理的着力点”[②]。

4. 乡村社会组织拓展乡村软治理的机会

改革开放以来，乡村社会组织大量涌现，推动乡村社会呈现蓬勃生机和活力。实现多元社会组织的共同参与和协同治理是大势所趋。

伴随城乡一体化建设的加快，乡村治理体系和治理能力现代化的推进，村级组织的功能不断调整和变化。为强化村民自治中的民主监督，有的村庄在村两委之外设置村民监督委员会，主要采取道德评议、舆论抨击、说服教育、沟通交流等软治理方式发挥监督作用；为适应人口流动加快的情况，有的乡村专门设置农民工工会或农民工工会联络处，专门为农民工提供就业指导或业务培训，提高其思想道德、法律素养、劳动技能；为解决乡村宅基地、承包地、林地、滩涂等的确权纷争，有的村庄专门由新老村组织干部和具有公信力的村民组成村民议事会、调解委员会、综合治理委员会、乡规民约评理会等民间组织，负责乡村社会矛盾和纠纷的协调和处理；为积极应对人口老龄化，有的村庄专门成立老年人协会，对老

① 陈晓莉:《新时期乡村治理主体及其行为关系研究》,北京,中国社会科学出版社,2012年,第282页。

② 赵树凯:《“多中心治理”激活乡村民间力量》,《社会科学报》2006年6月22日。

年人进行适度的心理干预，解决“空巢老人”的心理孤独和情感苦闷问题，维护和确保老年人身心健康；等等。这些乡村社会民间组织的兴起，大大增强了乡村社会软治理的力量。

（四）乡村软治理多元共治的运作逻辑

乡村软治理欲走出基层政府单向度治理的困境，必须改变乡村治理单中心的政治架构，整合村党支部、村民委员会、农村经济合作组织、志愿者组织、乡村精英等多元主体的力量，群策群力，共谋发展。在乡村治理实践中，多元主体的利益诉求不尽一致，利益摩擦和矛盾在所难免。只有多元主体共同搭建交流平台，通过对话、谈判、协商等方式寻找各自利益的“最大公约数”，才能汇聚乡村软治理的资源和力量，共同致力于乡村公共事务的管理。在此前提下，多元主体还应从自身实际出发，探索提升乡村软治理效能的有效措施。

1. 发挥乡村基层党组织的软治理作用

基层党组织是我国乡村治理的领导核心，发挥总揽全局、协调各方的作用。农村基层党组织的软治理效用主要体现在价值引领和利益整合方面。乡村社会有着不同的利益群体，阶层分化明显，基于各自立场和利益诉求的差异，村民的价值取向和利益诉求日益多元化，难免发生矛盾和冲突。基层党组织要发挥乡村社会价值引领的作用，完成多元利益整合的重任。基层党组织应同其他主体一道进行价值引领和利益整合，大力宣传和践行社会主义核心价值观，推动多元主体形成团结、信任、合作与互助的局面。

基层党组织要充分发挥教育引导功能，“宣传下乡”，用积极健康的价值观改造农民消极落后的思想意识，消除散漫、自私、冷漠、小富即安、不思进取等小农意识的不良影响，用说服教育、道德感化、心理沟通等方法重构乡村意识形态。要“将宣传工作延伸到底层社会、延伸到人的灵魂深处，从而打通上层与基层、国家和乡土社会的精神通道，建立起一体中的相互联系的精神意识网络”①。基层党组织宣传下乡的方式是利用主流媒体确立正方向、传播正能量，在乡村大街小巷张贴宣传标语、政治符号，组织文艺汇演、模范宣传等活动，改变千百年来的乡土意识形态，消除价值混乱和道德迷失的乱象，重新构建乡村社会价值体系，以适应社会发展的需要。

---

① 徐勇：《“宣传下乡”：中国共产党对乡土社会的动员和整合》，《中共党史研究》2010年第10期。

基层党组织明确公平正义的价值导向，为乡村提供全面充分的公共产品和服务。基于实现乡村社会矫正正义的目标，基层党组织缓和利益冲突，缩小阶层差距，矫正社会不公，促进乡村社会协调发展。基层党组织全面保障公民权利，为所有群体提供平等的机会和利益表达的渠道，营造乡村社会平等交流、民主协商、彼此融合、相互支持的氛围。基层党组织要成为村民的利益代言人，坚持批评与自我批评，实现自体监督和异体监督有机结合，坚决杜绝“家长制”“一言堂”的做法，避免发生小微权力腐败问题，纠正村级财务不公开不透明、低保发放和惠农政策补助不规范不及时的现象，保护村民的切身利益，维护村民合法权益。

2. 推进乡镇政府治道变革

为实现乡村软治理的预期目标，乡镇政府必须推进治理变革，促进职能转变，从纷繁复杂的乡村具体事务中解脱出来，有效应对和处理方向性、全局性和根本性的问题。

乡镇政府要在多中心治理框架下发挥协调作用，穿针引线、牵线搭桥、联系各方、搭建平台，避免多元主体在权力和资源面前陷入无序竞争；要以平等、对话与合作的方式制定治理规则，更多采用思想教育、沟通协商、谈判交流等方式提供公共产品和服务；要改变自上而下的行政命令式的工作方式，积极发动群众参与，采用自上而下和自下而上相结合的工作方式。

基层政府要以建设服务型政府为目标，大力破除体制机制障碍，向科学管理要效率，提高执政为民的能力，进一步密切党群关系；要创新社会治理思维，转变“无所不管、无所不包”的一元管理思维，改变全能政府的职能定位，尊重农民群众的主体地位，调动群众参与乡村治理的积极性；要高度重视乡村经济合作组织、志愿者组织、基层群众自治组织的作用，引导其相互支持、相互服务，共同致力于乡村治理。另外，基层乡镇政府还要善于运用大数据手段和互联网资源，建立网络问政平台，疏通民意表达的渠道，及时全面地把握社会舆情动态，创新网格化管理和组团式服务模式，提升乡村软治理能力。

3. 明确村级组织的软治理作用

为推动乡村软治理，提高治理效果，首先要进一步明确界定村党支部、村委会和村民代表会议的责、权、利关系。中国乡村社会发展具有非均质性和不平衡性的特点，加之受到地域差别、发展程度不同的影响，村级组织的治理效用需要重新定位：“其一是乡镇政府不再作为唯一的治理主体和权力中心，但又是绝对不能缺少的治理主体；其二是村民组织和村民代表等作为公共治理主体之一可以作为独立的主体，享有与政府平等的地位，通过对话、协商参与公共事务的治理；其三是乡村精英也要发挥自己的力量而积极参与乡村治理，形成乡村治理的合力来达成共同目标的实现。”①

党对乡村发展的领导不可或缺，村党支部是乡村软治理的领导核心，是柔性制度的设计者和践行者；乡镇政府虽然不是唯一的治理主体和权力中心，但又是绝对不可或缺的治理主体；村民委员会是村民自治的重要主体，应将乡村传统道德、风俗习惯、村规民约等进行广泛宣传和落实，让人们心悦诚服地接受；要推动村民代表会议制度不走样、不变形和不变质，真实、全面、客观地代表民意，确立村民代表会议在村民自治制度中的最高权威地位，进而形成村党支部、村民委员会、村民代表会议三方合作机制。

4. 增强民间社会组织的软治理能力

“乡村治理既是政府对乡村社会事务和社会关系进行管理和规范的过程，也是各种社会力量（如自治组织、社会组织和公民）依据一定的规章制度和道德约束，规范和制约自身行为的过程。”② 乡村社会的稳定有序和健康发展，需要民间社会组织发挥软治理效用。

由于城乡二元体制的遗留问题依然存在，城乡发展并没有保持完全同步，经济和社会发展存在落差，我国社会领域还存在诸多隐患，一些深层次问题逐步显现。民间组织在应对这些问题方面可以发挥拾遗补阙的作用，通过柔性力量来解决复杂的利益矛盾，从而为党和政府分忧解难。民间组织还可以发挥“传声筒”“减压阀”和“调节器”的作用，成为村民利益代言人，向政府传达村民利益诉求，并将政府的决策精神和要求向村民传递，获得村民的认同和配合。对于干群矛盾和各方利益冲突，民间组织可以作为第三方居间调节，做好利益协调工作，寻找双方都能接受的利益平衡点。对于政府和企业之间、政府和个人之间、村民个体之间的利益纠纷，民间组织可以充当沟通的桥梁，组织双方谈判和协商，理性平和地解决问题，防止和避免非理性冲动带来的危害与后果。

5. 发挥驻村干部的软治理作用

向农村派驻党政干部，让其直接参与乡村治理，是基层治理的创新之

---

① 唐绍洪、刘屹：《多元主体治理的科学发展路径与我国的乡村治理》，《云南社会科学》2009年第6期。

② 陈晓莉：《新时期乡村治理主体及其行为关系研究》，北京，中国社会科学出版社，2012年，第292页。

举。推动压力型体制向服务型体制转变，促进驻村干部角色转换，引导驻村干部由硬治理向软治理过渡，是一项重要而紧迫的任务。

驻村干部由来已久，人民公社时期驻村干部又叫“包村干部”、“下乡干部”或“蹲点干部”，主要下达上级政府各项政治经济指标，督促村民委员会和村民完成乡镇党委和政府布置的各项任务，带有明显的“硬治理”特征。改革开放后的驻村干部，主要负责征收税费、搞好计划生育等工作，带有强力控制的色彩。“1990 年以来，农民自治运动日益强烈，乡镇对于村庄的控制性运作并没有相应消解，某些环节比人民公社的行政控制还强劲。”① 2001 年 8 月，国务院纠风办、农业部、监察部、财政部、国家计委、国务院法制办发布 2000 年下半年至 2001 年上半年涉及农民负担的恶性案件的情况报告：2000 年下半年至 2001 年上半年期间，全国各地的乡镇干部参与农村收取各种税款的过程中，引发恶性案件 26 起（比上年同期增加 7 起），死亡 26 人，180 人受到党纪政纪处分，17 人移送司法机关依法处理。② 可见，这一时期驻村干部的做法带有典型的硬治理特征。

进入 21 世纪，中央为减轻农民负担，自 2006 年 1 月 1 日起全面取消农业税。由于缺少征收农业税的抓手，乡镇政府和乡村的联系减少，乡镇政府与乡村社会日益疏离，迫切需要驻村干部发挥桥梁和纽带作用。新时期驻村干部的主要职责是抓好班子建设，协调村两委关系；加强乡村环境整治和精神文明建设，发展乡村经济和社会事业，维护乡村安全与稳定。驻村干部既参加村委会会议，传达乡镇政府和上级政府精神，又与村民密切接触，了解社情民意，然后向上汇报传达。调研发现，驻村干部为避免“一票否决”，非常关注所驻村落的社会矛盾，并倾向于采用说服教育、沟通协调的柔性办法，动之以情，晓之以理，有效化解之，取得良好的软治理效果。

当前，驻村干部的职责已不同于往日，除了完成乡镇政府指派的任务外，还要更加主动地帮助村民解决一些实际困难或问题。驻村干部的工作不是刚性管制而是柔性服务，不是硬性约束而是软性协商。驻村干部在化解乡村社会矛盾、提供致富信息、帮助困难家庭、宣传农村新风尚方面颇有建树，赢得村民广泛认可和赞扬。驻村干部作风优良、责任心强，获得村民的高度赞扬，村民由以前的“怕驻村干部来”变为现在“盼驻村干部

---

① 赵树凯：“乡村关系在控制中脱节”，《华中师范大学学报》（人文社会科学版）2005 年第 5 期。

② 陈晓莉：《新时期乡村治理主体及其行为关系研究》，北京，中国社会科学出版社 2012 年，第 136 页。

来”，同时驻村干部也切身感受到“过去农民躲着我们”变为“现在农民欢迎我们”，这对驻村干部软治理作用的发挥是有效的激励和推动。

6. 村民软治理能力的培养

村民是乡村社会治理的重要主体，农民的思想意识、心理态度、道德水平、行为模式、综合素质、参与能力等，直接决定乡村软治理的效果。美国学者英格尔斯曾经告诫说：“完善现代制度以及伴随而来的指导大纲、管理守则，本身只是一些空的躯壳。如果一个国家的人民缺乏一种能赋予这些现代制度真实生命力的广泛的现代心理基础，如果执行和运用着这些现代制度的人，自身还没有从心理、思想、态度和行为方式上都经历一个向现代化的转变，失败和畸形发展的悲剧结局是不可避免的。”[①]

村民软治理能力的培养，首先在于维护和确保村民的主体地位，培育农民的独立精神和自由思想。放手发动村民与基层政府展开交流、对话、讨论、谈判和协商，实现二者良性互动，为基层政府柔性治理提供便利条件。

其次，提高村民的学习能力，增强村民的合作意识和团结精神。要对村民进行教育和培训，提高理解和把握国家政策和社会治理的能力，准确判断乡村社会公共问题，有效确立乡村公共利益取向。要引导村民破除小农意识，打破相对封闭的心态，改变一盘散沙的“原子化”状态，切实提高村民主动与乡镇政府、村委会、新型经济组织、乡镇企业等沟通合作的能力。

第三，锻炼村民的政治参与能力，塑造软治理的地位和角色。乡村软治理的过程，也是村民参与的过程。徐勇指出：“在国家的治理格局中，人们的地位和角色，在相当程度取决于其参与治理的实力和能力。而实力与能力又取决于所占有资源的状况及自我意识。”[②] 要消除传统臣民意识的影响，为村民提供更多参与村庄公共事务的渠道和机会。要引导村民顾全大局，弘扬软治理精神，从乡村集体利益、公共利益出发，超越一己私利之局限，理性平和地表达利益诉求，合法有序地参与乡村治理，化解乡村社会矛盾和冲突，防止出现暴力事件或大规模的群体性突发事件。

三、增强村规民约在乡村软治理中的功能

实施乡村振兴战略，促进乡村治理现代化，必须高度重视村规民约的

---

① 〔美〕英格尔斯等:《人的现代化》,殷陆君译,成都,四川人民出版社,1985 年,第 93 页。

② 贺雪峰:《乡村治理的社会基础——转型期乡村社会性质研究》,北京,中国社会科学出版社,2003 年,序言,第 7 页。

作用。2018 年，《中共中央国务院关于实施乡村振兴战略的意见》明确提出，“要深化村民自治实践，发挥自治章程、村规民约的积极作用”。同年，民政部、中组部等七部门印发的《关于做好村规民约和居民公约工作的指导意见》强调：“2020 年全国所有村、社区普遍制定或修订形成务实管用的村规民约、居民公约，推动健全党组织领导下自治、法治、德治相结合的现代基层社会治理机制。”村规民约集乡村自治、法治、德治意蕴于一体，在规范村民行为、助推乡村民主法治建设、化解乡村矛盾和纠纷等方面具有重要意义，对乡村软治理具有积极的价值和效用。

（一）村规民约的软治理效用

村规民约是依据党的方针政策和国家法律法规制定的规范村民行为的内部规章制度。“村规”偏重于规定处理乡村公共事务的程序和规则，“民约”偏重于用思想共识引导和约束村民行为。村规民约是村民自发制定的“公约”，是村民的“小宪法”。村规民约大多是由正面倡导和负面惩戒两部分构成，既规定村民应该如何做，明确行动的方向和规范，又规定村民违反村规民约应该承担的责任和后果。村规民约多以成文形式呈现，属于对村民行为的一种建议、意见、行动纲领和行为准则。

依据和遵照村规民约推进乡村治理，具有鲜明的柔性治理色彩。村规民约有传统与现代之分，传统村规民约是民间调节社会关系的一种手段，是由乡绅发起制定的行为规范，目的在于加强社会教化，劝诫村民互帮互助与和睦相处，促进生活救济与互助，注重生态环境保护，倡导乡村文明风尚。其主要功能是宣传儒家伦理思想，推动国家与社会良性互动，维护社会秩序和谐稳定。现代村规民约发挥软治理作用，是村民围绕乡村风俗、社会公德、公共秩序、治安管理等方面，进行自我教育、自我管理和自我约束的行为规范。其一，现代村规民约体现多元主体协商共治的要求。现代村规民约是村党支部、村委会、新型农村合作组织、村民等多元主体充分讨论、民主协商制定的。其二，现代村规民约的创制尊重村民的主体性地位。不同于国家法要经过专门严格的立法程序，现代村规民约的创制简便灵活，一般由村民充分酝酿、共同参与、平等协商而成。在辩论说理的过程中，村民的意见得到充分表达，共同利益诉求得到最大程度的呈现，村庄公共利益得到最大程度的维护。其三，现代村规民约的实施依靠村民的自律。村规民约是一种契约式的资源规则，其实施不是依靠国家强制力，而是依赖村民自愿服从和自觉遵守；村民遵守村规民约源于心中的道德律、自身的正义感和公道良心，以及社会舆论压力。

村规民约具有软法性质，虽然没有如同国家法律一般的拘束力，但又能产生国家法律所无法比拟的规范效用。在广袤的乡村地区，以乡规民约为代表的乡间约定，仍是中国乡村最基层组织中用以治安管理、化解纠纷的主要形式。这些往往被我们正规法律体系所忽略的乡规民约，正深深影响着中国社会，特别是广大的乡村地区，它们构成了这片土地上具有一定约束力和实际效果的“类法律”，对当代法治建设产生微妙但又深远的影响。①村规民约能够夯实乡村自治之基，巩固乡村法治之本，铸造乡村德治之魂，对于促进乡村治理体系和治理能力现代化具有重要意义。

1. 夯实乡村自治的制度基础

村规民约是村民共同制定和遵守的自治性规范，体现了全体村民的共同意志，对村民具有普遍约束力。村规民约对于促进村民自我教育、自我管理、自我服务和自我约束具有重要作用。例如，浙江省慈溪市附海镇海晏庙村《村规民约》第27条对“民主参与”做出规定：“积极参与村级民主管理，珍惜自身民主权利，坚持从本村公益事业发展和全体村民共同利益出发，认真提建议、作决策、选干部。”第28条要求“严格遵守村级组织换届选举纪律，自觉抵制拉票贿选等违法违纪行为，不以个人关系亲疏、感情好恶、利益轻重为标准进行推荐和选举。”②调查发现，有的村规民约还规定村民与村委会共同管理乡村事务、实行村务公开，保障基层民主的事项，如北京市房山区长沟镇坟庄村《村规民约》专门规定村委会与村民代表大会工作职责、村委会会议制度、村民代表会职责等事项。村规民约是村民相互协议而达成的，对村民具有普遍约束力，能够通过村民相互监督和自我管理发挥作用。可见，村规民约为乡村自治提供了基本的行为遵循，使乡村事务的治理有章可循。村规民约有关自治的约定，维护全体村民的共同利益，强调乡村事务的公平公正公开，注重村民的相互监督和自我管理，蕴含着丰富的软治理智慧。

2. 弥补国家法律适用的缺陷

国家法律属于硬法，村规民约属于软法；国家法律属于正式制度，村规民约属于非正式制度。二者可以优势互补，克服各自的缺陷。“社区治理是一个协调多元主体实现共同利益的过程，既是需要正式的、强制性的法律规范协调原则性问题，也是需要非正式的、自愿性的村规民约规范协调非原则性问题，从而促成协商谈判、资源交换、协调互动等行动的开

---

① 参见谢晖：《当代中国的乡民社会、乡规民约及其遭遇》，《东岳论丛》2004年第4期。

② 陈寒非、高其才：《乡规民约在乡村治理中的积极作用实证研究》，《清华法学》2018年第1期。

展，并减少其中的不确定性和交易成本。”① 由于乡村法治资源匮乏，村民抱守“无讼”传统，对法律抱持天然的拒斥心态；村民习惯于优先采用习俗、道德、和解等手段解决纠纷，不善于运用法律手段来定分止争，致使国家法律在乡村适用面临重重阻力或障碍。村规民约作为介于国家法律和道德规范之间的“准法”，是国家法律的通俗化和民间化，是国家法律在乡村的延伸和细化。“剔除被法律化或政策化了的固化部分，真实有效的村规民约逐渐转型为法律政策的地方化版本。”② 在民间社会加强村规民约建设，有助于弥补国家法律适用的不足。“无论硬法还是软法都是现代法的基本表现形式，在公域治理法治化中两者功能互补、刚柔相济，共同构成回应公共治理模式崛起的新型混合法模式。”③ 村规民约吸纳和借鉴国家法律的精神，将国家法律的精神渗透和融入村规民约之中，实现村规民约与国家法律的融通与结合。村规民约克服国家法律在农村适用的困难，观照个别村落治理的特殊情况，发挥非制度性规则的特殊适用性，共同推动乡村社会“软法之治”的实现。

3. 柔性化解乡村矛盾

村规民约反映了村民的利益共识，是一种整合性契约规范，有大量关于息讼止争的规定。村民可以依据村规民约表达利益诉求，灵活高效地处理土地流转、征地补偿、土地承包、水源使用等方面的矛盾。村规民约大都含有解决民间纠纷的相关规定，倾向于用和解、协商、调解的方式解决乡村矛盾。这些规定契合村民“冤家宜解不宜结”与“厌讼”的心理，具有很强的适用性。村规民约反对“和稀泥”，反对不讲原则的“一团和气”，主张按照遵纪守法、按规矩办事的精神处理村民矛盾，以实现化干戈为玉帛的目的。这改变了单纯运用行政力量解决矛盾的做法，侧重于运用习俗、契约、协商等社会内生机制化解矛盾，有效解决矛盾双方的利益冲突，大幅度减少对国家法律的依赖和诉求，规避硬性制裁带来矛盾升级的风险，这有利于维护乡村社会和谐稳定。

4. 推动乡风文明建设

乡风文明属于乡村精神文明范畴，包含移风易俗、弘扬传统美德、重塑价值、爱护环境、勤俭持家等内容。“乡风文明建设强调的是以中华民族优秀的传统文化为依托，弘扬以爱国主义为核心的民族精神和以改革创新为核心的时代精神，传承乡村特有的传统美德和善行，以富有时代气息

---

① 金世斌、刘大勇：《社会资本视域下的城市社区治理创新》，《上海城市管理》2018年第2期。
② 周铁涛：《村规民约的历史嬗变与现代转型》，《求实》2017年第5期。
③ 罗豪才、周强：《软法研究的多维思考》，《中国法学》2013年第5期。

的村落历史文化为资源来打造‘美丽乡村’。”① 乡风文明建设需要借助村规民约加以呈现和维系，把勤俭节约、崇尚科学、诚实守信、爱护环境等文明新风写进村规民约，构建文明、和谐、健康、向上的农村社会风尚。乡风文明建设要求移风易俗，有效扫除攀比彩礼“娶不起”、人情债务“还不起”、大操大办“死不起”等陋习，引导乡村走向善治之路。

村规民约蕴含传统美德的基因，为乡村文明建设提供道德滋养。中华民族千百年来形成的家国情怀、诚实守信、助人为乐、尊老爱幼、和睦乡邻等传统美德，通过村规民约发扬光大、接续传承，成为涵养村民美好道德情操的宝贵资源。例如，陕西省眉县沙河社区《村规民约》规定：团结互助，搞好邻里关系，争做文明家庭；尊老爱幼，在社区内努力创造老有所养的环境……该村规民约蕴含丰富的传统美德，有助于推动乡风文明建设。

村规民约倡导社会主义核心价值观教育，为乡村文明建设提供价值支撑。村规民约将社会主义核心价值观转化为具体的条文，融入村民生产和生活之中，潜移默化地影响村民的行为选择，使村民形成崇德向善的价值自觉。“在提供行为模式的同时，村规民约对人们的行为进行是非曲直的价值判断和衡量；同时基于对行为及其后果的预判，可以使人们合理安排自己的行为活动，最终影响人们的价值观念，达到引导人们行为的作用，并能在一定范围内形成教育效应。”② 村规民约引导村民树立正确的价值观，养成良好的生产和生活习惯，注重培育爱护环境、勤俭持家的良好家风，较好地解决铺张浪费、大操大办、薄养厚葬、封建迷信等问题。村规民约凝聚了村民共同的价值观，通过改造传统的风俗习惯，维护了乡村社会的公序良俗，在乡村营造了“好坏大家评”“落后大家帮”的氛围，提高了乡村文明程度。

5. 培育乡村公共精神

村规民约体现村民公共意志，确立乡村公共规则，主张履行公共职责，维护乡村公共利益，具有鲜明的公共属性。村规民约对乡村公共精神的培育，主要通过以下举措加以落实和体现：(1) 保障农村公共产品的供给。蔡莉莉（Lily Tsai）发现，不同于村庄选举构成的正式责任机制，宗族力量形成的文化道德约束机制这一非正式制度也会鼓励村庄精英将更多

---

① 万建中：《传统乡规民约丰富文明乡风建设的底蕴》，https://www.360kuai.com/pc/94eb49be8b0f7dff0?cota=4&kuai_so=1&tj_url=so_rec&sign=360_57c3bbd1&refer_scene=so_1。

② 裘有度：《村规民约在乡村治理中的软法作用》，《中共四川省委党校学报》2015年第3期。

的资源用于基础设施建设，努力提升公共产品供给质量。[①] 张振洋认为，非正式制度改善论认为乡村习俗等形成的道德约束机制可以敦促村庄精英改善公共产品供给状况。[②] 村规民约作为非正式制度，将风俗、习惯等转化为道德约束机制，激励村庄精英增加乡村公共产品供给，有助于乡村公共事业的发展。（2）有效管理乡村公共财产。乡村集体资产是乡村赖以生存发展的物质基础，村规民约大多重视集体资产的分配和保护。福建泉州黄田村制定的村规民约，全方位管理农村宅基地、自留地和自留山。有的村规民约对土地征收补偿费的分配方案做出规定，保障村民的财产性权益。（3）合理开发乡村公共资源。利用乡规民约保护乡村土地资源、森林资源、草原资源、水资源、动植物资源，可以保障乡村全面协调可持续发展。福建省龙岩市长汀县河田镇制定防止水土流失的村规民约、贵州锦屏《瑶白村村规民约》注重保护水资源等即是例证。（4）全面保护乡村环境。大多数村规民约都有改善村容村貌，维护乡村环境卫生的规定，如浙江慈溪附海镇海晏庙村《村规民约》第 20 条专门做出共同维护村庄整洁，实行垃圾源头分类、定点投放，严禁乱扔乱丢病（死）畜禽的规定。广西公朗屯《村规民约》还对乡村整体规划做出规定。（5）倡导团结互助的精神。为保障村庄共同体的运转，村规民约大多注重维护邻里之间的团结互助关系。甘肃省临夏县达沙村《村规民约》第 3 条规定："团结友爱，相互尊重，相互理解，相互帮助，和睦相处，不打架斗殴，不诽谤他人，不造谣惑众，不拨弄是非，不仗势欺人，建立良好的邻里关系。"

（二）增强村规民约软治理效用的理想路径

为推动村规民约更好地发挥软治理效用，需要将德治精神融入村规民约，不断创新基层社会治理方式。要增强村规民约的科学性、合理性和可操作性，不断改进村规民约的内容、形式和程序。尤其是要注重培育村民的契约精神与合作意识，引导村民涵养公共精神，主动承担维护乡村共同体利益的责任和义务。

1. 提高村规民约文本质量

增强村规民约的时代性和生命力，是提高村规民约创制质量的目标和

---

① Lily Tsai, 2007："Solidarity Groups, Informal Accountability, and Local Public Goods Provision in Rural China", *The American Political Science Review*, Vol. 101, No. 2, pp.355-372.

② 参见张振洋：《精英自主性、非正式制度与农村公共产品供给——基于"香烟钱"制度的个案研究》，《公共管理学报》2019 年第 4 期。

归宿。要将乡村自治、法治和德治有机融合的要求，贯穿村规民约制定全过程和内容各方面。要将尊重科学的精神渗透到村规民约之中，坚决清除村规民约中的封建迷信要素；要将“美丽乡村”建设的时代元素融入村规民约之中，推进乡村垃圾处理、乡村绿化、道路亮化等工作；要把精准扶贫政策转化为村规民约的具体规定，引导贫穷落后乡村的村民自力更生、艰苦奋斗、勇于拼搏，助力乡村振兴战略。

从方向维度看，提高村规民约的文本质量，要确保村规民约的文本精神与社会主义核心价值观保持高度一致。村规民约要传承中华优秀传统文化，弘扬传统美德，对社会主义核心价值观进行创造性转化，聚焦树新风、除陋习，消除盲目攀比、奢侈浪费等现象，抵制天价彩礼、乱办酒席、薄养厚葬、暴力涉黑等问题，倡导孝敬父母、勤劳节俭、诚实守信、团结友爱、乐于助人等良好社会风尚。

从内容方面看，村规民约应当接地气、近民情、顺民意。“十里不同风，百里不同俗”，乡村因其地理位置、经济水平、思想观念、历史传统等不同，呈现出千姿百态、千差万别的多样化特征。制定村规民约，必须因地制宜，充分考虑乡土习俗和人情习惯，贴近乡村实际生活。比如，沿海地区的村规民约应侧重于渔业资源和海洋环境的保护；内陆地区的村规民约应侧重于农田保护和农业生产；经济发达地区的村规民约应侧重于发展商业贸易，公平分配利润；落后地区的村规民约应侧重于振兴经济，移风易俗；环境脏乱差的村庄，应侧重于环境保护方面的规定；等等。唯有如此，村规民约才能具有较高的科学性与合理性，才能贴合乡村生产生活实际，得到村民普遍认可与自觉遵从。

从形式层面看，村规民约的文本结构要自成体系、逻辑严密，具体规定要相互衔接、内在和谐，语言应当简洁明了、通俗易懂。村规民约应避免标语式口号的使用、法律法规的重复说明、国家政策的刻板解读，减少村民对村规民约的隔阂感和陌生感。例如，四川省广元市旺苍县嘉川镇石桥村将村规民约归纳为120字的“十要十不要”和100字的“七字诀”，能够讲好“地方话”，便于村民理解和记忆。“守土有责，不能非法占地，不要毁林开荒”“科学种植，不能乱喷农药，不要乱烧秸秆”，这些规定简洁生动、朗朗上口，前后衔接、浑然一体，对推广村规民约发挥了积极作用。

2. 实现村规民约与国家法律的和谐共生

村规民约和国家法律分别对应着民间规范和国家规范，二者有着各自的适用范围，发挥着独特的作用。国家法律存在诸多不足和局限，村规民约能够对“法律治村”起到辅助与弥补作用，确保村规民约与国家法律相互促进、相得益彰。

实现村规民约与国家法律的和谐共生，首先要引导村规民约沿着法治的轨道运行。村规民约的内容要符合党的路线方针政策，遵守国家法律的保留和优先原则，同时实现与国家法律的衔接和融通。1998年修订生效的《中华人民共和国村民委员会组织法》第20条规定：“村民自治章程、村规民约以及村民会议或者村民代表会议决定的事项不得与宪法、法律、法规和国家的政策相抵触，不得有侵犯村民的人身权利、民主权利和合法财产权利的内容。”因此，要将法治精神和法治元素融入村规民约之中，渗透到村民的思维和行动之中，增强村民依法办事的主动性和自觉性。要坚持法治原则，维护法律权威，鼓励村民运用法律手段维护自身合法权益。要通过大量的司法审判活动使村规民约的合法性得到国家法律的确认，提升村民对村规民约的价值认同。为避免村规民约与国家法律的冲突，要加强对村规民约的合法性审查。可建立与政府法律顾问制度相衔接的村规民约法律专家审查机制，由法律顾问、专家给出审查意见，再交由乡镇政府备案审查。该工作主要审查村规民约的制定程序、条文等是否符合国家法律的规定，及时删除村规民约与国家法律法规相抵触的内容。

3. 为村规民约的实施提供公共理性和志愿服务精神的保障

村规民约中有大量关于发展生产、稳定秩序、维持治安、保护环境、移风易俗等方面的规定，直接关系村民的切身利益，关乎村庄的和谐与稳定。“唯有让公民亲自参与实践，在讨论、判断、裁决的过程中，公共精神才能有所增进，规范地参与实践是培养公民精神的最佳场域。”① 村民在积极参与乡村公共事务时能够增强理性思考能力，深刻领悟村规民约的精神和要义；能够培养志愿服务精神，达成共识，维护乡村公共秩序。这契合乡村软治理的要求和精神。

一方面，公共理性要求引导公民精神，吸引公民普遍关注和参与公共事务。为培育村民的公共理性，要增强村民的主体意识，树立平等的公共治理观，普遍关注乡村公共生活，运用对话、协商、沟通等方式参与村规民约的制定与修改，提出优化村规民约的意见和建议。要教育农民树立正义感与善的观念，培养自立、自强、自助、协作的意识，塑造理性的公民态度和健全的公民人格，正确处理公益与私利、自由与规制等方面的关系，利用村规民约积极参与乡村公共道德建设、村民风俗醇化、精神文明

① 〔英〕J.S.密尔：《代议制政府》，汪瑄译，北京，商务印书馆，2007年，第54页。

创建等活动。

另一方面，要增强村民的志愿服务精神，为村规民约的落实提供保障。奉献、友爱、互助、进步的志愿服务精神，与村规民约中乐于助人、睦邻友好、与人为善、爱护环境等规定高度契合。要支持村民开展丰富多彩的志愿服务活动，积极参与农村社区精准扶贫、纠纷调解、保护环境等活动，提高村民的道德情操和奉献精神，增强乡村社区的向心力和凝聚力，构建互信互助的社区关系网络，搭建乡贤发挥乡村治理作用的平台，为落实村规民约提供多方面的条件保障。

4. 优化村规民约制定程序

从某种意义上讲，村规民约制定程序越规范，参与主体越广泛，群众认可度越高，执行效果也就越好。因此，要进行广泛的社区动员，聚焦村庄事务管理、集体资产管理、村庄环境保护、乡村风俗变革等事项，发动村“两委”班子成员、村民代表、妇女代表、党员群众、村民等各类群体广泛参与、共同商讨，营造民主协商的氛围。实践证明，村民参与村规民约修订完善的过程，也是理解和领会村规民约的过程。村民对村规民约修订完善讨论得越充分，自觉贯彻落实的效果就越好。要保障村民广泛参与村规民约的制定过程，形成“我制定，我签字，我承诺，我执行”的广泛共识，直面乡村征地拆迁、安置补偿、道路建设、公益事业等问题，促进邻里关系和谐、有效解决干群矛盾，形成文明和谐、诚信友爱、团结互助、尊老爱幼的良好风尚，不断为建设富裕、民主、文明、和谐的美丽乡村注入强劲动力。

按照《中华人民共和国村民委员会组织法》等相关规定，完善村规民约的创制流程。村规民约的制定可先由村党支部提出建议，村两委形成初稿，然后发动村民充分讨论，面向村民征集意见，集思广益、修改完善，再由村民会议审议通过，最后予以公布实施。大体步骤如下：(1) 广泛讨论、征集民意；(2) 拟定草案、征求意见；(3) 修改完善、提请审核；(4) 村（居）民会议、表决通过；(5) 备案公布、广泛宣传。河南省登封市周山村现代村规民约的产生办法可资借鉴。第一步，村委会组织村民开会，说明村规民约的重要性，使村民知道村规民约与村民日常生活息息相关；第二步，村民分组分别讨论草案，并集中讨论意见；第三步，村民大会集体逐条讨论，形成决议；第四步，公布实施，并报乡镇政府备案。该程序较为科学合理，能够保证制定高质量的村规民约。

培养村民的协商能力，优化村规民约民主协商程序。村规民约应是多元主体基于民主、开放、协商的合意而达成，获得多元主体的普遍认同。

要对村规民约展开充分的辩论，找到各方的利益平衡点和最大公约数；要对尚存争议的条款，如出嫁女权益保护问题，循序渐进地调和分歧，逐步提高村民的接受度；要将村民协商一致的成果及时转化为村规民约的具体条款，进而加以贯彻落实，形成正向激励效应；要加大对不合理的、陈旧的、歧视性的村规民约的清理规范力度，保留契合时代要求、公平公正合理的村规民约，不断提升村规民约的治理效果。

5. 提高村规民约执行力

为提高村规民约执行力，要对村民进行价值重塑和思想引领。村民对村规民约只有内化于心、外化于行，才能让村规民约更有生命力。村规民约是全体村民共同意志和利益的体现，其制度设计应充分体现村民自治的精神，融入民主、法治、平等的精神，培养村民的权利意识、责任意识、规则意识和契约意识。为创造前提条件，保障村规民约的高效执行，有必要引导村民增强乡村共同体意识，自觉为乡村发展贡献智慧和力量；有必要推动村民汲取传统伦理道德中的有益成分，强化责任担当意识和能力，为村庄事务的开展贡献力量；有必要借助微博、微信等平台，宣传和介绍村规民约的主流价值导向，使村规民约可感可信。

针对村规民约执行难问题，可在村民委员会领导下成立由村民代表组成的村规民约执行机构，专门负责对践约模范人物进行表彰，对违约责任人进行处罚。例如，湖南郴州嘉禾县晋屏镇建立村规民约执行激励机制，设立执行村规民约“红黑榜”通报制，“红榜”起到示范引领作用，“黑榜”起到警醒教育整改作用，在提高村规民约执行力和约束力方面做出了积极有效的探索。根据遵守村规民约的情况，进行文明家庭评比活动，大张旗鼓地表彰和奖励，使文明家庭拥有更多成就感和获得感。针对文明家庭，信贷部门可给予贷款优惠，劳动部门可优先提供进城务工就业岗位和免费技能培训，民政部门可将其子女优先纳入慈善助学范围，等等。上述举措可发挥榜样示范和利益诱导效应，带动更多村民积极践行村规民约。

为提高村规民约的执行力，还有必要建立村规民约承诺与惩罚机制。村民委员会作为乡村公共权威的代表，可将操作性强的村规民约条款转化为合同条款，制定村规民约协议书，让全体村民签字承诺。一旦签字承诺，就意味着村民愿意接受村规民约的约束和规范，如果违反村规民约，则会受到批评教育、赔礼道歉、书面检讨、违约通报、责令恢复原状、赔偿损失等相应的惩罚。有的村规民约规定，如果“不参加公共事业建设、拒绝交纳卫生管理费、乱办酒席铺张浪费、贷款不守信用、房屋乱搭乱建、配合组委会工作不积极、不执行村两委重大决策、拒绝赡养父母、不管教未成年子女”，将会被纳入“黑名单”管理，无法享受村委会提供的服务及国家优惠政策。[①] 这种承诺和惩罚机制，督促村民不断加强道德自律，严格按照村规民约的规定开展活动。例如，青岛胶州的一些乡村要求村民签订村规民约协议书，提高兑现率，督促村民加强道德自律，提高了村规民约的执行力。

四、重建乡村文化为乡村软治理提供精神动力

乡村文化为实现乡村振兴战略，促进乡村社会进步提供智力支持和精神保障。在乡村文化与乡村治理的对接过程中，乡村文化既是乡村治理的对象，亦是乡村柔性治理的重要资源。习近平总书记提出：“乡村振兴，既要塑形，也要铸魂。没有乡村文化的高度自信，没有乡村文化的繁荣发展，就难以实现乡村振兴的伟大使命。”[②] 重建乡村文化，增强乡村文化自信，实现文化治理的目标，能够源源不断地为乡村软治理提供精神动力。

（一）有效应对城乡文化的差异与冲突

在统筹城乡发展过程中，城镇化步伐加快，人口流动规模扩大，城乡互动联系密切，城乡文化交流、碰撞和融合的机会增多。处理好城市文化和乡村文化的关系，有效应对二者的冲突，促进二者融合，对于实现城乡文化繁荣、推动乡村软治理至关重要。

在城市文化高歌猛进的时代，乡村文化面临巨大危机。乡村文化以农耕文明为基础，以家庭或家族文化为核心，具有鲜明的乡土特色和气息，传承和积淀了大量的传统文化因素，涵盖制度典章、乡风民俗、生活器物以及乡民的生活方式、行为习惯、思想观念、处世态度、情感心理等内容。乡村文化植根于自给自足的小农经济，催生了乡村文化独特的品格和精神。乡村文化相对封闭、保守、落后，缺少开拓进取、开放创新、与时俱进的精神。与之不同，城市文化是适应城市生活和工业文明的产物，集中反映了市民的生活状况、行为方式、精神状态、心理特质、城市风貌、法规制度等。城市文化具有时代性和创新性，开放包容、充满活力，代表着社会文明的发展方向，对乡村文化具有强大的吸引力。

---

① 石建：《巧用村规民约助推基层治理》，2019 年 9 月 12 日，http://guancha.gmw.cn/2019－09/12/content_33154683.htm。

② 《习近平要求乡村实现“五个振兴”》，2018 年 7 月 18 日，http://www.rmlt.com.cn/2018/0718/523416.shtml。

由于城乡二元结构带来的城乡差距依然明显，我国乡村物质文明和精神文明与城市相比还存在较大差距。城市文化借助自身优势，将城市生活方式和价值观念不断向乡村渗透和扩散，但是城市文化缺乏乡土特质而难以扎根，对乡村生活的影响较为有限。乡村文化和城市文化处于相互碰撞和磨合的阶段，面临传统与现代、封闭与开放、守旧与创新、边缘与中心等方面的冲突。

在此情形下，乡村文化应不断增强自身的独立性、自主性、创新性，吸收和借鉴城市文化的合理因素，汲取城市文化养分，尊重和包容城市文化，吸收借鉴，创造转化，创新发展，共荣共生。要消除小农意识，改变小富即安、不思进取、盲目排外的心态；革除庸俗肤浅的因素，培育催人奋进、开拓进取的文化因子；消灭黄、赌、毒，丰富乡村文化生活；改变村民不良生活习惯，输入现代文明生活方式。在此基础上，大力倡导科学人文一体的理性教育，走别具一格、独树一帜的乡土文化建设之路，培育有利于乡村软治理的文化因素。

在城市文化的冲击和影响之下，应灵活采用多种方法挖掘乡村文化中有益于软治理的因素和成分。要保护乡村传统自然资源和优秀人文资源，打造地方山水、歌舞、节庆等方面的风格特色，挖掘其中蕴含的天人合一、感恩孝道、昂扬向上、刚健有为、奋力拼搏、助人为乐、扶老爱幼等思想元素，为软治理提供精神动力和智力支持。要牢牢立足于乡土文化，对乡村民间故事、神话传说、民歌戏曲、花灯艺术、民俗节日等进行整理，探索与社会主义主流文化相一致的思想观念和行为模式，推动社会主义核心价值观在乡村社会有依托、有载体、有呈现。不断完善乡村文化基础设施建设，拓展乡村文化空间，普及乡村文化室、图书馆、体育广场等场所，开展科技、文化、卫生“三下乡”活动，促进城乡文化交流对话活动，使乡村文化既保留地方特色，又具有浓郁的时代气息，符合社会主义道德主旋律，谱写乡村文明新篇章，健全村民心理和人格，为乡村软治理提供丰富的精神资源。

（二）凝聚乡村文化价值共识

中国传统乡村社会是以农耕文明为主的社会，是由“乡”和“土”两种元素组成的“家元文化共同体”①。该共同体有独特的文化价值谱系，有共同体成员坚守的精神家园，这是维系传统乡村社会的文化血脉。“乡”的社会聚族而居，编织成“熟人社会”的文化权力网络，血亲、族亲、姻亲紧密相连，“长老权威”颇具影响，乡俗民情潜移默化；“土”的生活赋予农民对土地的浓厚感情和深深眷恋，生于斯、长于斯的土地依赖关系强化了以土地为中心的资源配置关系。“于是，能否不断强化农民与土地之间的固定关系和不断强化宗法制度，维护封建礼教的神圣地位，巩固维系家元文化共同体的精神纽带”②，就成为加强乡村软治理的重要路径依赖和行为惯性。

改革开放后，中国社会转型加快，社会结构和阶层关系逐渐失衡，物质主义、功利主义、享乐主义甚嚣尘上，工业文明和外来文化充斥乡村社会，冲击和瓦解着传统乡土社会的价值基础。如果继续采用强力灌输的方式重塑乡村文化，将难以取得预期成效。因此，有必要遵循乡村软治理的逻辑，进行乡村文化价值重建，提高村民的文化价值认同能力，“通过文化塑造和文化整合来优化人们的认同取向与认同结构，提高权力、制度与组织认同基础，从而为实现国家的有效治理提供积极的推动力和支撑力”③。

推动乡村软治理，必须加强乡村文化建设，凝聚社会价值共识，提高乡村治理的软实力。要正面宣传道德典型，传播社会正能量，从群众关注的社会热点难点问题入手，科学解疑释惑，有效凝聚共识。要落实以人为本，促进人的全面发展的理念，形成温暖、规范、便捷、守信的乡村工作氛围，通过乡村大讲堂、黑板报、社会报刊和网络，大力倡导社会公德、职业道德、家庭美德和个人道德教育，弘扬和培育社会主义核心价值观，使乡村道德建设蔚然成风，为乡村软治理营造良好的环境。

（三）培育乡村自由精神和公共理性

“自由精神与公共理性是软法治理的两大精神内核。”④ 但是，长期以

---

① 家元共同体是一种由自发秩序发挥社会整合和维系共同体作用的共同体形态。它是张康之在《共同体的进化》中为描述农业社会的社会结构而提出的一个概念，它表明农业社会是以家为基本社会单元，并通过家的一层层扩散而形成一个政治共同体。家元共同体是一种由自发秩序发挥社会整合和维系共同体作用的共同体形态。参见刘祖云、孔德斌：《乡村软治理：一个新的学术命题》，《华中师范大学学报》（人文社会科学版）2013年第3期。

② 刘祖云、孔德斌：《乡村软治理：一个新的学术命题》，《华中师范大学学报》（人文社会科学版）2013年第3期。

③ 付春：《软治理：国家治理中的文化功能》，《中国行政管理》2009年第3期。

④ 邢鸿飞、韩轶：《中国语境下的软法治理的内涵解读》，《行政法学研究》2012年第3期。

来，国家控制遍布社会各个角落，政府触角伸向社会各个方面，全能政府的职能定位积重难返，精英政治模式根深蒂固，公民主体地位受到忽略，导致自由精神的培育受到抑制。另外，由于商业文化的强势突进冲击公共领域，公共讨论的严格管制妨碍观念交锋，公共权力的私有化挤压民众的批判意识，公德意识的淡薄限制公共立场的捍卫，种种因素阻碍公共理性的生长。自由精神和公共理性的缺失，妨碍乡村软治理的推进，亟须采取有效措施加以破解。

1. 乡村自由精神的培育

为培育村民的自由精神，要加快市场经济的发展，打破个体的封闭性和孤立性，塑造全新的自由交往和自由讨论规则；要培养村民独立自由之人格，建立平等互信的交往关系，消除个人凌驾于他人之上、迫使他人无条件服从个人意志的现象；要让各方力量相互尊重对方的主体地位，在公正的平台上自由协商和讨论，自由阐发和表达公共意志；要明确村民土地、房产、宅基地等产权归属，千方百计保障村民的财产性权益，减少村民自由表达思想会招致利益损失的顾虑。

2. 乡村公共理性的培育

理性即人类基于经验事实而把握客观规律的思维、判断能力，是一种发现什么是真理的能力。而公共理性是享有平等自由权利的公民的理性，是公共推理、公共辩谈的理性，是指向公共利益的理性。[①] 从某种意义上讲，公共理性反映了公民的理性思考和判断能力，包含了正义感和善的观念，推动公民从公共利益的角度考虑问题；公共理性主要关注公共利益的生成和分配，通过公平协商解决行为主体间的冲突和分歧。康德在《什么是启蒙运动》（1784）一文中认为，公共理性是人们在一切事情上都有公开运用自己理性的自由，并认为唯有公共理性才能带来人类的启蒙。罗尔斯认为："公共理性是一个民主国家的基本特征。它是公民的理性，是那些共享平等公民身份的人的理性。他们的理性目标是公共善，这是正义观念对社会基本制度结构的要求，也是这些制度所服务的目标和目的。"[②] 概而言之，公共理性是民主国家的公民所拥有的，以公共利益为目标，以公共事务为内容，进行持久合作和共同治理的意愿或意志。

（1）提高村民的理性思考能力，培育正义感和善的观念

公共理性属于公民的道德能力，要求村民在面对公共事务时不能只考

---

① Lawrence B.Solum，1993："Constructing an Ideal of Pubilic Reason"，*San DiegoLaw Rebiew*，Vol.30，转引自谭安奎：《公共理性》，杭州，浙江大学出版社，2010 年，第 38～44 页。

② 〔美〕约翰·罗尔斯：《政治自由主义》，万俊人译，南京，译林出版社，2000 年，第 225～226 页。

虑私人利益最大化，而应当基于公共意志的需要，从公共利益出发，提出最佳治理方案，然后双方再展开理性讨论和公平合作，这是公共理性作为道德能力的一种体现。罗尔斯指出："公共理性的价值不仅包含基本的判断、推论和证据之概念的恰当运用，而且也包含着合乎理性、心态公平的美德。"① 公共理性关涉所有民众的公共议题，寻求的是社会普遍的公共利益，着眼于培养民众的大局意识、集体意识、责任意识和道德自律意识。

（2）积极促成协商和对话，实现主体之间的合作治理

市场经济的发展培育了人们独立、自主、平等的精神，从根本上拓展了人们交往的广度和深度。"公共理性并不是一种超越个人的道德'大我'，它仅仅是在个人的道德能力和理性能力基础上形成的能够保证公共生活的合作正常开展的一种方式。"② 公共理性的核心是推动协商、对话、合作等成为公共生活的基本方式，在此过程中整合多元价值，寻求共识，使共同体处于相对理想的状态。因此，要引导村民相互信任、相互合作，以乡村共同体利益为纽带，把村民与其他主体联结起来，增强凝聚力，维护乡村社会的和谐融洽，确保乡村社会有序运转。

（3）培育村民公共精神，促进乡村共同体建设

实施乡村振兴战略，既要重视硬件层面的基础设施建设，也要推进软件层面的精神文化建设。乡村公共精神作为乡村精神文化建设的重要组成部分，有利于增强村民对乡村共同体的认同，推动村民积极参与乡村公共生活，凝聚乡村发展的强大精神动力，推进乡村治理体系和治理能力现代化。乡村社会是一个生产共同体、生活共同体、伦理共同体，其有序运转有赖于乡村社会形成共同的价值理念和行为习惯，全面塑造乡村公共精神。乡村公共精神是维系乡村社会健康有序运转的精神纽带，对于推动乡村共同体建设，实现乡村社会的有机团结与合作进步具有重要意义。

何谓乡村公共精神？它是孕育于乡村共同体之中，以维护乡村公共利益为价值目标，反映村民自由独立、关心公共事务、政治利他、乐于奉献的基本道德与政治秩序观念、态度和行为取向。培育乡村公共精神，要以社会主义核心价值观为指导，尊重村民的主体性地位，引导村民树立主人翁意识和乡村命运共同体观念，让村民通过参与乡村建设活动，共建乡村美好家园，激发村民关心村庄公共利益和公共事务的热情，不断提高村民的责任能力和公共意识。要深度挖掘乡土传统文化资源，积极开展乡村文

① 〔美〕约翰·罗尔斯：《政治自由主义》，万俊人译，南京，译林出版社，2000年，第137页。

② 〔古希腊〕亚里士多德：《尼各马可伦理学》，廖申白译，北京，商务印书馆，2003年，第110页。

化活动，维系村民的情感纽带，增强村民的集体记忆。中国广大农村深受传统文化的影响，“天下为公”“重义轻利”“家国情怀”“邻里互助”“公正无私”等观念蕴含丰富的公共意识，是培育现代公共精神的重要资源。实践证明，“农民文化生活与其公共精神的形塑呈现明显的正相关”①，因此要整合村庄文化资源，组建村庄文化社团，创作符合乡村生产生活实际的文艺作品，开展丰富多彩的乡村文化活动，潜移默化地影响村民的意识和行为。要优化村规民约，为乡村公共意识的培育提供可资借鉴的资源。可围绕规范邻里关系、治理乡村环境、反对铺张浪费、文明婚丧嫁娶、理性调解矛盾等事项，制定务实管用的村规民约，提倡恪守村民参与、公益服务、集体主义的原则，形成对村民长久的约束机制，涵养村民维护乡村共同体利益的精神。

（四）加强乡村社会主义核心价值观教育

社会主义核心价值观是乡村软治理的重要思想资源。在统筹城乡发展的过程中，要注重利用社会主义核心价值观引导农民价值观念的现代转化，推动城乡经济体制、政治体制现代化与文化心理、价值观念现代化保持同步。城乡一体化发展与现代化水平的提高，需要现代文化心理和价值观念的支撑。英格尔斯指出：“从传统主义到个人现代性的转变，缺少了这种渗透于国民精神活动之中的转变，无论一个国家的经济一时繁荣到何种程度，也不能说明这个国家能获得持久的进步，真正实现了现代化。当今任何一个国家，如果它的国民不经历这样一种心理上和人格上向现代性的转变，仅仅依赖外国的援助、先进技术和民主制度的引进，都不能成功地使其从一个落后的国家跨入自身拥有持续发展能力的现代化国家的行列。”② 乡村软治理的顺利实施，同样要以农民价值观念的更新、精神面貌的改善和道德境界的提升为前提条件，而这又离不开社会主义核心价值观的培育。

一是教育宣讲，营造舆论氛围。要充分利用广播、电视、报纸、板报、互联网、宣传册等媒体，扩大社会主义核心价值观宣传覆盖面，将宣传延伸到乡村基层单位和各类人群，同时开展群众性精神文明创建活动，营造社会主义核心价值观教育的生活场景和社会氛围。要创新教育载体，利用乡镇综合文化站、村文化室、农家书屋等文化阵地，选取特定时期、

① 吴春梅、席莹：《农村文化生活与农民公共精神的生长：机理与对策》，《中南民族大学学报》（人文社会科学版）2015 年第 4 期。

② 〔美〕英格尔斯等：《人的现代化》，殷陆君译，成都，四川人民出版社，1985 年，第 7 页。

重大纪念日、民族传统节日等组织开展形式多样的纪念和庆典活动，制作墙体宣传册、宣传标语、文化橱窗等，传播社会主义核心价值观，提高村民对社会主义核心价值观的认知度。

二是树立典型，发挥榜样带头作用。典型示范，榜样带头，可以提高社会主义核心价值观的影响力和说服力。典型和示范实现了核心价值观的人格化、形象化和具体化，让村民“见贤思齐”，择善而从，从善如流。要树立乡村社会公德、职业道德、家庭美德、个人品德模范人物，运用农民群众身边的先进典型开展学习教育，广泛开展“致富带头人”“技术能手”“孝子”“好儿媳”“好婆婆”“身边好人”等评选活动，大力弘扬道德模范精神，营造向先进学习的良好氛围，弘扬社会追求真善美的正能量，增强对村民的感染力和影响力。

三是挖掘传统，开展群众文化活动。要开展“诵读经典”“传承美德”等活动，陶冶道德情操；通过编写村史，续写家谱，挖掘整理乡村人文典故，增强村民的文化认同感、归属感和自豪感；要完善村规民约，把社会主义核心价值观“乡土化”，把高度抽象的社会主义核心价值观转化为“喜事新办、丧事简办、弘扬孝道、尊老爱幼、扶残助残、和谐敦睦”等方面的具体规定；要发掘红色文化，缅怀革命先烈、继承革命传统，让革命的崇高理想薪火相传，让为国奉献的革命精神融入村民的日常生活。

四是健全制度，提升社会主义核心价值观培育效果。要实现制度转化，把社会主义核心价值观融入村规民约、职业规范、家庭伦理之中，为农民群众提供基本遵循；要制定奖惩制度，奖励遵守社会主义核心价值观的模范人物，惩罚违背社会主义核心价值观的行为，树立对社会主义核心价值观的敬畏之心；要完善监督制度，发挥道德评议小组、红白喜事理事会、赡养老人协会等组织的监督作用，督促农民自觉践行社会主义核心价值观；要构建参与联动制度，整合乡村多元主体共同参与社会主义核心价值观的培育，形成党委统一领导、党政齐抓共管、全社会积极参与的领导体系和工作体制，增强社会主义核心价值观培育的长效性和有效性。

五、发挥乡贤文化在乡村软治理中的作用

乡村软治理要想取得理想效果，必须高度重视乡贤的作用，大力培育乡贤文化。乡贤文化蕴含丰富的乡村软治理智慧和经验，是教化乡村百姓、涵养乡风文明的关键资源。新时期，发挥乡贤文化的软治理作用，契合乡村德治的需要，是探索与实践乡村治理现代化重大课题的迫切需要。

（一）乡贤文化软治理效用分析

何为“乡贤”？《汉语大词典》的解释是“乡里中德行高尚的人”。意即乡贤是乡村中德高望重、能力突出，有号召力和话语权的人。乡先生盖即士大夫之贤而归老而教于其乡者。[①] 传统社会的乡贤主要有地主乡绅、宗族领袖、达人贤士等乡村精英。新时期，乡村乡贤主要有村干部、模范人物、离退休干部、文人学者、企业家、科技工作者、归国华侨等。乡贤文化扎根于传统乡村社会，以乡情为纽带，以乡贤为楷模，以乡愁为寄托，能够维护乡村凝聚力和亲和力。“乡贤文化是中华民族优秀传统文化的组成部分，包括民间本乡本土古今仁人贤达的人文历史、风土人情、传统习俗、行为规范、价值观念和思维方式，具有地域性、人本性、亲善性、现实性等特征，对现代乡村治理具有重要的推动作用。”[②] 乡贤文化与乡村软治理高度契合，推动乡村柔性治理、道德治理、协商治理与和谐治理交叉融合。

1. 提高乡村软治理的现代化水平

“新乡贤文化作为一种‘软约束’、‘软治理’，有利于健全乡村居民利益表达机制，营造新乡贤参与家乡建设的氛围，激发村民参与乡村事务的积极性，建设乡村共同体，并提高其凝聚力和自治能力。”[③] 乡贤文化蕴含道德正能量，能够促使乡贤主动承担起协调冲突、维护乡村秩序的重任；能够在乡村空心化的背景下推动乡贤与乡村有机结合，巩固乡村社会纽带，使乡土社会更黏固；能够将友善、诚信、互助、和睦、公道、安康的理念广泛传播，引导全体乡村民众遵守和传承昂扬向上的价值信念；促使乡贤模范地遵守乡规民约，以身作则，率先垂范，发挥榜样引领作用。扎根本土的乡贤文化具有鲜明的地域性和亲和性特点，融合地域文化的精髓，为广大群众喜闻乐见。乡贤文化的传播过程，实际上是乡贤将思想观念、价值认知逐渐向村民浸润和渗透的过程，有利于涵养乡村文明风气，推动乡村公序良俗的形成。

2. 推动乡村文化的革新和创造性转化

乡贤作为乡贤文化的主体，成分多元，背景各异，既有道德模范，又有社会贤达；既有术业有专攻的技术人员，又有博古通今的饱学之士。他

① 参见梁章钜：《谓录·故绅》，天津，古籍书店，1987年。

② 吴雄妹：《乡贤文化与现代乡村治理》，《地方治理研究》2016年第3期。

③ 黄海：《重视“软约束”“软治理”：用新乡贤文化推动乡村治理现代化》，《人民日报》2015年9月30日。

们凭借自身的专长、学识、财富、人脉等宝贵资源，为建设家乡、改善民生贡献力量。新乡贤文化摒弃传统文化中尊卑有序、三从四德等糟粕，在乡村文化中植入民主法治、开放竞争、自由平等、包容创新等精神，增加了乡村文化的现代性因素。但是，新乡贤文化也没有忽略传统，倡导对传统乡贤文化加以批判性继承、创造性转化与创新性发展。“它既汲取传统乡贤文化中的价值精华，又践行和融入社会主义核心价值观；既发扬传统乡贤品格，又凝练现代乡贤品格，是社会主义核心价值观与优秀传统文化在乡村社会相契合、传统与现代相对接的文化。”①

3. 构建“法情允谐”的乡村治理构架

发挥乡贤作用，培育乡贤文化，是当代中国乡土社会转型与加快城镇化建设的必然选择。利用乡贤文化，推进乡村软治理，遵循中国传统文化，可以为现代乡村治理提供智慧启迪，同时中国乡土社会也需要以传统文化为基点完成治理转型的理论预设，努力探寻公共治理规则与传统礼俗之间的最佳平衡点，尝试构建“法情允谐”的乡村治理结构。

现代社会和乡土社会存在明显差异，现代社会是法理社会，乡土社会是礼俗社会；现代社会崇尚契约精神，乡土社会通行伦理规则；现代社会偏重法律的实施，乡土社会偏重人情的渗透。传统乡村是熟人社会，人们不太重视法律和契约的作用，而更加青睐德高望重的乡贤能够基于人情的考量，还弱者一个公正。诚如费孝通先生所言，“中国的道德和法律，都因之得看所施的对象和‘自己’的关系而加以程度上的伸缩……在这种社会中，一切普遍的标准并不发生作用，一定要问清了，对象是谁，和自己是什么关系之后，才能决定拿出什么标准来”，这种现象在乡村尤为显著。生活在现代社会的新乡贤，对法律的认知深刻和实践到位，对人情关系有独到领悟。发展乡贤文化，有利于法律与人情的有机结合，法律遵循人之常情而贯彻落实，能够取得更好的实施效果，达到“法情允谐”的理想状态。乡贤推动的乡村治理，立足于现代公共治理规则和传统人文精神的双重支点，力推礼、乐、政、刑综合为治的乡村治理模式。

（二）培育乡贤文化面临的困境

在社会转型期，乡村空心化、乡村文化断裂、农村社会治理失效等问题增加了培育乡贤文化的难度，主要体现在以下三个方面。

一是乡村精英大量流失。从 1980 年开始，城乡隔绝状态被打破。20

① 黄海：《重视“软约束”“软治理”：用新乡贤文化推动乡村治理现代化》，《人民日报》2015 年 9 月 30 日。

世纪 90 年代，全国兴起“打工潮”，精壮劳动力外出数量急剧增加。当前城乡一体化进程加快，人口流动规模扩大，大批乡村青壮年到城市打工，乡村优秀人才“孔雀东南飞”，纷纷涌入城市，乡村人才流失现象严重。不仅如此，乡村还缺乏乡村精英产生的内生力量，无法保障乡村精英源源不断地出现。

二是传统乡村风俗习惯的沦落。在价值选择多元化、行为方式多样化的时代，传统的守望相助、抱团取暖的习惯被打破，“众人拾柴火焰高”，互帮互助，其乐融融的温暖氛围逐渐消散；乡村土地流转速度加快，失地农民增多，农民和土地的分离使耕读传家的习俗难以代代传承；个别乡村黄、赌、毒沉渣泛起，诚信危机、孝道危机、信仰危机等考验村民的道德良知，给乡贤文化的培育带来重重阻力。

三是宗族文化的负面影响。从某种程度上讲，培育乡贤文化，还受到宗族势力和宗法制度的干扰，乡村治理具有强烈的人治色彩，乡贤容易被排斥在特定宗族之外，难以发挥建言献策、道德教化、引领风尚的作用；而村民“认祖归宗”的宗族意识根深蒂固，把亲情、关系等作为首先考虑因素，乡贤的治理主张由于缺乏村民的参与和支持而无法得以落实。宗法制度导致宗族势力坐大，村民不敢表达利益诉求，乡贤没有机会发挥作用，权大于法、情大于法的局面长期得不到扭转，阻碍乡村社会的发展和乡贤文化的培育。

（三）发挥乡贤文化软治理效用的路径

作为传统优秀文化的组成部分和特定地域的精神文化标识，乡贤文化是树立道德典型，涵育文明乡风的载体，是连接乡土、维系乡情的精神纽带，是负载乡愁、探寻文化血脉的精神原动力。乡贤文化对于树立社会主义核心价值观，传播社会正能量，对于教化乡民、反哺桑梓、泽被乡里，提高村民的幸福感和获得感，对于提高村民的自尊心和自信心，增强地域归属感和认同感，对于凝聚人心、移风易俗、促进乡村和谐稳定等具有重要作用。新时期，发挥乡贤文化的软治理效用，需要着重做好以下工作。

1. 广纳贤才，为乡贤开展软治理搭建平台

在传统社会，乡村精英大多学而优则仕，年壮居庙堂之高，年老则荣归故里，人生轨迹是由官宦到乡绅。他们大多拥有地位与名望，是村民人生和道德的榜样。当今社会，由于受到城乡差距、生活环境、社会保障、医疗条件等因素的影响，许多乡村精英在功成名就之后不愿回乡，倾向于在城市定居生活，其人生选择和传统乡村精英迥然有别。呼唤和吸引乡贤

回乡，对重构乡村文化、推进乡村软治理意义重大。

基层政府要广纳贤才，动员新乡贤参与乡村治理，注重发挥离退休干部、知识分子、优秀农民工、企业家等的引领作用。要实施新乡贤培育与成长工程，颂传古贤，挖掘整理先贤事迹；引进“今贤”，鼓励新乡贤回乡开创事业；培育“新贤”，培养有所作为的新乡贤造福桑梓、泽被后世。要搭建乡贤贡献才智的平台，通过成立乡贤协会和乡贤理事会，聘请乡贤调解员、乡贤宣讲员，实行乡贤挂职“村官”和乡镇长助理等制度，引导乡贤致力于乡村公共事业，传承和弘扬乡村文明，推动乡村治理能力现代化。例如，浙江于2001年成立上虞乡贤研究会，宗旨是“挖掘家乡历史，抢救文化遗产，弘扬乡贤精神，服务上虞发展”。乡贤会成立之后，广泛联系乡贤，真诚为乡贤提供服务，吸引乡贤回归故里。乡贤会编撰《虞籍名士通讯录》，开展“走近虞籍乡贤”采访活动，开辟“上虞乡贤名人展厅”，吸引上虞籍乡贤为乡村治理出谋划策、贡献力量。乡贤的感人事迹传递满满的人生正能量，乡贤的奋斗历程对村民产生潜移默化的影响，乡贤的无私奉献极大地促进了乡村物质文明和精神文明建设。

浙江绍兴在广纳贤才基础上不断创新乡贤发挥软治理功能的思路。绍兴在重构乡村治理的计划中，把发挥乡贤作用纳入其中，呼吁退休的官员、专家、学者、商人回乡安度晚年，以自己的经验、学识、专长、技艺等反哺桑梓，以延续传统乡村文化的文脉，使回乡的乡贤成为基层治理的重要力量。在浙江省绍兴市上虞区，成立了以乡贤为主要成员的5个专业民间调解机构和203个老娘舅工作室，他们用德治、善治的力量，开创了群众办事、矛盾调解、信息咨询、致富求助“四不出村”的新模式，有力促进了乡村社会和谐。该区祝温村乡贤、党总支书记杭兰英，毅然辞掉企业高薪职务，28年如一日敬业奉献、以村为家，探索出祝温村村治模式和“民情通”工作七法，带领村民建成了全国闻名的新农村建设示范村。① 因此，基层政府可以扩大遴选乡贤的范围，积极主动联系走出乡村的优秀企业家、知识分子、海外华侨等，吸引他们荣归故里、反哺桑梓，为乡村软治理出谋划策。

2. 柔性调解，维持乡村和谐融洽的关系

传统乡贤文化蕴含思想智慧，长期积淀的“礼治”“说服”“规劝”“教化”等处理问题的柔性方法，适应乡村社会的政治生态和文化氛围。乡村社会矛盾大多集中于婚姻、家庭、邻里、水资源与土地资源等领域，

① 郑志勋:《乡贤文化 凝聚向上向善力量》,2015年5月19日,http://gz.wenming.cn/china_Towns/Towns_zhuanti/20150519_xx/xgwz/201505/t20150520_2624579.shtml。

处理这些领域的问题单靠法律往往难以奏效，强硬地控制、刚性的施压反而无助于问题的解决，更多情况下是靠人情、说理来化解。在不违背法律的情况下，软性治理方式更加有效，更容易获得村民的支持和配合。

乡贤拥有威望和声望，熟悉乡村运行规则，了解家长里短，调节民事纠纷，易于为民众接受。乡贤柔性治理的方式，满足了村民“讨一个说法”的心理诉求。乡村社会是一个自我更新的内生性聚居共同体，村民以地域血缘关系区分亲疏远近，差序格局下村民交往是以家庭和宗族为核心，彼此之间“低头不见抬头见”，抱持“大事化小、小事化了”的心态处理问题。在问题面前，村民首先想到的是让乡绅、村干部等权威人物居间调解，分清是非曲直，让理亏者承担相应责任，让受损方得到相应补偿，或者根据道德、风俗等乡村规范给出一个“说法”，使双方化干戈为玉帛。例如，江西省乐平市众埠镇党委、政府充分发挥退休老干部、老党员、老教师（简称“三老”人员）在调解民事纠纷、维护社会稳定方面的作用，成立了众埠镇“三老”人员调解委员会，重点调解老人赡养、妇女权益保障、邻里纠纷、农林水利纠纷，每年成功调解各类纠纷 200 余起。山西晋城阳城县横河镇横河村退下来的老支书张廷瑞，大力协助村两委推进美丽乡村建设，整治村容村貌，调和邻里纠纷，“爱管闲事”，热心调解，深得百姓信任和敬仰，以自身的实际行动推进乡村软治理。

为开展乡村软治理，化解乡村社会矛盾，成立乡贤理事会是一个理想的选择。乡贤理事会是以乡贤为依托，职责是协助村两委搞好经济发展、农村管理和社会稳定等工作。基层政府可以指导乡贤理事会制定章程，规范乡贤理事会产生和运作方式等，同时根据乡村的实际情况，有计划、有步骤地局部试点和全面推开。乡贤理事会成立之后，要从维护乡村稳定、构建社会和谐的大局出发，积极化解乡村社会矛盾、大力倡导文明风尚，参与乡村社会管理，积极协助两委开展工作。对于软治理成效显著的乡贤理事会，基层政府应通过媒体及时报道，召开表彰大会，邀请乡贤理事会负责人介绍经验，在全社会形成见贤思齐、崇德向善的良好氛围（见附录 6）。

3. 承继传统，凝聚乡村崇德向善的力量

中国乡贤文化源远流长，是可资利用的重要资源。加强乡村软治理，必须挖掘传统乡贤文化资源并进行创造性转化和创新性发展。习近平总书记指出：“要治理好今天的中国，需要对我国历史和传统文化有深入了解，也需要对中国古代治国理政的探索和智慧进行积极总结。”① 今天，将传

① 习近平：《牢记历史经验历史教训历史警示　为国家治理能力现代化提供有益借鉴》，https://www.rujiazg.com/article/4417。

统乡贤文化发扬光大，汲取传统乡贤文化建设的经验和智慧，可以使当下乡村软治理得到文化的滋养和浸润。“崇德向善”“见贤思齐”“诚信友爱”“和睦乡邻”“耕读传家”“德业相劝”“敬业精进”“恭敬桑梓”等品质，历来为人们所传颂。浙江上虞乡贤会先后总结出以德治国的虞舜精神、“东山再起”的谢安精神、投江寻父的孝女精神、清廉无私的孟尝精神、与时俱进的春晖精神、“当代武训”的张杰精神，并将这些精神在乡村发扬光大，滋润人心，涵养道德，鼓励善举。

建构新时期的乡贤文化，应该摒弃传统宗法制度中尊卑有别、封闭排外、人情至上等糟粕，倡导平等、民主、法治、自由等现代文明理念，引导乡贤树立责任意识，重塑担当精神，致力于乡村社会的治理。例如，广东省花都区目前尚存祠堂、古庙近千余座，宗祠供奉的先贤和祖先包含着一种强烈的历史感、认同感和向心凝聚力，也是乡贤文化不可或缺的一部分。通过成立广州市花都祠堂文化协会，进一步挖掘乡土文化和宗族文化，提炼乡贤精神，充分发挥乡贤文化中的人文道德力量，引导广大村民铭记祖训，传承崇德尚贤的优良家风，弘扬乡村文明新风尚。不仅如此，广州市花都区还挖掘当地名贤资源，学习传承晚清一代名臣骆秉章、末代探花商衍鎏、黄花岗十八烈士等一大批历史名贤的优秀思想和宝贵精神财富；二是开展名贤评选与文艺创作活动，围绕黄皞、王永名、洪秀全等先贤的事迹进行文艺作品的创作；三是以先贤名字命名学校、道路、公共场所等，强化对先贤的认同；等等。上述举措充分发掘乡贤文化，营造乡风文明，弘扬传统美德，改善农民精神面貌，提升了乡村软治理的效果。

在传统乡贤美德的影响下，现代新乡贤严以律己，讲究奉献，敦厚民风，深得百姓爱戴。例如，广东省花都区炭步镇塱头村年近八旬退休老党员黄显标，连续22年义务担任村史民俗故事讲解员，同时还肩负着村医的使命，为村中的男女老幼寻医问诊，默默奉献，2012年荣登“中国好人榜”。另外，花都区还有大批奋斗在乡村一线的优秀基层干部，他们立足本职、服务群众，带动群众文明守礼，培养崇德尚善的良好乡风。花东镇港头村村主任曾庆洪数十年来支持家乡建设，接济贫困乡亲，捐资助学，用自己的行动诠释和践行社会主义核心价值观，成为村民心中的道德榜样。花都区充分发挥乡贤文化在乡村精神文明建设中的作用，助人为乐、诚实守信、孝老爱亲等传统美德发扬光大，乡村精神面貌不断改善，社会主义核心价值观在乡村深深扎根。①

4. 垂范乡里，助推乡风文明建设

千百年来，从农村走出去的精英，在浓浓乡愁的牵引下，重新回到阔别已久的乡村，叶落归根，同时也将求学、出仕或经商的人生经验带回乡村。他们是乡民学习的榜样，是奋力拼搏的模范，其辉煌的人生经历即是一部道德教化的典籍。当前，新乡贤主体主要有乡村优秀基层干部、道德模范、致富能手、创业典型等，他们对乡土社会有着浓厚的感情。要继承和弘扬有益于移风易俗、重建乡风文明的乡贤文化，就要发挥新乡贤的示范引领作用，用他们的嘉言懿行垂范乡里，涵育文明乡风，使社会主义核心价值观在乡村发扬光大。同时，要以乡情、乡愁为纽带，吸引和凝聚各方面的成功人士，利用其学识专长、创业经验反哺桑梓，建设美丽乡村。

重视乡贤的榜样作用，使其带动乡风文明的改善，是乡村软治理的重要途径。浙江绍兴上虞区素有“江南名士之邦”的美誉，涌现出诸如王充、谢安、魏伯阳、马一浮、经亨颐、夏丏尊、经叔平、胡愈之、何振梁等名贤，也走出了竺可桢、徐光宪、陈梦熊等13位两院院士。上虞区充分发挥乡贤的作用，成立乡贤研究会，挖掘乡贤文化，弘扬乡贤精神，增强乡村凝聚力，打造乡村伦理共同体。不仅如此，当地还开展了“上虞好乡贤”“十大道德模范”“十大民间爱心人物”“学最美人、做最美事”“人人崇尚美、个个奉献爱”等评选表彰活动，以典型示范的力量和作用，推动乡贤人物不断涌现。近年来，上虞区2人获全国道德模范提名奖，1人被表彰为全国“见义勇为”英雄模范，7人荣登中国好人榜，14人被评为省级道德模范。例如，2006年度“感动中国”年度人物候选人、浙江骄傲港胞张杰先生勤俭助学、赤诚爱乡，被誉为“当代武训”。浙江华通集团董事长王苗通一直心系家乡、热心公益，去年出资一亿元建设区体育馆，这是上虞自新中国成立以来收到的单笔最大民间捐款。② 上虞区利用乡贤引领乡风文明建设的做法取得良好的社会效果，乡贤教化乡民、凝聚人心、促进和谐的作用得以充分彰显。

2015年中共中央一号文件指出：“创新乡贤文化，弘扬善行义举，以乡情乡愁为纽带吸引和凝聚各方人士支持家乡建设，传承乡村文明。”

---

① 花都区文明办:《广州花都区大力发掘弘扬乡贤文化　浇灌文明之花》,2015年5月19日,http://gz.wenming.cn/china_Towns/Towns_zhuanti/20150519_xx/xgwz/201505/t20150519_2623176.shtml。

② 参见郑志勋:《乡贤文化　凝聚向上向善力量》,2015年5月19日,http://gz.wenming.cn/china_Towns/Towns_zhuanti/20150519_xx/xgwz/201505/t20150520_2624579.shtml。

2016年3月18日，“十三五”规划指出：“培育文明乡风、优良家风、新乡贤文化。”2017年1月25日，中共中央办公厅、国务院办公厅印发了《关于实施中华优秀传统文化传承发展的工程意见》，明确指出要“建设新乡贤文化”。新乡贤文化是伦理的、政治的、精英的多元复合文化，蕴含大量传统文化的合理内核。建设新乡贤文化，必须充分发挥新乡贤的作用。他们见多识广、学识渊博、经验丰富、技艺精湛，是弘扬新乡贤文化的重要力量。他们身上散发出来的道德力量和折射出来的拼搏精神，引领着乡村社会风气好转。在新乡贤的影响下，乡村好吃懒做的恶气逐渐减少，等、靠、要的惰性心理逐渐消失，“啃老”和不讲孝道的现象逐渐减少，小富即安、沾沾自喜的自满心态逐渐得到纠正，见利忘义、违背伦理的行为逐渐收敛。乡村兴起清新、昂扬、激越、奋进的文明之风，传统文化的精髓得以传承，社会主义核心价值观得以确立，新乡贤的软治理功能得到全面发挥。

除此之外，为推动乡贤更好地参与乡村软治理，让乡贤文化大放异彩，基层政府应当加强乡贤参与乡村治理的组织领导，遴选有所作为、德才兼备的乡贤参与乡村事务的治理；表彰乡贤的善行义举，鼓励身边好人、道德模范和优秀乡村干部等传递正能量；健全乡贤开展软治理的激励机制，出台帮扶资金相关配套制度，解除他们的后顾之忧；积极探索乡贤参与乡村软治理的有效模式和途径，鼓励优秀乡贤参加村两委换届选举，选拔优秀乡贤挂职镇长助理、村主任助理，推荐优秀村干部和大学生村官担任乡镇领导班子成员；组建乡贤调解工作室、乡贤慈善基金会、乡贤参事会等各类乡贤组织，为乡贤发挥软治理作用提供机会和平台。

第七章　城乡一体化进程中乡村软治理的具体应用

在城乡一体化进程快速发展的今天，城市和乡村的联系与沟通越来越密切，交流与互动越来越频繁，城乡人口、资源、技术、资本等要素相互融合，促进城乡经济、政治、文化、社会、生态、空间等方面的协调发展。在城乡一体化背景下，乡村软治理需要为实现经济繁荣、政治清明、文化昌盛、社会安定、生态美丽创造条件。同时，相关领域也需要引入柔性治理的理念来指导工作，推动乡村社会各个领域治理范式的革新和转换。乡村软治理可以在政治、文化、社会、环境等领域广泛应用，有效推进乡村腐败软法治理、乡村公共精神重塑、乡村矛盾纠纷柔性化解、乡村环境协商治理，进而提高乡村治理体系和治理能力现代化水平。

一、乡村腐败的软治理

乡村腐败软治理的重要工具和手段是软法，软法之治是乡村腐败软治理的题中应有之义。为深入探讨乡村腐败软治理的精神义理，需要聚焦和探讨软法对乡村腐败软治理的价值、功能、困境及其适用路径。

伴随市场经济的发展和乡村建设的推进，乡村腐败治理日益引起人们的重视。乡村腐败治理是指多元主体运用特定手段或工具，对乡村干部滥用权力谋取私利，侵害群众利益的行为进行管理和控制的活动。针对当前乡村腐败硬法治理模式难以为继，单向外部控制的反腐路径效果堪忧，失控的宗族文化容易诱发乡村腐败等问题，乡村腐败治理需要“嵌入”软法模式，以彰显硬法和软法功能互补、刚柔相济的反腐优势，创设乡村反腐自在自为的内生秩序，提供乡村反腐自主自治的网络体系，以塑造良好的乡村反腐社会文化氛围。乡村腐败软法治理路径在于凝聚软法反腐功效的价值共识，制定遏制腐败的乡规民约，发挥宗族规范的反腐效用，提高软法反腐的法治化水平。

（一）运用乡村软法治理乡村腐败的逻辑证成

伴随城乡一体化的发展，国家对农业、农村、农民的扶持力度逐渐加大，大量资金和资源向乡村转移，诸多利好政策向乡村汇聚。由于受到乡村干部道德失范、权力高度集中、村务信息不公开、乡村民主监督缺位等因素的影响，屡屡发生乡村腐败问题，严重损害群众的切实利益，直接危及乡村社会的稳定。《中共中央 国务院关于实施乡村振兴战略的意见》指出："推行村级小微权力清单制度，加大乡村腐败惩处力度。严厉整治惠农补贴、集体资产管理、土地征收等领域侵害农民利益的不正之风和腐败问题。"这为乡村腐败治理指明了方向。长期以来，乡村腐败治理主要依赖硬法反腐功能的全面释放，但随着公共治理模式的转型和硬法反腐弊端的显现，乡村反腐急需引入一种硬法和软法耦合、自律和他律互补、政治国家与公民社会合作的全新反腐模式，乡村腐败的软法之治被提上议事日程。

软法主要是指由非国家的共同体经过民主协商、一致同意等公开程序制定的各种内部文件、协议、章程、条约、指南、规则等，它依靠舆论、道德、内部压力、共同体的非国家公共权力等保证实施，违反软法也会受到制裁，并对违法者造成名誉、关系、物质等多种实质性损失。① 软法性质上属于软规则，无国家强制力保障，是与硬法相对的一个概念。考察我国既存的软法规范，有学者总结出了政法惯例、公共政策、自律规范、专业标准和弹性法条五大渊源。② 就乡村软法来讲，主要有村民长期遵从的风俗习惯和宗族规范、基层群众自治组织制定的乡规民约、乡村经济合作组织制定的章程和公约、乡村党委会制定的规范村党委和党员权利义务的条例和暂行规定，等等。乡村软法面向共同体内部成员，没有效力层级之分，适用于解决乡村腐败、产权争议、劳资纠纷、拆迁和征地矛盾等问题，能够发挥价值宣示和社会教化的作用。乡村腐败在硬法治理基础上，合理嵌入软法治理模式治理乡村腐败，具有逻辑合理性和现实必要性。

其一，时代呼应性。利用软法推动乡村腐败治理，是推动国家治理现代化的题中应有之义。党的十八届三中全会通过的《中共中央关于全面深化改革若干重大问题的决定》将推进国家治理体系和治理能力现代化作为

---

① 参见孔德斌：《农村社区治理：从硬治理向软治理的转变》，南京农业大学博士学位论文，2014 年，第 49 页。

② 参见宋功德：《公域软法规范的主要渊源》，罗豪才主编：《软法与公共治理》，北京，北京大学出版社，2006 年，第 189～201 页。

全面深化改革的总目标。党的十八届四中全会又进一步指出："发挥市民公约、乡规民约、行业规章、团体章程等社会规范在社会治理中的积极作用。"《关于做好村规民约和居民公约工作的指导意见》强调："到2020年全国所有村、社区普遍制定或修订形成务实管用的村规民约、居民公约，推动健全党组织领导下自治、法治、德治相结合的现代基层社会治理机制。"乡村腐败的软法之治是国家治理现代化工具创新的体现，将软法协商民主的精神贯彻到乡村腐败治理过程中，推动了基层协商民主的广泛应用与快速发展。

其二，主体相通性。在公共治理的语境下，乡村腐败治理坚持多元主体合作共治，充分调动基层党委和政府、村民自治组织、乡镇企业、社会组织、村民等的积极性和主动性，共同致力于维护乡村社会的清正廉洁。而抵制腐败的村规民约、社区公约、自治章程等乡村软法是由上述主体协商一致达成的合意，是村民共同认可和遵循的乡村"小宪法"，对共同体成员具有普遍约束力，乡村软法制定主体与乡村腐败治理主体具有一定的相通性。

其三，目标统一性。乡村腐败治理的目标是对乡村干部进行必要的管控，督促其秉公用权、依法用权、廉洁用权，消除发生在群众身边的腐败现象，使乡村社会风清气正。而乡村软法之治则是通过乡村成员的协商性"立法"，实现法律规则与社会规则的衔接与融合，进而为乡村干部提供行为规范，保证权力公正行使，构建乡村社会良好的内部运行秩序，二者的具体目标虽各有侧重，但总体目标保持一致。

其四，功能互补性。乡村腐败治理是一个刚柔相济、软硬兼施的过程，软法与硬法协同共治是乡村腐败治理的发展趋势。换言之，乡村腐败治理既需要发挥硬法的基础性、框架性功能，又需要发挥软法的延伸性、辅助性功能。由于我国法治传统相对欠缺，硬法体系尚不完备，需要软法填补硬法立法空白；由于硬法治理容易引发对立情绪，需要采用沟通、协商、谈判、说服等软法方式加以纠偏；硬法治理由于耗时耗力、成本高昂，需要借助软法制定简便、灵活高效、认同度高的优势，最大限度地节约执法成本。

（二）乡村腐败软法治理的价值意蕴

乡村软法作为乡村社会的治理规则，是由乡村共同体成员自发制定和遵守的内部约定和公共意志。利用乡村软法推动乡村腐败治理，在治理主体、治理机制、治理工具、治理资源、治理效果等方面具有深厚的价值意蕴。

第一，弘扬主体性精神，推动乡村腐败多元共治。随着公民意识的觉醒，交互主体性日益受到人们的重视。“每个人都是独立的认识主体，为了实现个人世界向共同世界的进步，人们就需要互相交流，并承认交流对象的主体性。”① 乡村软法尊重村民、新型农村经济合作组织、农村精英人物等的主体性地位，在平等参与、民主协商、自由辩论的过程中达成共识。在乡村腐败软法治理过程中，主体性精神要求调动基层政府、乡村经济组织、乡村社会组织、村民等多元主体的力量，形成共同参与乡村腐败治理的局面。此外，主体性精神还意味着乡村干部作为软法规制的对象，要自觉遵守乡村软法，同时还要尊重他人的软法权利，接受村民的监督和制约。

第二，培养乡村干部的自律习惯，完善乡村腐败治理内控机制。人们对规则的遵从，多是出于心理惯性。乡村干部对软法的服从，建立在自愿动机和自律性基础之上，源于遵守乡村组织规则和加强自我约束的习惯。“对伦理事物的习惯，成为取代最初纯粹自然意志的第二天性，它是渗透在习惯定在中的灵魂，是习惯定在的意义和现实。”② 事实证明，遵从良好习惯，本着善良禀性，模范遵守乡村规则，会受到村民拥护和爱戴；缺乏自律习惯，利欲熏心，违背乡村规则，会受到村民非议甚至制裁。乡村干部为了获得村民支持和拥戴，自愿遵守乡村软法，从内心深处抵制腐败。

第三，贯彻“良法之治”，创新乡村腐败治理工具。“法律本身的良法属性是产生公民守法精神的客观要件。”③ 乡村软法是村民平等协商的产物，反映了村民的共同意愿和公共利益，是“正义的化身”。正是由于协商合意带来的公正性，使乡村软法具备“良法”属性，得到全体村民包括村干部的普遍认同。与硬法采用权利剥夺、资格限制、法律制裁等刚性治理方式不同，乡村软法以谈判、鼓励、说服、教育等方式发挥价值宣示、心理疏导和社会教化的作用，能够丰富乡村腐败治理的工具箱。

第四，整合治理资源，推动乡村反腐软法规制与硬法规制的耦合。乡村腐败的治理，国家硬法是基础和依托，软法则是拓展和补充。在立法条件尚不成熟的条件下，乡村软法先行先试，以民约、章程、行动纲领等形

① 龚群:《当代中国社会伦理生活》,成都,四川人民出版社,1998年,第67页。

② 〔德〕黑格尔:《法哲学原理》,范扬、张启泰译,北京,商务印书馆,1961年,第171页。

③ 丁以升、李清春:《公民为什么遵守法律?(下)——评析西方学者关于公民守法理由的理论》,《法学评论》2004年第1期。

式呈现出来，弥补硬法立法滞后、不够周延、笼统抽象的缺陷。软法对硬法条文做出重新表述和阐释，为硬法实施提供指导性意见，并针对硬法的不足制定弥补或替代方案，是乡村法制的先行规范和有益补充；建立抵制乡村腐败的村规民约，调整监督乡村权力运行的宗族规范，制定有关村委会和社会团体责、权、利的社团章程，可以弥补乡村硬法治理的不足。概而言之，“软法如同一个大而无形的磁场，从程序与实体两个方面悄无声息地导引着硬法实践，有力地强化着硬法的问题导向、需求导向、民主导向、实效导向，从而深刻地影响着硬法的品质与绩效”①。因此，落实乡村腐败软法之治的理念和行动，推动软法和硬法的良性互动，应该成为乡村腐败治理的基本原则。将软法嵌入乡村腐败治理，并与国家正式的硬法力量相结合，可以发挥二者的叠加效应，实现对乡村腐败的双重规制。

第五，适应乡风民情，提高乡村腐败治理效果。乡村软法蕴含浓厚的乡土气息，与乡村社会天然契合。乡村软法与“差序格局”的熟人社会相适应，融入乡村讲人情、守礼俗、重诚信、持中庸、厌诉讼等因素。乡村软法观照了乡村社会重视人情的基本思维方式，遵照人情规范处理乡村问题已成为村民高度认可的“地方性共识”。乡村软法倡导村民遵守千百年来形成的乡村风俗，促进乡村内部和谐稳定。乡村软法将传统道德与现代文明、城市文化与乡村风俗、人情观念与契约意识等高度融合，有效规避硬法规范僵化、滞后、生硬的弊端，提升了乡村腐败软法治理的实际效果。

（三）乡村腐败软法治理的现实困境

近年来，党和政府治理乡村腐败的举措主要集中在加强乡村腐败的法律规制、实现村务信息公开化、建立村干部激励和考核机制、健全民主监督体制、加大乡村腐败惩罚力度、提高村干部道德修养等方面，以实现村干部不敢腐、不能腐和不想腐的目标。一些地方逐步探索利用村规民约、社区公约等开展乡村反腐，并取得了较好的实践效果。然而，由于硬法反腐的路径依赖、协商民主反腐功能的弱化、宗族力量的排斥、腐败亚文化的冲击等，乡村腐败软法治理还存在诸多操作障碍与实践难题。

1. 乡村硬法反腐的路径依赖

贯彻法治反腐理念，利用国家强制力量治理乡村腐败，是乡村反腐固有的“路径依赖”。长期以来，乡村反腐主要采用硬法治理模式，遵循外

---

① 罗豪才、宋功德：《认真对待软法——公域软法的一般理论及其中国实践》，《中国法学》2006 年第 2 期。

部控制的思路，倚重法律的刚性约束和制度的严厉惩罚，偏爱“刮风式”的执纪问责和“运动式”的高压惩治。该做法不能很好地适应乡村“无讼”“贵和”“持中”的民风习俗，不能综合运用风俗习惯、宗族制度、村规民约等资源开展乡村反腐；该举措没有洞察乡村腐败独特的发生机理，忽视从内因层面探讨预防乡村腐败的应然逻辑，其结果是刑事法律的权威没能完全震慑住乡村腐败行为，外在的国家强制力量不能有效引导乡村反腐的走向，一些看似完善的廉政制度由于缺乏文化根基而难以推行，乡村反腐难以做到防患于未然。

2. 基层协商民主反腐功能的弱化

推进乡村腐败软法之治，必须落实村民的知情权、参与权、表达权和监督权，保障广大村民拥有广泛真实的协商民主权利。村民通过参与协商活动，持续深入地参与乡村事务，制定廉洁自律村规民约，完善乡村决策程序，优化乡村权力结构，构建乡村内在秩序，可以为治理乡村腐败提供可靠保障。习近平总书记在党的十九大报告中明确指出：“有事好商量，众人的事情由众人商量，是人民民主的真谛。”① 治理乡村腐败，是乡村“众人的事情”。只有推动乡村协商民主广泛、多层次、制度化发展，让村民人人起来监督乡村干部，乡村腐败才能得到有效遏制。这也是乡村软法之治的精髓所在。

随着乡村经济社会的快速发展，乡村社会分化和利益分化加剧，基层协商民主的实施及其反腐功能受到一定程度的影响。其一，从价值层面看，社会分化撕裂了乡村传统道德规范，传统的集体主义价值取向和宗族观念的凝聚力受到乡村多元价值观念的冲击，村民的个性化和自主化倾向越来越明显，打破了村民原有的价值认同和信任网络。受此影响，基层协商民主决策缺乏公共利益表达机制，决策议题选择容易偏向私人利益而背离公共利益，这为乡村腐败留下空间。其二，从组织层面看，村（居）民议事会、村（居）民理事会、恳谈会等各有自己的利益主张，代表不同人群的利益，相互之间缺乏协同和配合，基层协商民主管理进展缓慢，对乡村干部的民主监督乏力，对乡村干部的权力制约缺位，基层“苍蝇”式腐败屡屡发生。其三，从制度层面看，协商规则多为乡村强势力量操纵和控制，协商程序不够规范，协商代表的选举不够科学合理，协商进程中存在“暗箱操作”现象。村民对协商内容、协商流程、协商方式等方面的监督流于形式，村民正当合法权益得不到有效保障和维护，增加了乡村腐败的

① 习近平：《决胜全面建成小康社会　夺取新时代中国特色社会主义伟大胜利——在中国共产党第十九次全国代表大会上的报告》，北京，人民出版社，2017年，第37～38页。

风险。总之，村民协商民主权利的行使面临重重阻力，乡村腐败协商治理与合作共治步履维艰，限制了基层协商民主反腐功能的发挥。

3. 宗族力量对软法反腐的排斥

乡村宗族源远流长，影响深远，渗透着宗教信仰、邻里情感、亲戚纽带等因素。宗族力量是一把双刃剑，既可以发挥积极效用，服务于乡村治理，也有被滥用的风险，成为村干部腐败的工具。在宗族型乡村社会，村庄选举实质上是不同宗族之间的博弈和较量，选举标准不是选贤与能、德才兼备，而是看候选人与本宗族的亲疏远近以及能否给自己带来好处。村民基于“理性人”的考量，倾向于选举“自家人”；人员多、势力大的宗族在村庄选举中具有天然优势，掌握选举话语权，支配其他宗族意志，影响选举进程和结果。依托宗族背景选出来的村委会成员、村民代表、会计出纳等更多集中于一个宗族或家族，相互之间甚至还存在血缘、姻亲等关系，亲亲相护、裙带关系难以避免，民主、平等、公正等就无从谈起，监督机制形同虚设，村干部借助宗族势力长期把持乡村经济和管理大权，肆无忌惮地谋取个人私利，给乡村腐败埋下隐患。

在宗族势力的影响下，乡村社会隐秘而真实的规则主要由人情、关系、血缘等构成，国家正式规则和制度往往让位于宗族关系。个别村干部依靠宗族力量的支撑，有恃无恐，公私不分，甚至化公为私，把手中的权力当成谋取私利的工具。基于同宗同源的事实，为了本宗族内部的“一团和气”，有的村民期待本宗族的村干部能够庇护自己，碍于情面不愿揭发其腐败行径，无原则地妥协和退让；有的村民明哲保身，害怕检举揭发腐败行为会引火烧身，遭到村干部的排挤和刁难甚至打击与报复，从而对腐败行为听之任之、漠然处之。在宗族力量的影响下，乡村社会是按照隐秘的宗族规则运行，常常出现人大于法、情大于法的现象，不仅硬法规则被搁置或架空，而且软法规则也被遮蔽或忽略，乡村腐败软法治理难以实施。

4. 腐败亚文化对软法反腐的冲击

乡村腐败的发生与腐败亚文化的盛行有着密切关系。乡村腐败亚文化是指乡村社会存在的容易诱发腐败的各种腐朽思想、情感、态度、价值、观念和规则的总和，它不仅对人的行为具有内在驱动的作用，而且对政治生活产生潜移默化的影响。有的乡村干部信奉“人不为己，天诛地灭”“人为财死，鸟为食亡”的人生哲学，将极端利己主义作为人生信条；有的村干部把经济领域的等价交换原则运用到乡村政治生活领域，大搞权钱交易、以权谋私活动；有的村干部认为吃喝玩乐不是腐败，收点钱物并不违规，以此来缓解个人报酬偏低的不平衡心理。不仅如此，乡村社会还存在大量隐藏在正式规则之下，虽然没有明文规定却起着实际作用的潜规则；有的村干部深谙托关系、走后门的办事哲学，遵循“办事要找人，找人好办事”的逻辑，为争取政府部门的政策优惠和资金援助，大搞请客送礼、利益输送活动；有的村干部甚至认为百姓求官办事，送钱送物理所应当，官为民办事，收受好处天经地义。

乡村腐败亚文化的盛行，潜移默化地改变着人们的世界观和价值观，使腐败心理逐渐转化为一种行为习惯，弱化了乡村干部的自律能力，提升了乡村社会对腐败的容忍度，导致乡村社会缺乏肃贪倡廉、防贪拒贿的氛围。在腐败亚文化的冲击下，软法适用的空间和余地越来越小，软法的自律属性、民主意蕴和责任机制难以彰显，乡村干部的权力制约和自我约束机制难以运转，腐败“零容忍”的氛围无法营造，这无疑侵蚀了乡村腐败软法治理的空间。

（四）乡村腐败软法治理的实现路径

在健全自治、法治、德治相结合的乡村治理体系语境下，乡村腐败治理需要纠正片面依赖硬法治理的做法，合理嵌入软法治理模式，推动软法反腐和硬法反腐刚柔相济、功能互补，全面彰显软法反腐的价值和功能。软法反腐是党和政府治理腐败的一贯传统和鲜明特色，将软法反腐的思路和战略应用到乡村反腐上来，具有逻辑合理性和现实有效性。利用软法治理乡村腐败，需要在乡村社会内部达成治理腐败的共识，并以乡村社会的公约力保证软法规则的贯彻落实。具体来说，要在以下方面取得突破和进展。

1. 思想引领：提升社会主义核心价值观的反腐效用

思想是行动的先导。治理乡村腐败，需要对软法反腐的效能形成价值共识，提升社会主义核心价值观的反腐效用。社会主义核心价值观属于软法范畴，是国家认可、民众认同、普遍适用的意识形态，能够统领和主导社会文化的发展方向，决定社会的思想道德基础，对人的行为具有规范和约束的作用。因此，为避免社会失范，防范腐败发生，增强个体对公共秩序的信心，需要发挥社会主义核心价值观的价值整合功能。

软法的效力不是来自国家强制力，而是源于共同体对软法规则的认同和自觉遵从。从某种意义上讲，社会主义核心价值观发挥效用的基础在于获得社会公众的普遍认同。“治理是只有被多数人接受（或者至少被它所影响的那些最有权势的人接受）才会生效的规则体系”①，“一个法律之实效的首要保障必须是它能够为社会所接受，而强制性的制裁只能作为次要的和辅助性的保障”。② 社会共同体成员对软法越认同，软法规则就越有约束力。“如果盼望着依靠国家这只烦琐而且笨重的‘大手’来提供一个秩序化的社会太过牵强。一般情况下的社会秩序和特别情况下的犯罪预防的基础恰恰在于非正式机制。社会自我控制机制能够有效实现人们相互尊重、相互信任、相互克制的文化力量。”③ 软法的运行属于一种非正式机制，其实施恰恰能够增强社会自我控制能力，营造约束乡村干部的文化氛围。

“价值观在国家软治理过程中处于核心地位，支持着软治理体系的内在运行架构，形成国家治理体系的认同基础，从而保证软治理能力得以体现，真正让软治理在国家治理体系中发挥特有作用。”④ 社会主义核心价值观对于端正乡村干部权力观、落实乡村腐败软法治理具有重要意义，“社会主义核心价值观是软法的精神灵魂，软法是培育社会主义核心价值观的制度保障，社会主义核心价值观具有软法化的内在逻辑。”⑤ 以社会主义核心价值观引领乡村干部树立正确的权力观，是乡村腐败软法之治的核心命题。“所谓权力观，是指人们对权力的总的看法，包括对权力的来源、掌握权力的目的、行使权力的方式、为谁掌权、为谁服务等问题的认识和态度。”⑥ 乡村干部的权力观一旦出现偏差，往往出现宗旨意识淡漠、奢靡浪费、官僚主义等现象。为避免乡村干部权力观出现偏差，需要加强社会主义核心价值观的宣传教育，让每位乡村干部都自觉拥护和认真践行，“公民特别是公共官员，基本的道德责任就是成为国家核心价值体系的积极支持者、保护者”⑦。要以社会主义核心价值观为标杆，确立“以

---

① 〔美〕詹姆斯·N.罗西瑙：《没有政府的治理》，张胜军等译，南昌，江西人民出版社，2001年，第5页。

② 〔美〕博登海默：《法理学：法律哲学与法律方法》，邓正来译，北京，中国政法大学出版社，1999年，第344页。

③ 〔英〕戈登·休斯：《解读犯罪预防》，刘晓梅、刘志松译，北京，中国人民公安大学出版社，2009年，第156页。

④ 任勇、肖宇：《软治理与国家治理现代化：价值、内容与机制》，《当代世界与社会主义》2014年第2期。

⑤ 陶春丽、武奎：《社会主义核心价值观软法化的内在逻辑及其具体路径》，《安庆师范学院学报》（社会科学版）2016年第2期。

⑥ 王隽洁：《牢固树立“权为民所用”的权力观》，2007年1月8日，http://news.sina.com.cn/o/2007—01—08/083810946656s.shtml。

⑦ David K. Hart, 1984: “The Virtuous Citizen, the Honorable Bureaucrat, and ‘Public’ AdministrationPublic”, *Administration Review*, Vol.44, p.114.

廉为荣、以贪为耻”的社会风尚；要增强社会主义核心价值观的整合能力，教育乡村干部正确对待和使用手中的权力，真正做到权为民所用，提高权力运行的伦理正当性；要矫正乡村干部错误的权力观，明确乡村干部的责任和义务，推动仪式化的就职宣誓活动；要引导乡村干部严以律己，自觉抵制权力、金钱和美色的诱惑，自觉抵御拜金主义、享乐主义和极端个人主义的侵蚀。

2. 多元参与：构建协商反腐机制

“软法的平等性、民主性和参与性吻合了‘善治’的基本精神，成为一种探索新时代公共事务治理的重要模式。”① 乡村软法旨在构建国家机关、集体组织和公民互动的协同治理格局，推动乡村治理体系和治理能力现代化。利用软法治理腐败，不是被动地等待和接受政府发号施令，单纯依靠国家力量实现腐败治理目标，而是基层政府、乡镇企业、村民代表委员会、新型农村经济合作组织、志愿组织、农民协会、村民等乡村多元主体基于对乡村反腐目标、原则、规则和程序的普遍认可，通过优化民主协商程序，结成互利互惠的信任合作关系，构建乡村腐败治理网络体系，凝聚多元共治的乡村反腐力量。

首先，增加民主协商制度供给，增强协商反腐的规范性。作为柔性力量的软法规则体系，是村民辩论说理、协商一致的产物。要保障乡村多元主体拥有广泛真实的民主协商权利，推动廉洁自律村规民约、社区公约、自治章程等软法规则体系的建立，提高各类乡村主体参与乡村腐败治理的规范性。要针对农村地区特殊的历史传统、经济状况和文化条件，因地制宜地制定农村基层民主协商规章制度，将村民协商反腐的权利纳入制度体系进行重点保障。

其次，规范乡村权力架构，保障协商反腐的正当性。通过界定村民委员会、村级党组织、农村社会组织的职责权限，限定和规范上级政府的权力，防范各类组织对村民协商的不当干涉，为多元主体围绕乡村公共事务行使民主协商权利，做好民主管理、民主决策、民主监督工作，增强基层协商反腐的正当性创造前提条件。

最后，优化民主协商程序，推动协商反腐的有序性。强化全流程管理，从事前、事中、事后相联结的角度设计协商程序，事前做好筹备工作，事中完善审议程序，事后健全监督机制，有条不紊地让各方表达意见，确保民主协商的充分性、平等性、自主性和公正性。要创设相互协

① 沈亚平、宋心然：《论商业贿赂的软法治理》，《河北法学》2011年第5期。

商、相互信任、相互合作的反腐机制，充分调动多元主体的反腐力量，推动多元主体以平等、协商、开放、对话的方式有序参与乡村腐败治理。

3. 聚焦主题：创新软法规制手段

聚焦软法治理的主题，创新软法规制的手段。软法作用的发挥要以国家硬法的运用以及不得违反硬法为前提，并建立在硬法反腐的威慑和打击基础之上。长期以来，乡村腐败的治理大多采用纪律处分、刑事处罚等传统规制工具，传统规制工具依靠国家权力的强制性、直接性和普适性，实现对腐败的硬性控制。面临错综复杂的腐败形势，乡村腐败治理不能仅仅停留在传统规制层面，还需要探索具有软法色彩的新型规制手段。

一是实施激励型规制，激发乡村干部廉洁用权的动力。软法反腐效用不单单是由国家强制力从外部强加的，更多来自乡村内部的激励机制。治理乡村腐败，不能仅停留在事后追责层面，还应注重正面激励手段的采用。激励型规制手段主要有廉政奖金、嘉奖、补贴等，能够发挥人性激励的作用，推动乡村干部自觉遵守廉洁准则，更好地服务乡村社会。

二是运用协商型规制，达成基层腐败治理的合意。协商型规制尊重协商主体间的平等地位，允许其在交流互动中完成乡村软法的制定。就程序而言，协商型规制涉及公众参与、平等交流、民主辩论、说明理由等；就实体而言，协商型规制最终要签订乡村腐败治理的契约文本（如廉洁自律型村规民约），对利益相关者的权利和义务做出明确规定。

三是健全自我约束型规制，增强基层腐败的内控力。自我约束型规制从乡村社会内部出发，引导乡村干部自觉自愿地加强自我管控，努力实现乡村廉洁目标。为提高乡村干部的自我规制能力，基层政府可加强行政指导，“即政府在其职责范围内，基于让当事人有相应行动的目的，而实施指导、劝告、建议等不具备国家强制力及直接法律后果的行为”①。对此，基层政府可制作乡村廉政风险防控指导手册，就村级事务的管理问题提供指导性意见，明确乡村干部应当遵守的廉洁准则，指导其掌握应对廉政风险点的方法和技巧。该指导意见性质上属于软法范畴，能够使乡村干部更加得心应手地应对和规避廉政风险，更好地履行职责。

4. 资源拓展：彰显宗族规范的反腐价值

发挥宗族规范的反腐效用，是软法反腐的重要体现。宗族规范是乡村软法的一种重要表现形式，对于乡村反腐既有积极价值，亦有负面作用。治理乡村腐败，必须规避宗族规范诱发腐败的风险，引导其发挥遏制腐败

① 莫于川：《法治视野中的行政指导行为——论我国行政指导的合法性问题与法治化路径》，《现代法学》2004 年第 3 期。

的正面作用。

宗族规范代表村民的集体意识，具有号召性、规范性和约束力，能够为乡村反腐提供文化和心理基础。“许多村庄看似杂乱无章，实际上却被宗族关系连接为一个感应强烈的心理引力场。”① 族规是一条天然的纽带，将族人紧密团结在一起。当村民无法容忍乡村腐败时，可利用宗族规范的凝聚力和向心力，借助祭祀祖先、举办宗族活动的机会，唤醒宗族意识，向本族村民检举、揭发村干部的腐败行为，团结族人同腐败行为做斗争，共同维护乡村公共利益。

针对宗族文化容易诱发乡村腐败的问题，基层政府应重视宗族组织的管理，监督和指导宗族规范的创制，使其与乡村自治相衔接、与乡村法治相契合、与乡村德治相融通。宗族精英应当主持大局、担当作为，整合各种社会资源，利用各种维权手段，收集乡村干部腐败证据，向纪检监察部门反映问题，有效处置和应对乡村腐败问题；宗族组织要将共同体意识、公共道德观念、民主法治精神融入宗族规范之中，并通过宗族内部独特的惩罚机制防控乡村腐败现象；乡村社会要借助宗族规范的权威性，将乡村反腐纳入理性轨道，依靠乡村内生秩序实现对乡村权力的规范管理，减少村民对村干部腐败的愤恨情绪，避免干群关系紧张或对抗升级。

5. 秩序衔接：创制乡村廉洁自律公约和村规民约

创制廉洁自律公约和反腐败村规民约，确立乡村社会基本的公共规则，旨在实现国家秩序和乡村内生秩序的衔接。“乡村治理由乡村社会内生秩序的实践和国家对乡村秩序的维系和塑造形成的外生秩序的实践两部分组成。即使最强有力的外来力量对农村社会的改变，也需借助农村自身的结构来起作用。”② 乡村软法的实施不以国家强制力为后盾，反对自上而下的强力贯彻，而是依靠契约式的自愿规则发挥作用。制定乡村廉洁自律公约和反腐败村规民约，对于焕发乡村社会内生秩序活力、推动基层腐败治理具有独特作用。

制定乡村干部廉洁自律公约，要因循人之本性，洞悉贪腐动机，增强公约的“契约精神”和普遍约束力。马克思曾说：“人们为之奋斗的一切，都同他们的利益有关。”③ 从心理层面来看，薪酬偏低、为家族成员或特定人员谋取不正当利益往往是乡村干部贪腐的内在动机。乡村干部深谙“面子心理”和人情关系学，精心编织“权、情、利”的复杂网络，贪腐

① 李远行：《中国农村社会学研究》第1辑，苏州，苏州大学出版社，2011年，第73页。

② 贺雪峰：《村治的逻辑：农民行动单元的视角》，北京，中国社会科学出版社，2009年，第2页。

③ 《马克思恩格斯全集》第1卷，北京，人民出版社，1995年版，第187页。

动机和行为不断强化。因此，制定乡村干部廉洁自律公约，必须在满足村干部合理利益诉求基础上，在知、情、信、意、行等方面引导乡村干部公正严明、洁身自好，从源头上杜绝乡村干部贪腐的念头；要深入乡村干部的内心世界，解决乡村干部的思想困惑，大张旗鼓地宣传廉洁自律公约，纠正乡村干部“不捞白不捞”“辛苦一辈子，捞钱为补偿”的错误思想，激发其堂堂正正做人、清清白白为官的责任感和荣誉感；要结合廉洁自律公约，大力开展廉政谈话、廉政承诺、警示教育等形式多样的乡村干部培训活动，强化理想信念、党纪政纪、法律法规等方面的教育，增强乡村干部廉洁自律的自觉性和主动性。

创制反腐败村规民约，应以法治精神为指导，切实维护村规民约的严肃性和权威性。“国家应在继续推行法律和制度的同时，加强对宗族族约和村规民约等软法制定的引导，使得这些软法更符合法治的精神。”① 首先，在政府的倡议下，基层群众组织应率先行动，围绕乡村反腐问题集思广益，动员村民各抒己见、畅所欲言，提出遏制乡村腐败的意见和建议，然后基层群众组织汇集有价值的观点，仔细酝酿和完善反腐败村规民约。其次，在村规民约中确立秉公用权、廉洁自律的价值准则，明确齐心协力、共同反腐的目标指向，指引村民乡村反腐的有效路径和便捷通道。要在村规民约中详细载明举报监督的方式和渠道，一旦发现违背村规民约的腐败现象，即可进行检举揭发，查证属实后进行责任追究。“软法不仅可以规定法律后果，而且还可以依靠组织自治力来追究软法责任。”② 最后，要在村规民约中约定腐败行为应该承担的代价和后果，让乡村干部时刻头悬“达摩克利斯之剑”，倒逼乡村干部遵纪守法、廉洁自律、秉公用权，模范遵守村规民约。

总之，乡村腐败软法治理是对乡村腐败硬法治理的有益补充和合理延伸，二者相辅相成、相得益彰。乡村腐败软法治理旨在从乡村社会内部开发柔性治理资源，进一步健全乡村腐败治理的规范体系和创新腐败治理的方式方法。乡村腐败“软硬兼施”的治理模式，对于转换乡村腐败治理思路，提升乡村腐败治理成效具有重要意义。立足于任重道远的乡村反腐目标，要充分认识到乡村腐败软法之治的必要性、曲折性和艰巨性，在实施硬法治理的同时不断整合村规民约、宗族规范、传统道德、风俗习惯等各

---

① 余杰新：《乡村治理中宗族文化的两面性及其应对——基于“乌坎事件”和乡村反腐视角》，《湖南农业大学学报》（社会科学版）2016 年第 2 期。

② 罗豪才、宋功德：《软法亦法——公共治理呼唤软法之治》，北京，法律出版社，2009 年，第 377 页。

种软法资源并加以恰当运用，才能开拓乡村腐败软法之治的新境界，推动乡村腐败治理取得预期效果。

二、乡风文明的软治理

实施乡村振兴战略，必须着力培育乡风文明。“乡风文明，是乡村振兴的紧迫任务，重点是弘扬社会主义核心价值观，保护和传承农村优秀传统文化，加强农村公共文化建设，开展移风易俗，改善农民精神风貌，提高乡村社会文明程度。”① 乡风文明是美丽乡村建设的重要内容，以“人文美、风尚美、灵魂美”为目标，追求“村美、人和、业兴”的效果。2016年11月28日，中宣部、中央文明办召开推动移风易俗树立文明乡风电视电话会议，指出要坚持以社会主义核心价值观为引领，把反对铺张浪费、反对婚丧大操大办作为乡村精神文明建设的重要内容，推动移风易俗，树立文明乡风。这为新时期推动乡风文明软治理，建设美好精神家园，引导村民向善向上，形成健康的精神风貌指明了方向。

（一）乡风文明的概念阐释

乡风是经过千百年来的道德浸润和风俗积淀形成的乡村民众普遍认可和共同遵守的行为模式和规范，汇聚了乡村民众的理想、信念、操守、礼节、风俗、行为习惯等因素。乡风是乡村精神文明的集中体现，对农村社会群体行为具有整合、同化、规范等作用。乡风反映了村民的价值观念、道德情操、风俗习惯和精神面貌，随着乡村经济、社会、教育、科学、文化、卫生、体育等各方面事业发展，乡风逐渐文明化。

乡风文明是指在乡村经济社会发展的基础上乡村生活日益丰富，村民思想道德水平日益提高，良风美俗的社会风气渐趋形成的状态。“乡风文明属于社会意识层面，它不仅有属于社会心理层面的风俗、习惯、情感、信念、信仰等，而且还有社会意识层面的反映农村社会存在的艺术、道德、法律思想等，并集中表现为农民的思想观念、道德风尚、文化修养、行为习惯等。”② 按照中央文明办的解释，乡风文明建设的主要内容包括文化、风俗、法制、社会治安等诸多方面，具体表现为村民在思想观念、道德规范、知识水平、素质修养、行为方式等方面摒弃传统的消极落后因素，吸纳和发扬适应社会主义新农村建设要求的文明因素，形成积极向上

① 《习近平谈治国理政》第3卷，北京，外文出版社，2020年，第259页。

② 侯菊英、冷雪霜：《新农村乡风文明建设应正确处理的几个关系》，《河南理工大学学报》（社会科学版）2010年第2期。

的社会风气和精神面貌。

乡风文明建设继承和发扬民族文化的优良传统，摒弃传统文化消极落后的因素，并结合经济社会发展的需要不断创新，实现了文化的传承与转换。不仅如此，乡风文明建设还吸收城市文化中的有益成分，借鉴其他民族的优秀因素为我所用，实现了乡村文化的跨越式发展。乡风文明建设体现了以人为本的宗旨，对乡村社会群体心理和行为具有整合、规范、同化的作用，有利于推动传统文化与现代文化对接，促进现代村民、现代农业、现代农村的发展和进步。乡风文明建设潜移默化地影响村民的思想观念、道德操守、知识水平、行为规范、素质修养等，培养造就有文化、懂技术、会经营的新型村民，实现村民的知识化、文明化和现代化，推动农民全面发展和共同进步。乡风文明建设促使村民安居乐业，提高农业科技水平，“在农村营造生气勃勃、富于创造、勇于进取的思想文化环境，营造科学健康、文明向上的社会风貌，为新农村建设提供良好的思想保证、精神动力、智力支持和文化支撑”①。

（二）乡风文明建设需要破解的突出问题

党和政府高度重视乡风文明建设，移风易俗，革故鼎新，文明乡风、良好家风、淳朴民风初步形成，乡村精神文明建设取得巨大成就。但是，由于受到功利主义、拜金主义、享乐主义等思想的影响，一定程度上还存在理想信念缺失、道德滑坡、盲目攀比、行为乖戾、陋习恶俗滋长等现象，严重破坏了乡村形象，阻碍了乡风文明建设。新时代的乡村文明建设，需要防范和破解以下突出问题。

1. 陈规陋习蔓延扩张

近年来，各地在革除乡村陋习、树文明新风方面取得了长足进步。但是，天价彩礼、薄养厚葬、人情攀比、铺张浪费等陈规陋习仍有市场。有的乡村婚丧嫁娶大操大办、铺张浪费现象较为严重。邻里之间为收受礼金，大搞花样百出的宴请招待，“生日酒”“升学酒”“乔迁酒”五花八门，怀孕“保胎酒”、出狱“洗心革面酒”、复婚“喜庆酒”等屡见不鲜，村民为交“份子钱”不堪重负。农村青年结婚费用不断攀升，动辄几十万的“天价”娶妻，让很多家庭因婚致贫。例如，河北省某县有结婚彩礼要“三斤”的说法（百元钞票三斤，约 14 万—15 万元）。河北省某村村民孙某的儿子结婚花销情况为：订婚下礼 3.3 万元，结婚彩礼 12 万元，家里

① 周军、韩广富：《农村改革进程中的乡风文明问题及其对策》，《沈阳师范大学学报》（社会科学版）2009 年第 6 期。

没新房，被女方要去20万元买房子，买汽车8万元，再加上家具家电、婚礼摆席、谢媒人钱，总共近50万元。① 另外，农村丧葬费用节节攀升，也令人吃惊。装棺材、扎车马、烧大纸、请葬礼先生、雇吹鼓手、摆酒席、延墓地等名目繁多，少者花费5000元，多者达三四万元。② 这种大操大办、盲目攀比的现象，片面注重面子和排场，与乡村文明建设背道而驰。

2. 乡村道德严重滑坡

改革开放以来，人们的生活水平越来越高，但部分群众道德水平却没有同步提升。一些农民的道德滑坡现象较为严重，是非颠倒，荣辱不分，社会公德、家庭美德、个人品德缺失。有的村民居家窗明几净、宽敞明亮，门外却垃圾遍地、污水横流；有的村民缺乏感恩和孝道意识，在赡养老人问题上同兄弟姐妹争执不休，讨价还价，互相推诿，兄弟反目，妯娌失和，老人寒心；有的村民为宅基地、田间地头的归属、私人债务等问题反目成仇，大打出手；有的村民不讲诚信，信奉“千道理，万道理，捞钱才是硬道理”，出售农产品坑蒙拐骗，借债迟迟不还……凡此种种，不一而足，直接损害乡村文明风貌，阻碍乡风文明建设。

3. 色情、赌博沉渣泛起

由于缺少公共文化活动，村民精神生活相对单调贫乏，“早上听鸡叫，白天听鸟叫，晚上听狗叫”；部分村民文化生活庸俗，个别地方隐性卖淫活动有抬头之势；日常娱乐活动的缺乏，使部分村民聚众赌博，男女老少齐上阵，赌资也越来越大。例如，在长春市某区随机抽样调查的16个村176户农户中，发现每周内摸过牌、打过麻将的家庭占92%；摸牌打麻将的农户每月内参与10次以上的占86%，每月参与5～10次的占11%，低于5次的占3%，其中有59%是以休闲娱乐的方式进行，但也有41%是以赌资为标的物的赌博行为。调查中，因赌博致贫、引起家庭矛盾和社会治安问题的情况也为数不少，由此滋生的好吃懒做、小富即安等不良习气也进一步阻碍了乡风文明建设。③

4. 封建迷信和宗族势力有所反弹

部分乡村流行供奉“神龛”，一旦遇有家庭矛盾、身患疾病、经济困难等，或面临婚丧嫁娶、升迁升学、建房搬迁、娶妻择婿等，往往占卜吉

① 参见张庆林：《加快乡风文明建设　推进社会管理创新》，《行政与法》2014年第6期。

② 参见赵岚：《乡村文化：解构和扬弃》，《中华文化论坛》2010年第1期。

③ 参见刘细华等：《建设社会主义新农村中乡风文明问题研究》，《青年与社会》2013年第9期。

凶、预测命运前程，烧香拜佛，祈求神灵保佑。在长春市双阳区随机抽样调查的16个村中，算命先生、风水先生还普遍存在且生意兴隆，“跳大神”“看大仙”“皇历择日”还屡见不鲜，同时一些人以封建迷信活动为幌子骗取钱财，愚弄村民。①

当前，乡村宗族势力逐渐壮大，有所抬头，有的宗族力量控制村级选举，操纵村庄利益分配和村庄公共事务，宗族势力的膨胀削弱了基层政府的行政调控能力，在乡（镇）、村两级形成梗阻，导致国家路线方针政策难以得到有效贯彻落实，乡村公共政策执行出现偏差，乡村公共事业发展举步维艰。另外，乡村宗教活动也日益活跃，控制和支配村庄民主选举和民主管理活动，妨碍村民自治的有效执行。“不少农村建有教堂，一些农村的教徒比共产党员的数量还要多，而且组织更为严密，活动更为自觉，更守纪律。一些基层群众反映说，不少村委会、文化大院还没有人家教堂有气派、有人气、有凝聚力；一些地下非法传教活动与合法的宗教组织争夺信徒和宗教活动阵地，给社会稳定带来严重隐患。”②

5. 文艺团体过度商业化

在市场经济背景下，个别商业性文艺团体为赚取金钱积极主动与基层政府和村委会搞好关系、加强联络，利用农闲时节或重大节日期间到乡村进行商业演出。为制造噱头、吸引观众，有的文艺团体上演庸俗节目，甚至大讲“荤段子”。这种缺乏伦理道德的商业演出，干扰了乡风文明建设，荼毒了社会风气。

（三）乡风文明软治理的主要举措

“十里不同风、百里不同俗”，意味着不能通过强硬手段治理乡风文明，更不能过度依赖法律的严厉制裁推动乡风文明建设。乡风文明具有浓重的乡土性，特殊的风俗习惯，各异的乡风状况，正本清源，移风易俗，需要采取适宜的软治理措施。例如，“中国白莲之乡”江西省石城县近十年来形成了任何宴请都不送礼不收礼的文明新风；江西省大余县周屋村连续20余年举办“敬老节”，每年举行好家风评选活动，表彰“好媳妇”“好婆婆”等孝老敬亲典型，引导村民争相向典型和模范学习，形成“人人以孝为荣，处处以孝为先”的良好风尚。③

---

① 参见刘细华等:《建设社会主义新农村中乡风文明问题研究》,《青年与社会》2013年第9期。

② 赵增彦:《经济欠发达农村乡风文明建设研究》,《理论学刊》2010年第8期。

③ 参见潘名友:《乡村振兴从“三变”发力》,2017年12月30日,http://pinglun.youth.cn/wztt/201712/t20171230_11224986.htm。

1. 对优秀乡村文化传统进行创造性转化

推动乡风文明治理，必须善于发现和挖掘优秀乡村文化传统并进行创造性转化。马克思指出："人们自己创造自己的历史，但是他们并不是随心所欲地创造，并不是在他们选定的条件下创造，而是在直接碰到的、既定的、从过去继承下来的条件下创造。"① 乡风文明治理要立足于传统文化的创造性转化，区分精华和糟粕，去粗取精，去伪存真，保留优秀传统，打造乡风文明品牌。"建立现代化的社会文化，不能不考虑它们原有的传统文化及其文化精神，因为现代化社会文化乃是前社会历史的延续，它不可能摆脱既定的历史条件凭空从天上掉下来。我们知道不同的社会文化有不同的历史个性，它就像社会有机体的'基因'一样，延续为各民族独特的个性和有特色的社会共同体。"②

中华优秀传统文化是乡风文明治理取之不尽、用之不竭的源头活水，必须高度重视传统文化与现代文化的传承和对接。乡村拥有丰富的历史文化资源和民间文化资源，拥有大量优秀的民风民俗和非物质文化遗产，要对乡村传统文化生态保存完整的村落进行综合保护，建立科学有效的民间文化遗产传承机制。许多乡村至今仍然流传着勤俭持家、邻里互助、孝敬老人、乐于助人、和睦乡邻等家训，上述道德规则亟须结合乡村现实状况进行创造性转化。例如，浙江宁波慈溪对传统家训进行了创造性转化，开展了一系列特色鲜明的乡风文明创建活动，取得了良好的效果（见附录 7）。

2. 尊重村民乡风文明建设的主体性地位

没有文明的村民，就没有文明的乡风，村民是乡风文明建设重要的主体性力量。"我们必须始终坚持人民立场，坚持人民主体地位，虚心向人民学习，倾听人民呼声，汲取人民智慧。"③ 乡风文明建设要取得预期成效，离不开村民的广泛参与和积极支持，因此，尊重村民的主体性地位，扩大村民参与是促进乡风文明建设的逻辑前提。

没有调查就没有发言权。要深入村民生活实际，了解村民所思所想，从村民角度出发考虑问题，真正把握村民对乡风文明治理的客观需求和真知灼见。增强乡风文明建设为人民服务的宗旨意识，调动广大村民积极参与乡风文明建设活动，避免出现"号称乡村文明建设运动而乡村不动"的局面。我国幅员辽阔，乡村众多，风俗不同，乡风各异，各地村民对乡风

① 《马克思恩格斯选集》第 1 卷，北京，人民出版社，1995 年，第 585 页。

② 黄永林：《论新农村文化建设中的现代与传统》，《民俗研究》2008 年第 4 期。

③ 《习近平谈治国理政》第 3 卷，北京，外文出版社，2020 年，第 142 页。

文明建设的需求千差万别，这决定了乡风文明建设必须因地制宜，不能整齐划一搞“一刀切”。乡风文明建设要符合村民的文明需求和审美情趣，要脚踏实地，务求实效，不搞花哨的形象工程，不搞虚无缥缈的作秀，防止出现脱离实际和浪费资源的现象。

“人无德不立，国无德不兴。”乡风文明建设的基础在于提高村民道德素质和人文修养。要在农村推动公民道德建设，引导广大村民践行社会主义核心价值观，大力弘扬以爱国主义为核心的民族精神和以改革创新为核心的时代精神，形成崇尚科学、辛勤劳动、团结互助、诚实守信的良好风尚。要大力开展村民教育培训工作，结合村民的特点和实际需要，采取灵活多样的教育培训活动，提高村民的科技水平、法律素养、道德水平，引导村民做知荣辱、有修养、有文化、懂法律、会技能、善管理、能经营的现代村民。始终坚持以人为本，提高村民抵制陈规陋习、封建迷信、道德滑坡现象的能力。从某种意义上说，乡风文明建设面临的一系列突出问题，破解之道还在于村民个体主体意识的觉醒和自觉行动的开展。村民要积极抵制奢侈消费，反对大操大办、铺张浪费；村民要学习先进科学文化知识，克服孤陋寡闻和愚昧无知，抵制封建迷信和邪教活动；要弘扬艰苦奋斗、勤俭节约的传统美德，摒弃好逸恶劳、铺张浪费等恶习。

3. 扎实有效地开展乡风文明评议活动

乡风文明评议活动是引导村民自我教育，自我提高，自觉抵制不良社会风气的良好方式。“农民多重视舆论评价和自己的长期形象，对舆论反应敏感并借以进行相互规制和自我调节，个人行为以‘自律’为主。”①乡风文明评议的参与主体要实现多元化，引导干部和村民及时跟踪和了解国家乡风文明建设的路线、方针和政策，自觉树立新观念和新风尚，主动革除陈规陋习，努力塑造自身文明形象，在褒扬先进、鞭策后进的过程中开展别开生面的乡风文明建设活动。

精心组织乡风文明评议，可考虑由村两委牵头，动员村民代表、村民小组长、妇联、共青团、老年协会等多元主体参与，选出群众认可度高、办事公道、热心公益的村民担任评议小组成员，形成深入和覆盖全体村民的乡风文明评议网络，制定客观公正的乡风文明评议标准，可以重点围绕道德文明、环境文明、家庭文明、服务文明等方面开展评议活动。② 比如，举办评选“五好家庭”“好媳妇”“村庄年度好人”等活动，树立道德

① 温铁军:《新农村建设理论探索》,北京,文津出版社,2006 年,第 31 页。

② 参见鄞州:《洞桥镇数年开展“乡风文明”评议》,2015 年 9 月 16 日,http://nb.wenming.cn/xsqcz/yzq/201509/t20150916_2860710.shtml。

楷模，激励他人效仿学习，营造个别带动群体，先进带动后进，以榜样指明方向，努力践行传统文化的氛围。再如，河南省在积极申报“中国民间文化之乡”的基础上开展了“乡风文明特色之乡”“知名文化产品”“和谐农村风俗品牌”等评比活动，积极培育一批文化名镇、名村。在乡风文明评比过程中，鼓励先进，鞭策落后，让各个乡村紧扣当地的丰富文化资源，努力打造自身特色鲜明的乡风文明风格，发挥其为乡风文明建设服务的功能。

“要充分发挥群众性精神文明创建活动移风易俗、改造社会的重要作用，依托文明村镇创建形成鲜明导向，依托传统节日弘扬文明风尚，依托重点人群抓好示范带动，让文明新风融入农村生产生活的各个方面。”①乡风文明评议活动作为群众性精神文明创建活动的典型代表，应当实现评议渠道和方式的多元化。可设立黑板报和村级简报，设立“红榜”和“黑榜”，每个季度的“红榜”及时公布好人好事好风尚，“黑榜”揭露和批判各种不良现象；可在公开场合设置评议箱，供村民自由投放表扬信和批评信，表扬村中好人好事，检举曝光不良行为；可召开村民代表大会集中评议应当表彰的人和事。另外，还可以开展以评促建活动，通过乡风评议推动乡风文明建设，吸引广大村民参与村规民约的修订，积极主动签订文明协议，把乡风评议贯穿于星级文明户、好婆媳等创建活动。这既通过乡风文明评议活动带动了其他文明创建活动，又使村民的文明素质在乡风文明评议活动中得到涵养和提高。

4. 以村规民约倡导乡村文明新风尚

村规民约在乡风文明建设过程中具有重要作用，村规民约的内容契合乡村生产生活实际和农民群众思想实际，是深化村民素质教育，移风易俗、敦风化俗的重要抓手。村规民约是村民共同制定和普遍认可的，在乡村共同体内部具有普遍约束力，对于倡导乡村文明新风尚具有重要价值和作用。健全完善的村规民约，有利于遏制乡村打牌赌博、大操大办、铺张浪费、封建迷信等不文明现象，引导村民打破陋习、树立新风，推动乡风民风好转（见附录8）。

基于具体实践案例的启示，为更好地移风易俗，建立乡村社会新风尚，要健全和完善村规民约的制定、执行、评估等环节，推动其发挥预期效用。

一是动员村民参与，为村规民约引领社会文明新风尚奠定基础。尊重

① 刘奇葆：《推动移风易俗 树立文明乡风》，2016年11月28日，http://news.xinhuanet.com/politics/2016－11/28/c_1120007610.htm。

村民意愿，以村民代表大会的形式，动员广大村民参与村规民约的制定，围绕乡村公共安全、环境卫生、婚丧嫁娶等事项，制定简便易行、通俗易懂的村规民约，对乡村文明新风尚的具体内容做出明确约定。选择适当地点张榜公布，印刷村规民约小卡片，使村规民约入脑入心，让村民领会村规民约的作用，指导村民把村规民约贯穿到具体言行之中，在具体的实践活动中遵纪守法、尊老爱幼、与人为善、勤俭节约、乐善好施，形成良好的行动导向，展现村民良好的精神面貌，实现文明理念向自觉行动的转化，有效引领乡风文明的提升。

二是加强指导审查，为村规民约引领社会新风尚提供保障。在开展村规民约具体工作中，要始终坚持基层党委的领导，发挥党建引领的作用，司法、民政部门发挥指导作用，乡镇党委、驻村工作组和村党支部、村委会等负责村规民约审查、修改和完善工作，确保相关乡风文明的规定写入村规民约。制定和通过村规民约需由三分之二以上户代表参加，并经参加表决人员过半数同意后方可通过，并在报乡镇政府备案后张榜公布，确保村规民约具有坚实的民意基础和规范的文本形式。就农村社会新风尚的管理来讲，可在村规民约中规定“党支部引领、理事会执行、村委会参与”的民俗民风管理机制，村中婚丧嫁娶等事宜由村党支部牵头协调，理事会执行，村委会配合，指导和规范村民婚丧嫁娶等各种活动，逐渐养成乡村社会文明新风尚。

三是注重村规民约的执行、监督和评估，为村规民约引领乡村社会文明新风尚提供驱动力。村规民约执行层面，要让有利于确立乡村社会文明新风尚的村规民约落地生根，切实规范村民的言谈举止。可定期召开村民会议，共同评议乡村好人好事，遴选道德模范、五好家庭，对模范遵守村规民约的个人和家庭表扬奖励，激发更多的村民效仿；而对违背村规民约的村民则予以批评教育，使其知过能改。村规民约监督层面，可以考虑选择村庄公道正派、德高望重的村民代表成立村规民约监督小组，发挥乡村“四老”人员（老军人、年满 60 岁以上的农牧业老干部、老党员、老模范）、村组长、驻村工作人员的作用，不定期督查评比乡村环境卫生、尊老爱幼、勤俭节约等方面的情况，在乡村网站或广播上通报表扬先进分子，批评鞭策落后分子。通过广泛开展各种群众性创建、评选活动，营造文明向上的良好氛围，使乡风文明建设有人管事、有章理事，促进健康有益文化占领乡村思想阵地。村规民约评估层面，要对村规民约做出及时、全面、客观的评估，修改不合时宜的规定，填补社会脱节的规则漏洞，让村规民约在引领乡村社会文明新风尚方面更好地发挥作用。

三、乡村矛盾的软治理

在城乡一体化发展的背景下，乡村社会由封闭走向开放，各种资源的流动速度加快；大量乡村人口外出打工，外部的流动人口大量进入乡村社区，乡村社会由“熟人社会”逐渐转变为“半熟人社会”；村民的权利意识被唤醒，他们高度重视个体利益的满足，往往忽略公共利益的维护，权利本位价值观取代义务本位价值观；乡村利益关系发生新的变化，旧的利益平衡状态被打破，新的利益格局尚未形成，乡村利益摩擦和冲突加剧；由于乡村集体经济的衰落，乡村公共精神日益匮乏，乡村出现原子化、空心化局面，邻里关系淡漠，导致乡村矛盾日益增多。

《中共中央 国务院关于做好2023年全面推进乡村振兴重点工作的意见》（2023年1月2日）指出，坚持和发展新时代“枫桥经验”，完善社会矛盾纠纷多元预防调处化解机制。坚持自治、法治、德治“三治融合”是新时代“枫桥经验”的主要路径；人防、物防、技防、心防“四防并举”是新时代“枫桥经验”的重要手段；共建共享是新时代“枫桥经验”的工作格局。其中，德治手段的采用、心防措施的应用、用心用情化解矛盾的初衷等，都蕴含丰富的软治理思想和智慧，为新时代推进乡村矛盾软治理提供了方向性指引。

（一）城乡一体化背景下乡村矛盾的类型和特点

1. 乡村矛盾的类型

乡村矛盾类型多样化，主要有干群矛盾、土地矛盾、宗族矛盾和农民日常矛盾，乡村纠纷大体上可以分为以下四种：（1）乡村民主政治建设领域的纠纷，如乡村选举暗箱操作、宗族势力操纵、黑恶势力干扰导致的选举纠纷，村务不公开、集体资产挪用、土地流转不透明等引发的纠纷。（2）乡村征地拆迁领域的纠纷，如征地补偿款被挪用、征地价格偏低、失地农民权益保障缺位、拆迁补偿价格不合理等引发的纠纷。（3）乡村社会治安领域的纠纷。乡村生产工具的革新大大提高乡村生产力水平，大部分村民从繁忙的农业生产中解放出来。部分村民无所事事，沉溺于赌博而引发的治安案件屡见不鲜。一些农村黑社会组织控制乡村集体资产，垄断工程承包项目引发诸多纠纷。（4）乡村公共服务领域的纠纷。国家统筹城乡发展，在乡村推进道路硬化、水利建设、环保工程等建设，并以转移支付的方式下拨给乡村大量的惠农和支农补贴，但有些地方的补贴没有足额发放，引发村民强烈不满。

2. 乡村矛盾的特点

随着城乡一体化进程加快，新型农村社区如雨后春笋般出现，人口结构多元化、经济活动多样化、社会交往开放化特征越来越明显。农村体制性、制度性和社会性问题相互交织，乡村矛盾的关联性、集聚性、变动性不断增强，传统乡村矛盾和新型乡村矛盾相伴而生，需要进一步明确乡村矛盾的性质、范围和解决方式，构建软硬结合、功能互补的矛盾化解机制。

从主体层面讲，乡村矛盾纠纷主体日益多元，不再仅仅局限于邻里之间、家庭成员之间，而是广泛存在于村民和村民之间（如山地、林木、宅基地、合同纠纷）、村民和村集体之间（如土地流转、村务不公开等引发的矛盾）、村民和村干部之间（如村干部腐败、处事不公、村级换届选举等引发的矛盾）、村民和基层政府之间（如土地征用、房屋拆迁等方面的纠纷）、村民和企业之间（如劳资纠纷、用工纠纷等），等等。

从诱因层面讲，乡村矛盾的发生不是偶然的，既有历史原因，又有现实根源，涉及经济、政治、社会、文化等多个方面。(1) 经济诱因。在社会转型期，社会利益格局和利益关系深刻调整，城乡经济社会发展失衡引发的冲突、村民争夺土地等资源的冲突、村民与基层管理者之间的利益冲突日益凸显，应予强调的是利益冲突是乡村矛盾纠纷发生的根本原因。(2) 政治诱因。由于乡村基层组织建设滞后，个别干部作风不正、工作方法简单粗暴、出现问题相互推诿，乡村基层组织损害群众利益的事情时有发生，导致乡村基层组织的正当性与合法性遭受质疑，乡村基层组织和村民之间的矛盾长期得不到有效解决。(3) 社会诱因。在制定政策时，个别地方政府忽视村民的利益诉求，村民长期处于弱势地位；村民政治参与的机会和渠道相对较少，在乡村公共政策制定过程中参与不足、缺乏话语权，这为乡村矛盾埋下隐患。(4) 文化诱因。相对来讲，村民受教育程度较低，思想认识存在局限。当自身利益受损时，只从个人本位主义出发，缺乏大局观和长远意识，导致乡村矛盾纠纷多发。

从性质层面讲，乡村矛盾是在全面深化改革过程中出现的，属于非对抗性的人民内部矛盾，应采用"团结—批评—团结"或是劝解疏导的柔性方式加以解决，而不能简答粗暴地采用刚性手段予以压制。毛泽东曾指出："解决人民内部矛盾，不能用咒骂，也不能用拳头，更不能用刀枪，只能用讨论的方法，说理的方法，批评和自我批评的方法……"① "农村

① 《毛泽东文集》第8卷，北京，人民出版社，1999年，第291页。

人民内部矛盾，无论是思想观念碰撞，还是物质利益之争，本质上不具有对抗性，只要准确预测，正确把握，善于化解疏导，一般不会酿成大的事端。”①

从范围层面讲，乡村矛盾牵涉面比较广泛，利益主体较为分散，利益诉求纷繁复杂，一旦处理不当，宗族、血缘、地域因素掺杂其中，很容易产生连锁反应，甚至出现一发不可收拾的局面。乡村矛盾多是利益之争，主要涵盖同质利益之争、异质利益之争和多维多向利益之争。为化解上述利益矛盾，维持各方利益的动态平衡，需要在乡村制度资源整合和组织创新的基础上，充分发挥乡村传统风俗习惯和特有民间规范的治理效用。

从解决方式层面讲，乡村社会属于“熟人社会”或“半熟人社会”，乡村矛盾多是采用传统礼俗规则或精英调解加以处置，较少诉诸国家权力进行裁处。由于法治规则尚未有效“嵌入”乡村，乡村矛盾处理坚持调解优于诉讼，“法律只是被使用但并未被农民所深信”②。村民不愿意通过法律途径解决纠纷，而是寄希望于中间人居间调解。有学者指出，在乡村社会纠纷解决的“金字塔”体系中，人民调解处于最基础的地位，信访的解纷功能日益凸显，诉讼起到“兜底”的作用，行政调解只占有一席之地。③ 根据学者许颖对河北省保定市涞源县、唐山市迁西县、廊坊霸州市、衡水市枣强县等地区的调研，因司法效率低、司法资源不足、司法成本高等，乡村矛盾纠纷的解决方式偏重于调解这一柔性处理方式，借助权力介入和法院诉讼的比例相对较低（见表 7-1）。

表 7-1 乡村矛盾的处理方式

	与对方协商或找第三人调解	向村委会申请调解	向基础司法所申请调解	向派出所申请调解	向乡镇政府申请处理	向行政机关申请调解	到基层法院进行诉讼	到各级信访部门上访
次数	133	79	44	50	6	21	40	15
有效百分比	33.4%	19.8%	11%	12.6%	1.5%	5.2%	10.1%	6.4%

资料来源：许颖：《农村多元化纠纷解决机制的理论与实证研究——基于河北省调研情况的思考》，《前沿》2013 年第 16 期。

---

① 石斌：《把握农村矛盾特点 做好疏导化解工作》，《求是》1998 年第 3 期。

② 允春喜、徐西庆：《城镇化时期农村纠纷化解中的“关系效应”研究》，《西南大学学报》（社会科学版）2016 年第 3 期。

③ 参见温丙存、陈霄：《农村纠纷解决体系的金字塔——新型城镇化背景下的个案分析》，《中国农村观察》2016 年第 3 期。

不难看出，当前乡村矛盾的解决主要依靠和解与调解，这两种柔性处理方式远优于诉讼等硬性处理方式，表明乡村矛盾软治理具有广阔的适用空间和优良的社会效果。

（二）乡村矛盾软治理的优势

乡村社会是熟人社会，注重人情、关系、情理，倾向于采用村规民约、乡绅调解等方式化解矛盾纠纷。在大多数情形下，乡村矛盾的化解不是单靠法律，而是更多倚重传统道德和民间规则，遵循的是一种软法治理的行动逻辑。乡村矛盾软治理具有以下优势。

首先，乡村矛盾软治理符合乡村矛盾惯性治理方式的需要。乡村矛盾大多由于牲畜啃食庄稼、相邻建筑物影响采光、耕地排水导致洼地被淹、孩子之间斗气打架等鸡毛蒜皮、细枝末节的小事引起，具有琐碎性、反复性、变动性和失控性等特征。在统筹城乡发展的进程中，涉农纠纷发生变化，征地拆迁矛盾、民工欠薪、民间集资诈骗、非法吸收公众存款等导致的矛盾纠纷逐渐增多，问题复杂程度越来越深，解决难度也越来越大。上述矛盾本应诉诸司法程序加以解决，但村民担心诉讼成本高、容易得罪人，对司法缺乏信心，从而不愿采用诉讼方式。村民的维权意识较为淡薄，“皇权不下县”的传统根深蒂固，乡村宗族权威的调解为村民所推崇，村民解决矛盾和纠纷还倾向于按照乡村内部规则来调处，乡村能人、长辈化解是普遍采用的方式，这为乡村矛盾软治理提供了现实依据。

其次，乡村矛盾软治理能够规避乡村矛盾硬治理的弊端。乡村矛盾硬治理是一种运用权力压制群众，作风粗暴、态度蛮横的治理方式，难以获得群众的认可和服从。运用国家权力对乡村矛盾做出硬性处置，存在如下缺陷：一是国家权力下沉到乡村之后，受到人情和关系的影响，对乡村矛盾进行选择性应对，应对的主观性和随意性较强，容易“按下葫芦浮起瓢”；二是国家权力缺乏主动介入乡村矛盾调处的积极性，奉行“民不举、官不究”的规则，大量乡村矛盾被忽略和搁置，从而贻误最佳处理时机；三是国家权力介入乡村矛盾的处置，容易受到乡村能人的影响，不能有效保护弱势村民的利益，国家权力运行的公正性遭受质疑。而运用软治理手段处理乡村矛盾，可以克服国家权力运行的诸多弊端，增强非正式权力、非正式制度的柔性力量，使乡村矛盾得到了较好的解决。乡村矛盾软治理注重运用思想教育的方法，动之以情、晓之以理，和风细雨地讲事实、摆道理，引导村民识大体、顾大局，自觉履行对他人、对社会和对国家的责任和义务，能够最大限度地消除乡村矛盾硬治理的弊端。

最后，乡村矛盾软治理能够激活传统乡贤治理资源。传统乡土中国，“皇权不下县”，县以下乡绅自治。乡贤的作用主要体现在敦睦乡邻、教化民风、积善行德、崇文兴学等方面。乡贤道德感染的力量具有特殊优势，值得新时期加以创造性地发展和运用。乡村矛盾软治理鼓励和支持新乡贤参与乡村矛盾的调解，尤其是老军人、老党员、老干部、老教师等具有柔性化解矛盾的独特优势。乡贤在乡村中的地位比较高，往往有着较高的威望和号召力，他们凭借人熟事熟村情熟的优势，对乡村各种矛盾纠纷能够掐得准脉、找得到根、摸得到门，邻里矛盾、家庭纠纷等在乡贤的出面调解下往往能迎刃而解。[①] 例如，河南省新野县探索在乡村建立矛盾化解“三理”室，邀请村干部、联村干警担任评理的“主持人”，选拔村里阅历深、有威信、熟悉法律和国家政策的老党员、老干部、老教师等“五老”人员担任调解的“明白人”“见证人”，让群众有地方说理、有“明白人”评理、有基层组织处理，从而就地化解了绝大部分矛盾与纠纷。[②]

（三）乡村矛盾软治理存在的突出问题

乡村矛盾软治理具有独特的优势，符合乡村惯性治理的现状，规避了硬性治理的风险，整合了乡贤治理资源。但是，由于受到狭隘利益观的掣肘、权力与资本联姻的压制、行政权力强势介入的排挤、柔性调解功能的弱化等因素的影响，乡村矛盾软治理困难重重，面临诸多不确定因素。

1. 狭隘利益观阻碍利益诱导机制的运作

利益诱导是乡村软治理的重要体现，主要通过社会资源的重新分配、物质利益或精神利益方面的奖惩赏罚等手段，诱导社会成员接受并遵循特定的行为模式。利益诱导作为柔性的引导机制，运用利益工具潜移默化地影响人们的价值观念和行为选择。

乡村软治理常常面临狭隘利益观的阻碍。在城乡一体化发展的背景下，村庄合并步伐加快，原有村庄消失，新型乡村社区纷纷成立。原先的村委会干部身份和地位都发生变化，成为新型乡村社区的管理人员，但他们仍然习惯于维护原有村落的利益。当本村村民和外村村民发生矛盾时，往往倾向于维护本村村民的利益，而忽略或漠视外村村民的利益，不能公正协调利益冲突，使得乡村利益诱导机制在化解矛盾方面难以发挥应有的作用。

---

① 参见全浩、李芳：《江苏丰县梁寨镇：重塑乡贤文化》，2015 年 7 月 13 日，http://www.xdxfdb.Cn/index.php/News/cont/nid/2942,html。

② 参见朱佩娴：《“三理”室，帮老乡解疙瘩》，《人民日报》2016 年 6 月 8 日。

2. 村权力和资本的联姻压缩乡村矛盾软治理的空间

村委会权力和乡村资本深度融合，导致村委会基于委托—代理关系维护村民利益。在乡村矛盾调处过程中，乡村权力与资本联姻，精英人物利用政治权力谋取自身利益最大化，占有更多的社会资源；经济资本的增多，又进一步提升其政治权力。乡村政治权力的自我复制循环，增加村民参与政治活动、维护自身权利的难度，使村民处于劣势地位。乡村矛盾的治理出现局部失序，村民的主体性地位被遮蔽，第三方自组织力量较为薄弱，无法为乡村软治理提供宽松的环境和主体力量的保障。

3. 乡村矛盾化解过度依赖行政权力介入

在处理乡村矛盾的过程中，地方政府为防患于未然，热衷于行政权力的强势介入，采取“运动式治理”“专项治理”等短平快的方式维护乡村稳定。而村民则信奉“大闹大解决，小闹小解决，不闹不解决”，认为基层政府是化解乡村矛盾的核心主体，“有困难，找政府”已成为村民根深蒂固的思想观念和行为习惯。据调查，对于“你的土地权益被侵害了”的问题，55.3%的被访者选择找政府，即使是对于“日常矛盾你会怎么处理”的问题，仍然有32.9%的被访者认为找乡镇政府是可取的。[①] 考虑到时间、成本、效果、习惯等诸多因素，乡村矛盾化解寄希望于行政权力的强势介入，诉讼、仲裁、调解等方式缺乏用武之地。同时，通过政府行政化方式解决乡村矛盾的路径依赖，带有明显的硬治理色彩，缺乏与乡村矛盾软治理的衔接与协调。

4. 乡村矛盾调解功能弱化

面对乡村矛盾，村民习惯于寻求公安机关介入。公安机关调解矛盾数量居高不下，不堪重负，乡村矛盾难以及时化解；公安机关调解周期长，约束力不强，难以取得矛盾双方的充分信任；在达成协议过程中或达成协议之后容易出现反悔的情况，“公说公有理，婆说婆有理”，需要多次调解才见成效；乡村家族势力往往干涉调解，帮腔助阵，是非不分，推波助澜，容易激化矛盾，甚至使矛盾加剧。

（四）乡村矛盾软治理的策略选择

乡村矛盾纠纷的解决，需要在依法规制乡村公共权力的基础上，注重挖掘传统软治理资源，充分发挥村规民约、民主协商、乡贤协调等方面的软治理效用。

---

① 参见李长健、吴洁：《关于完善我国农村矛盾化解机制的思考》，《井冈山大学学报》(社会科学版)2011年第5期。

1. 善于挖掘传统文化精华为乡村矛盾软治理提供智力支持

传统文化中的"礼治""无讼"等观念有助于乡村矛盾纠纷的柔性处理。在农村有两种最基本的依赖关系：一是血缘或亲缘依赖关系；二是土地依赖关系。对血缘或亲缘的依赖，构成其独特的血缘或亲缘文化共同体；而对土地的依赖，又使其具有某种意义上的地缘文化共同体的特征。① 两种依赖关系促成农村更多地呈现熟人社会的特征。熟人社会的人们生活相对封闭，习惯于运用千百年来的乡土规则、传统习俗等处理矛盾和纠纷。"法制是整体的一部分，它始终是高高地超越农村日常生活水平的、表面上的东西。所以大部分纠纷都是通过法律以外的调停以及根据旧风俗和地方的意见来解决的。"② 村民大多"厌讼"，地方统治者也鼓励"无讼"，提倡通过"礼治"来维持乡村社会秩序。这为乡村矛盾软治理提供了启迪和借鉴。

2. 善于运用村规民约促进乡村矛盾的柔性化解

运用村规民约治理绝大多数乡村矛盾，必要时辅之以法律手段，将前置选项和必备选项相互结合，是较为理想妥当的选择。W村于2011年8月5日修订了《W村村规民约》，共5章40条，除总则和附则两章外，分别从村民组织、村民权利义务、纠纷化解三个方面做了规范。③ "纠纷化解"一章，规定了村民纠纷的调处办法。《W村村规民约》规定"在农村实行治安保障调解制度"，该制度明确治保调解室每周召开一次工作例会，排查辖区内各种矛盾纠纷和不稳定因素。矛盾纠纷调处遵循三项原则：依据法律、规章和政策及社会主义道德调解；在双方当事人自愿、平等的基础上调解；尊重当事人的诉讼权利，不得因未经调解或者调解不成而组织当事人向人民法院起诉。同时，调解室进行规范化管理，建立各项工作登记台账，重大事项、重点人物要一事一档和一人一档，且每起矛盾纠纷调处后要及时跟踪回访，并确保信息反馈渠道畅通。可见，在纠纷化解上，W村已建立起一套较为完善的工作制度。当然，对于诸如乡村社会出现的非法吸收公众存款等犯罪现象，村两委必须及时向政府部门反映，注重硬法的及时介入。但总体而言，基于道德舆论的约束和利益成本的考量，村规民约相对于硬法在化解乡村社会纠纷上效果更好。④

---

① 参见谢晖：《当代中国的乡民社会、乡规民约及其遭遇》，《东岳论丛》2004年第4期。

② 王帅一：《法律多元视角下乡规民约的嬗变》，《云南大学学报》（法学版）2011年第1期。

③ 参见王德强、周豪：《农村软法与软法治理——基于对浙江金华市W村的个案调查》，《华中农业大学学报》（社会科学版）2014年第5期。

④ 参见王德强、周豪：《农村软法与软法治理——基于对浙江金华市W村的个案调查》，《华中农业大学学报》（社会科学版）2014年第5期。

村规民约对乡村矛盾纠纷的解决，将事前预防和事后处置有机结合起来。从事前预防层面看，在村规民约的制定过程中，村集体可将潜在的矛盾隐患通盘考虑，通过充分的民主协商做出事前的防范。村规民约条款可以强调村民对村集体的义务和责任，促进村民守望相助、和睦相处，最大限度地避免矛盾的发生。从事后处置层面看，村规民约中可载明乡村矛盾发生后可采用民主协商机制，由村民通过协商的方式加以解决，以平衡个人利益和他人利益、个人利益与集体利益。这是国家治理现代化视域下乡村矛盾软治理的独特逻辑，具有不可估量的价值。

要充分认识到村规民约有利于健全纠纷解决机制，是协调群众意见诉求的平台。村规民约作为一种地方性知识，“把对所发生的事件的本地认识与对可能发生的事件的本地想象联系在一起”；① 村规民约是自成一脉的话语体系，“在这个语言体系内，仲裁者力图运用它巨大的包容及弹性力量，服务于当事人的力量对比、利益诉求的平衡，工作于缓解可能导致变动的结构性紧张，将个体行为的正当性更多地和当事人的意愿、主动性联系到一起，淡化了规则的刚性”②。在制定村规民约过程中，要详细了解村民的所想所需所盼，掌握村民中存在的现实问题和苗头性问题，用村规民约有针对性地规定社会矛盾的处理办法，争取用村规民约解决绝大部分矛盾纠纷，同时加强基层群众的自我教育、自我管理和自我服务，促使社会矛盾有效化解（见附录9）。

3. 妥善运用民主协商的办法促进矛盾主体由对抗转向对话

乡村矛盾大多属于利益矛盾，绝大多数可以通过谈判、妥协等柔性方式加以解决。村民大都有“厌讼”的心理，不到万不得已不愿打官司，而且在“熟人社会”，大家低头不见抬头见，不愿将矛盾激化到难以收拾的地步，因此村民倾向于选择谈判与协商的柔性手段，乐于运用协商民主的矛盾化解方法。因此，建立畅通的谈判和协商机制，运用柔性力量处理各自的纷争，是较为理想的矛盾化解方式。

乡村矛盾大多发生在政府和农民之间、村集体和农民之间、企业和村民之间、村民和村民之间。无论是哪种类型的矛盾，都应当尊重村民的主体性地位，同村民进行平等对话、民主协商，让村民参与村庄事务的处理和村庄矛盾的化解。“我国的民主政治建设应该把选举民主、谈判民主和协商民主这三种形式有机地结合起来，谈判民主，其特点是通过谈判分配

---

① 王帅一：《法律多元视角下乡规民约的嬗变》，《云南大学学报》（法学版）2011年第1期。

② 张静：《乡规民约体现的村庄治权》，《北大法律评论》第1辑，北京，北京大学出版社，1999年，第2页。

利益，以使各方都能对自己的利益要求得到相对满足；但要更多地发挥协商民主的作用。”① 谈判民主和协商民主是处理乡村矛盾的柔性手段，具有独特的软治理价值和意义。

对于发生在政府和村民之间、村集体和村民之间、企业和村民之间的矛盾，在柔性处理的过程中可兼用谈判民主和协商民主两种手段。应当创建多元主体参与谈判民主和协商民主的机制，让基层人民政府、村委会、村民代表、乡村企业、农村合作组织、新乡贤等多元主体参与乡村矛盾的化解。例如，村民可以通过充分讨论选出代表作为自己的利益代言人，村民代表广泛征集和真实反映村民意见之后再同当地政府、村集体或企业谈判；在谈判过程中村民代表或新乡贤发挥桥梁纽带作用，把村民的意见向政府、村集体或企业传达，亦可把政府、村集体或企业的意见和困难向村民汇报。村民代表或新乡贤的沟通和协调，使矛盾双方都能够了解彼此意愿和实际困难，为最终解决矛盾奠定良好基础。

4. 充分发挥新乡贤协调乡村社会矛盾的作用

新乡贤是指拥有一定的财富、权力和声望，心系乡土社会，关心百姓疾苦，热衷公益事业的社会贤达。新乡贤具有较高的人格操守和道德威望，具有现代知识和技能，拥有宽广的文化视野，不仅能够传播新思想、新知识、新技术，还能够引导社会舆论走向，明是非、聚人心、正风气，有效化解乡村矛盾。新乡贤“话语中带有一定的威信度，容易使村民产生信任、敬畏与服从的效果”②。新乡贤是乡村矛盾双方协调沟通的桥梁，可将双方各自的利益诉求向对方传达，居间调解双方的利益纷争，将双方意见及时反馈给对方。

为促进新乡贤参与乡村矛盾的处理，乡（镇）可成立乡贤理事会，每个行政村设立乡贤工作室，由村民公推1～3名乡贤负责日常事务。由于新乡贤不拿报酬，需要有高涨的工作热情、娴熟的工作技巧、亲民的工作态度、公正的工作伦理和乐于奉献的道德操守，其选拔要经过自愿报名、村民评比、乡（镇）审核等严格的程序。新乡贤参与乡村治理，要自觉接受村党支部的领导，配合村党支部开展工作。在乡镇政府和普通村民之间发挥桥梁和纽带作用，在下情上达和上情下达的过程中，推动乡间琐事和邻里纠纷妥善解决。

激励新乡贤参与乡村矛盾的处理，调动其工作的积极性和主动性。乡

---

① 李君如:《中国能够实行什么样的民主?》,《北京日报》2005年9月28日。

② 马超、李晓广:《论村民自治导向下乡村精英治理的困境及对策》,《山西农业大学学报》(社会科学版)2014年第9期。

镇政府、村党支部、村委等要支持新乡贤的工作，鼓励其在化解乡村矛盾过程中创新思路和办法，对其先进事迹大张旗鼓地予以表彰，给予荣誉奖励，比如给新乡贤颁发终身享有的胸牌标识或荣誉证书。通过该项工作，让新乡贤有更多的荣誉感、获得感和幸福感，进而更加积极地参与乡村矛盾的处理，赢得村民的高度认可和赞扬。

新乡贤要不断摸索协调乡村矛盾的方式和方法，在乡村大力宣传重义轻利、与人为善、宽容仁爱、互帮互助的价值观，充分运用或调动乡村道德资源，发挥道德软约束在调解乡村矛盾中的作用，进而提升乡村软治理的效果。

5. 构建乡村矛盾柔性处理机制

一是做好乡村矛盾排查工作。运用大数据手段，建立乡村矛盾信息数据库，进行动态监控，未雨绸缪、防微杜渐，将矛盾消灭在萌芽状态。安排乡镇干部、村干部深入乡村社会，了解村民的利益诉求，收集乡村矛盾详细信息，及时采取有效的应对措施。一旦发现乡村矛盾纠纷的苗头，要及时了解矛盾双方的利益诉求和心理，及时做到“抓早”“抓小”，从源头上防范矛盾纠纷发生和升级。要成立乡村协商议事会，让村民参与乡村公共事务的管理，对乡村矛盾处理建言献策，使乡村矛盾的处理更加符合实际。

二是做好乡村矛盾利益协调工作。乡村矛盾多是由利益冲突而引起，通过利益协调实现利益均衡，是化解乡村矛盾的根本举措。从宏观层面看，政府应倡导社会公平正义，实现社会资源的公平分配，加大对农村教育、医疗、基础设施建设、生态环境保护等方面的投入，实现基本公共服务均等化。同时，合理调节不同社会阶层的利益关系和利益结构，维护广大村民的正当权益。从微观层面看，要做好利益协调、情绪疏导、舆论引导工作，处理好国家、集体和个人的利益关系，为化解乡村矛盾纠纷创造思想条件；要建立村民、新型经济组织、乡镇政府等的协商对话制度，着重提高村民的话语权，让各方充分地表达利益诉求，理性处理各种利益关系，维持利益关系的平衡。

三是实施乡村矛盾和解协议。当发生矛盾时，民间非正式化解机制很容易得到村民的认可和支持，而对根据科学理性、功利原则和分化竞争意识建立起来的行政和司法等的理性制度则有排斥性。[①] 要充分尊重乡村矛盾双方的自由意志，让其自发制定和解协议并自觉执行，着力实现乡村矛

① 参见李长健、吴洁：《关于完善我国农村矛盾化解机制的思考》，《井冈山大学学报》（社会科学版）2019 年第 5 期。

盾的社区化解，避免矛盾升级和激化。

四是建立人民调解、行政调解、司法调解相互衔接的乡村矛盾大调解体系。该体系主要通过说服教育的方式，促使矛盾双方自愿达成协议，有效化解乡村矛盾。因此，要组建乡村矛盾调解队伍，广泛吸收辖区内退休干部、人大代表、退休教师、热心调解工作的德高望重的社会人士，增加矛盾调解的权威性和说服力；要建章立制，大力支持村委会、基层司法所、派出所等组织的调解工作，统一规范调解流程及其规章制度，明确乡村矛盾纠纷调解协议的效力；要针对乡村矛盾的变化趋势，不断完善乡村矛盾调解形式、规则、程序；要认可民间化解方式，由村民推选出适宜人选担任调解员，保持乡村矛盾调解与现代法治的整体协调性；要大力表彰调解先进集体和个人，对表现突出的予以奖励和宣传，激发他们的工作热情。

五是营造化解乡村矛盾的良好氛围。要建立丰富多元的乡村社群关系，培育相互认同、激励和帮助的共同体文化，引导乡民模范地遵守法律和社会公德。借助“送法下乡”活动，培育乡民理性精神，在矛盾面前保持理性克制，在守法的前提下寻求妥善解决乡村矛盾的办法。要大力推行村务公开，提高乡村事务透明度，减少村民和乡村干部之间的矛盾。要发展乡村社区文化，培养村民宽容、谦让、和谐、互助的品质，遇事多协商，彼此多谦让，冷静客观地处理好乡村矛盾。要贯彻“宜缓不宜急”的原则，营造乡村矛盾“冷处理”环境，首先分开当事人，稳定双方情绪，耐心细致地听取双方诉求，然后开展思想教育和劝解工作，化解利益分歧，消除利益纷争。

六是建立乡村矛盾回访反馈机制。乡村矛盾的柔性化解涉及合意的履行、纠纷当事人关系的处理、纠纷善后事宜的处理、关联纠纷的防范等问题，需要借助乡村矛盾回访反馈机制加以应对。乡村矛盾化解之后的回访反馈，是消除矛盾双方心理纠葛、及时纠正矛盾处理偏差、巩固乡村矛盾化解成效的重要举措。加强乡村矛盾的回访反馈工作，定期回访乡村矛盾双方当事人，摸清乡村矛盾的化解情况，防止出现矛盾的反复和恶化。要广泛听取村民关于矛盾处理的意见，做好乡村矛盾风险评估，避免乡村矛盾进一步升级或恶化。

四、乡村环境的软治理

保护乡村生态环境，推动美丽乡村建设，是乡村治理的重要议题。“我们要积极回应人民群众所想、所盼、所急，大力推进生态文明建设，提供更多优质生态产品，不断满足人民日益增长的优美生态环境需要。”[①] 在城乡一体化发展的背景下，乡村环境治理还面临城市污染向农村扩散和蔓延问题。对中国这样一个农业大国来讲，乡村环境治理至关重要。它关系到乡村的可持续发展，关系到农民群众的幸福健康和生活品质。“农村是食品生产地，是饮用水的源头，是人们的主要休闲地，是野生动植物的家园，是水体富营养化的主要贡献者，是温室气体排放者和气候变化受害者，是可再生资源和能源制造者，是自然、文化和生物多样性保护的主战场。因此，应当把环境保护的重点放在农村。”[②] 当前，我国乡村已构建起以环境保护法为核心的环境保护硬治理体系，初步取得一定成效。但是，随着乡村环境保护难度的加大，相关利益主体博弈态势的改变，村民环保意识不断强化，乡村环境治理急需引入软治理理念，实现乡村环境治理模式变革。

（一）当前乡村生态环境及其治理现状

在美丽乡村建设的推动下，乡村生态环境保护受到越来越多的关注和重视。国家实行“以奖促治”政策以来，全国乡村环境综合整治取得明显成效，支持了5.9万个村庄开展环境综合整治，1.1亿乡村人口直接受益。[③] 但是，一些乡村还存在“重发展轻保护”的现象，环境污染时有发生，个别乡村环境持续恶化，生活污染与农业污染、工业污染并存，点源污染与面源污染交织，工业及城市污染向乡村转移，由环境污染引发的矛盾纠纷与村民上访现象屡屡发生。

乡村垃圾主要包括生产性垃圾和生活垃圾，二者总量的逐年增多，严重污染农村环境，损害村民身体健康，影响乡村可持续发展，乡村环境治理形势十分严峻。以地下水水质监测结果为例，2021年5月26日生态环境部发布的《2020年中国生态环境状况公报》显示，2020年自然资源部门10171个地下水水质监测点（平原盆地、岩溶山区、丘陵山区基岩地下水监测点分别为7923个、910个、1338个）中，Ⅰ~Ⅲ类水质监测点占13.6%，Ⅵ类占68.8%，Ⅴ类占17.6%；水利部门10242个地下水水质监测点（以浅层地下水为主）中，Ⅰ~Ⅲ类水质监测点占22.7%，Ⅵ类占

① 《习近平谈治国理政》第3卷，北京，外文出版社，2020年，第359～360页。

② 陆新元、陈善荣、陆军：《我国环境执法障碍的成因分析与对策措施》，《环境保护》2005年第10期。

③ 参见张惠远等：《关于深化我国“十三五”时期农村环境保护的思考》，《环境保护》2021年Z1期。

33.7%，Ⅴ类占43.6%，主要超标指标为锰、总硬度和溶解性总固体。[①] 可见，中国地下水水质状况堪忧，需要采取有效措施加以应对。另外，还需要关注乡村生态环境及其治理变动的新变化、新特征和新趋势。

1. 乡村生活垃圾污染严重

乡村经济持续发展，村民收入大量增加，村民消费能力快速提升。2019年，我国乡村人均可支配收入为16021元；人均消费支出为13328元，分别较2018年增长9.6%和9.9%。[②] 与之相伴而生的现象是各种商品的包装、餐余垃圾等越来越多，大量生活垃圾随意堆放在房前屋后，厨房、洗涤等生活污染随意排放在田间地头，难以降解的塑料包装袋、废纸壳、柴草、厨房垃圾、破旧棉被衣裳等随处可见，导致乡村垃圾生产总量增加，乡村人均垃圾生产呈较快增长趋势。2019年，中国乡村垃圾产量约为52.2亿吨，其中生产性垃圾48.24亿吨，占92.41%；生活垃圾2.99亿吨，占1.86%。[③] 由于缺少相应的环境保护设备和公共基础服务体系建设，乡村生活垃圾得不到妥善处理，有毒物质由于雨水冲刷渗入地下，污染土壤和地下水。

2. 乡村生产环节污染加剧

广大村民受传统农耕文化的影响，精耕细作，辛勤耕耘，主要关注粮食和养殖产量的提高，大量使用化肥、地膜、农药等，导致乡村环境恶化。农业种植污染、畜禽养殖污染是乡村环境恶化的重要污染源。为提高粮食、蔬菜、瓜果等农产品产量，过度使用化肥、农业、地膜等问题突出。另外，乡村垃圾处理还处于较低水平，根据《2018年城乡建设统计年鉴》，2018年全国城市生活污水、生活垃圾处理率分别为95.49%、98.96%，县城生活污水、生活垃圾处理率分别为91.16%、97.16%。相比之下，我国乡村生活污水处理率仅为30%，低于城镇60多个百分点；乡村生活垃圾处理率为84%，与城镇生活垃圾处理水平仍存在差距。我国每年畜禽粪污产生量约为38亿吨，综合利用率为70%，仍有约11.4亿吨畜禽粪污未有效处理利用，对周边环境产生污染。[④] 乡村畜禽养殖污染令人担忧，每年生猪养殖场、蛋鸡养殖场、鸭子养殖场、肉牛养殖场等

① 参见《2020年中国生态环境状况公报(摘录)》,《环境保护》2021年第11期。

② 参见魏后凯、黄秉信主编:《中国农村经济形势分析与预测(2019～2020)》,北京,社会科学文献出版社,2020年。

③ 参见《2019年中国农村垃圾产生量、环卫设施建设及农村环境治理投资额分析》,2021年1月,https://www.chyxx.com/industry/202101/923978.html。

④ 参见王波、郑利杰、王夏晖:《我国"十四五"时期农村环境保护总体思路探讨》,《中国环境管理》2020年第4期。

产生的粪便和尿液数量庞大，仅有一小部分作为养料进行资源化利用，绝大部分粪便没有得到有效处理。粪便过量污染了农村水质，导致水体富营养化，土壤氮缺乏，埋下了病原菌扩散的隐患。养殖户为防止畜禽生病，给畜禽喂食大量抗生素、生长激素等，这些物质很大一部分随畜禽粪便尿液渗入土壤，潜伏着巨大的环境风险。

3. 乡村面临城市“污染转嫁”问题

从理论上讲，乡村和城市相互依存，相互支持，共同发展。但是，长期以来，政府绩效考核偏重于GDP的增长，主要关注地方经济规模和发展速度，而对乡村资源与环境保护考虑较少，乡村环境污染治理没有引起足够的重视。在环境保护问题上，国家管理者将更多的精力和资源投向城市，乡村环境保护的力度还有待加强。在城市快速扩张的过程中，部分城市垃圾转移到乡村，个别城市的生活污染扩散蔓延到乡村。有的城市企业抓住乡村环保监管薄弱，随意排放工业污染物，或者往乡村迁厂排污，造成“污染转嫁”。

4. 城市化进程影响乡村环境

在城乡一体化发展的语境下，我国乡村城镇化进程日益加快，相当一部分乡村将城镇化简单理解为土地非农化和城市建设，开展轰轰烈烈的“造城运动”。房地产业、建筑业等蓬勃发展，征用成片的良田，产生大量的建筑垃圾。在此情形下，乡村景观格局发生大的调整和变化，农业资源约束趋紧，生态退化严重，环境污染加剧。如何保护农耕地和传统的乡村景观，延续乡村的建筑风格，规划村民的自建住宅，减少乡村环境污染等，迫切需要出台相关措施。

（二）乡村环境软治理的功能审视

乡村环境软治理和硬治理相辅相成、互相促进。“与传统管理模式不同的是，公共治理不可能纯粹地建构于硬法之上，只能软硬兼施、刚柔相济。”① 乡村环境软治理成果的巩固离不开乡村环境硬治理提供力量支撑和制度保障，乡村环境硬治理的持久效应依赖于乡村环境软治理提供合法性基础。正因为二者各有优缺点，强调或者偏重其中任何一方，都会带来治理的偏差和治理效能的降低。

事实证明，乡村环境硬治理过度依赖行政权力和严厉惩罚等刚性措施，虽然能够立竿见影，但无法以利益诱导的方式构建乡村环境治理的长

---

① 罗豪才、宋功德：《认真对待软法——公域软法的一般理论及其中国实践》，《中国法学》2006年第2期。

效机制，无法以沟通协商的方式汇聚乡村环境治理的智慧，无法以柔性力量消解乡村环境治理过程中面临的利益矛盾，局限性日益凸显。因此，有必要丰富乡村环境治理的"工具箱"，合理嵌入软治理的手段，有效整合乡村环境"硬治理"和"软治理"两种资源，最大限度地发挥二者的叠加效应。

针对乡村生活垃圾污染严重、乡村生产环节污染加剧、乡村环保意识淡薄等问题，需要不断增强乡村环境硬治理的力度，以遏制环境污染的持续加剧。但是，乡村环境硬治理本身无法有效应对乡村环境立法滞后、刚性执法弊端明显、乡村环保伦理责任缺失、乡村环境治理成本高昂等问题，需要嵌入乡村环境软治理机制，以弥补自身的缺陷和不足。

1. 弥补乡村环境立法的缺陷

长期以来，我国环境立法的重点是在城镇，乡村环境立法没有得到足够重视。改革开放以来，乡村环境保护立法逐渐提上议事日程，国家制定了《关于加强农村环境保护工作的意见》《农田灌溉水质标准》《水污染防治法》等一系列法律法规，为乡村环境治理提供了基本的法律依据和政策保障。

实际上，由于我国环境立法"以城市为中心"的结构性不正义[①]，乡村环境污染防治立法被边缘化；乡村环境立法难度较大，需要把大量的技术规范、操作规程、环境标准、控制污染的各种工艺技术要求等融入和吸纳在法律体系之中；乡村环境立法多为原则性规范，规定过于笼统，"宽松软"的问题较为突出，可操作性不强；乡村环境立法难以解决立法者认识能力有限、立法程序烦琐、立法利益冲突尖锐、立法滞后于时代发展等问题；乡村环境立法还面临片面强调事后惩治，系统性、前瞻性污染防治策略严重匮乏等困境。

由于乡村环境法律法规存在结构性空白以及诸多立法困境，所以需要村规民约、自治章程等民间软法发挥拾遗补阙的作用。"社会在任何时候都不可能只依赖某一个制度，而需要的是一套相互制约和补充的制度；这些制度不仅包括成文宪法和法律明确规定，可能更重要的是包括了社会中不断形成、发展、变化的惯例、习惯、道德和风俗这样一些非正式的制度。"[②] 保护乡村环境的民间软法，具有内容丰富、程序简便、效力持久、覆盖广泛的优势。它通过采用经济诱导、道德感召、文化熏陶和价值引领的方式，借助树立典型、加强宣传、给予表彰等手段，鼓励村民模范遵守

---

① 参见张梓太、郭少青：《结构性陷阱：中国环境法不能承受之重》，《南京大学学报》（哲学·人文科学·社会科学版）2013 年第 2 期。

② 苏力：《制度是如何形成的》，北京，北京大学出版社，2007 年，第 55 页。

民间软法，保护乡村环境，有效破解乡村环境立法过于笼统、缺乏操作性、滞后于时代发展等困境。

2. 克服乡村环境污染刚性执法的弊端

面对日益严峻的乡村环境污染状况，地方政府不遗余力、持之以恒地予以整治。为追求立竿见影的效果，大多采用乡村环境硬治理模式。该模式具有明显的局限性，主要体现在：政府管控的刚性惩治模式执法方式刻板生硬，“一刀切”的环境治理措施难以适应错综复杂的乡村环境状况；乡村环境刚性执法没有充分调动村民对乡村环境治理的积极性，难以化解利益相关者的利益冲突，难以协调村两委、乡镇企业、村民等的利益诉求，从而产生诸多利益纷争；乡村环境污染刚性执法短期效应明显，难以形成乡村环境治理的长效机制，一旦放松规制，乡村环境污染就存在恶性反弹的风险。

有鉴于此，乡村环境治理应淡化硬性治理的色彩，破除对刚性执法的路径依赖，适当采用说服、沟通、协商、谈判等柔性方式，以缓解刚性执法引发的剧烈冲突；应当转变刻板生硬的执法方式，为乡村环境利益相关者提供民主协商、沟通交流的平台，汇集民智民愿，凝聚民心民力，推动乡村污染有效治理；应当实现乡村环境治理全面覆盖和广泛动员，制定保护乡村环境的村规民约，让村民互相监督，确立乡村环境治理的内生秩序，通过自组织力量扭转乡村环境污染加剧的态势。

3. 规避乡村环境治理伦理责任缺失的风险

乡村环境治理是多元主体共同参与的过程，各自承担不同的责任和履行特定的义务。然而，目前基层政府、村两委、乡镇企业、农村环保组织、村民等主体的环保责任没有准确厘定，协同保护乡村生态环境的责任体系尚未建立。一是基层政府不能正确对待生态保护和经济发展的二律背反，而是“唯 GDP 论英雄”，片面追求地方经济的高速发展，将大量的人力、物力和财力用于经济建设，乡村环境保护投入严重不足，乡村环保公共设施严重匮乏。二是村“两委”干部分工不明，职责不清，将主要精力用于迎接上级检查和评比，影响乡村环境治理的持续深入推进。三是个别乡镇企业奉行“经济人理性”的法则，为减少企业污水废气治理成本，直接将大量的污染物排放到乡村沟渠河道之中。四是乡村环保组织资金短缺、数量有限，不能有效监督和制裁乡村环境污染行为，环保责任履行能力有限。五是村民没有广泛树立环保责任意识，没有按照“保护环境，人人有责”的要求约束自己。在利益驱动之下，有的村民为提高农作物产量，大量使用农药、化肥、地膜、除草剂，引发土壤板结和水污染问题。个别村民没有养成卫生习惯，随意丢弃生活垃圾，随便堆放畜禽粪便，乡村“脏、乱、差”的问题依然突出。

为解决基层政府、乡镇企业、乡村环保组织、村民等多元主体环保责任缺失问题，要以加强乡村环境软治理的思想为指导，重视环保伦理责任的培育，在村规民约、自治章程中详细规定多元主体的乡村环保责任，让乡村环境保护成为多元主体的共同目标和自觉行动。同时，要从道德监督和舆论引导层面严厉打击环境保护“搭便车”行为，防止出现乡村环境污染“公地悲剧”。

4. 降低乡村环境治理成本

与城市的点源式污染不同，乡村环境污染大多是面源污染，环境监测和监察工作很难全面覆盖，环境治理难度和成本相对较高。针对乡村环境污染问题，一律采用诉讼方式加以硬性处理，虽然能够彰显法律的权威和刚性执法的力量，但往往使利益冲突方耗时耗力，诉讼费用花费高昂，承担难以预测的诉讼风险。为降低环境执法成本，减少环境诉讼之累，应借助思想教育、民主协商、沟通谈判等柔性手段，消除利益冲突方的尖锐矛盾，平复偏执亢奋的情绪，逐步寻求达成保护乡村环境的价值共识。

乡村环境软治理注重软法工具的适用，有效降低了乡村环境的治理成本。保护乡村环境的村规民约、自治章程等软法规范，是由村民共同协商制定的，具有广泛的民意基础，能够获得村民的自觉服从，无须投入大量人力、物力和财力去贯彻执行。乡村软法和村民的环保意识水乳交融、相互促进。“软法的发展和软法所体现的人们的环境和生态意识增强将是一个互动的过程；软法促进人们环境和生态意识的增强，而人们环境和生态意识增强则会推进相应软法的进一步发展。”① 村民环保意识的普遍提高，推动环保行动的持续开展，增强乡村环境软法规范的亲和力和有效性。全体村民积极遵守乡村环境保护软法规范，营造环保光荣、污染可耻的氛围，谴责和批评污染乡村环境的行为，这有利于减轻与降低各级政府环境执法的压力和成本。

（三）当前乡村环境治理的困境

乡村环境治理是以乡村生态环境为对象，运用经济、法律、科技、道德等手段改善乡村环境质量，防止乡村环境恶化，实现村民自身行为和乡村自然环境相互协调的活动和过程。乡村环境硬治理主要是指依据国家环境保护法律法规，运用行政权力加强对乡村环境问题的硬性约束和惩治。

---

① 楼淑瑜:《环境保护中的软法治理》,《河北理工大学学报》(社会科学版)2008 年第8 期。

该治理方式虽然具有立竿见影的效果，但还存在法律漏洞、制度僵化、反应滞后、难以应对复杂利益博弈的缺陷，需要积极探索乡村环境治理的新模式和新思路。

1. 乡村环境治理的硬性法律法规尚存空白和难以操作

改革开放以来，我国制定了大量有关乡村环境保护的法律和政策（见表 7-2），在环境污染防治、自然资源保护、能源节约、循环经济促进等方面发挥了重要作用，乡村环境保护“四梁八柱”的制度体系初步构建并得到不断完善，“初步形成了以《环境保护法》为核心，以污染防治、合理利用资源以及生态保护为主旨，专项立法并行的环境法律体系”①。

表 7-2　改革开放以来中央层面农村垃圾处理行业主要政策文件汇总

发布时间	政策文件和法律法规名称
2022 年 1 月	生态环境部、发展改革委、财政部、自然资源部、住房和城乡建设部、水利部、农业农村部联合印发《“十四五”土壤、地下水和农村生态环境保护规划》
2021 年 9 月	《农田灌溉水质标准》(GB 5084-2021)
2020 年 3 月	农业农村部、国家发展改革委等《关于抓好大检查发现问题整改扎实推进农村人居环境整治的通知》
2019 年 10 月	住建部《关于建立健全农村生活垃圾收集、转运和处置体系的指导意见》
2019 年 7 月	中央农办、农业农村部、生态环境部、住房城乡建设部、水利部、科技部、国家发展改革委、财政部、银保监会《关于推进农村生活污水治理的指导意见》
2019 年 4 月	农业农村部、环保部《畜禽养殖废弃物资源化利用工作考核办法（试行）》
2019 年 3 月	生态环境部、水利部、农业农村部《关于推进农村黑臭水体治理工作的指导意见》
2018 年 11 月	生态环境部、农业农村部《农业农村污染治理攻坚战行动计划》
2018 年 9 月	中共中央、国务院《乡村振兴战略规划（2018—2022 年）》

① 王波、郑利杰、王夏晖:《我国“十四五”时期农村环境保护总体思路探讨》,《中国环境管理》2020 年第 4 期;张梓太、郭少青:《结构性陷阱:中国环境法不能承受之重》,《南京大学学报》(哲学・人文科学・社会科学版)2013 年第 2 期。

续表

发布时间	政策文件和法律法规名称
2018 年 9 月	生态环境部办公厅、住房和城乡建设部办公厅《关于加快制定地方农村生活污水处理排放标准的通知》
2018 年 3 月	农业部、环保部《畜禽养殖废弃物资源化利用工作考核办法（试行）》
2017 年 8 月	农业部《畜禽粪污资源化利用行动方案（2017—2020 年）》
2017 年 3 月	环境保护部、财政部《全国农村环境综合整治“十三五”规划》
2013 年 9 月	国务院《畜禽规模养殖污染防治条例》
2007 年 11 月	《关于加强农村环境保护工作的意见》
1998 年 12 月	国务院《基本农田保护条例》
1997 年 5 月	国务院《农药管理条例》
1995 年 10 月	《中华人民共和国固体废物污染环境防治法》
1991 年 6 月	《中华人民共和国水土保持法》
1989 年 12 月	《中华人民共和国环境保护法》
1979 年 9 月	《中华人民共和国环境保护法（试行）》

资料来源：作者自制。

为应对严峻的乡村环境治理形势，各地贯彻落实中央关于乡村环境保护的法律和政策，纷纷制定或修订相关地方性法规和规章，以推动乡村环境治理。近年来，地方政府积极贯彻落实中央环境保护政策，因地制宜采取行之有效的措施（见表 7-3）。根据《乡村振兴战略规划（2018－2022 年）》，2016 年我国乡村地区对生活垃圾进行处理的村约占 65％；而到 2020 年，这一比例将达 90％；2022 年将高于 90％。[①] 中国乡村生活垃圾处理规模逐年扩大，效率逐年提升，为乡村环境整体性治理做出了较大贡献。

表 7-3　2020 年中国部分地区乡村环境治理动向分析报告

地区	主要动向
甘肃	推进废旧农膜回收利用与尾菜处理应用、畜禽养殖废弃物及秸秆资源化利用

① 《乡村振兴战略规划(2018—2022 年)》,北京,人民出版社,2018 年,第 15 页。

续表

地区	主要动向
新疆	持续围绕农村人居环境改善推进生活垃圾处理，扎实推进农村生活垃圾治理和非正规垃圾堆放点整治工作，制定《自治区农村生活垃圾收集、转运和处置建设标准》《自治区农村村容村貌整治技术导则》，不断改善农村人居环境，力争实现全区70%的乡镇和行政村生活垃圾得到治理
青海	按照一类县垃圾处置体系全覆盖，二类县90%左右的村庄生活垃圾得到治理，三类县达到人居环境干净整洁的基本要求，着力配齐一、二类县垃圾治理设施，持续推动三类县开展村庄清洁行动
辽宁	印发《辽宁省“千村美丽、万村整洁”行动实施方案（2019—2020年）》，制定农村改厕、生活垃圾治理、生活污水治理等5个专项方案，扎实推进农村人居环境整治各项工作任务
广东	深入推进农村生活垃圾治理，力争在2020年底前使全县域农村生活垃圾处理率达到100%，农村生活垃圾分类减量比例达到35%

资料来源：前瞻产业研究院整理制作。

长期以来，我国环保立法粗略有余、细致不足，乡村环保立法进程缓慢，相关法律条文缺乏可操作性。环境法律法规还没有形成自己完备独特的体系，环境保护法制建设举步维艰。国家将乡村环境放在比较次要的位置，运用《环境保护法》对其进行“末端治理”，在乡村清洁生产、畜禽养殖污染、土壤污染、乡村生活和农业污水污染、乡村饮用水及饮用水源保护、乡村环境基础设施建设等领域，还存在环境立法空白。《大气污染防治标准》《水污染防治标准》《噪声污染防治标准》等诸多环境法律法规主要在城市适用，并不适应于乡村。乡村大气污染、水污染、噪声污染的治理，还缺乏健全完善的法律依据。目前我国乡村环保只是停留在法律层面的强制性规则上，尚未内化为守法者的自觉行动，这种单纯的政府监管模式很容易使乡村环境治理进入违法企业“躲猫猫”与环保机构“游击式监管”的死胡同。上述硬法治理的缺陷需要软法机制予以克服。

2. 乡村环境治理的硬性执法力量难以取得理想效果

我国环境治理执法力量主要覆盖城市及其郊区，对乡村的延展和渗透远远不够，难以应对日益复杂与恶化的乡村环境问题。由于乡村地域广大、人口众多、环保资金有限，乡村生产生活污染日益恶化，生活垃圾的收集、运输和处置没有实现流程再造，垃圾定点倾倒、集中处理工作没有在乡村全面铺开，乡村生活废水随意排放、废物乱丢乱扔的现象依旧严重。乡村环境治理采用的是政府主控的模式，政府硬治理色彩浓厚，环境执法作为一种行政行为由政府实施，难以充分调动市场主体的能动性。政府、企业、环保组织等事权不清，过度依赖政府对环境保护的硬性控制，乡村环境治理多元参与、民主协商、柔性引导的机制没有建立起来，乡村环境治理效果不甚理想。由于政府环保执法很难延伸到乡村，因此乡村环境污染加剧现象没有明显的改善。

3. 乡村环境软法治理的利益相关者职责缺位现象较为严重

运用利益相关者理论来分析和审视乡村环境保护问题，基层政府、乡镇企业、农村环保组织、村民等都承担着不可推卸的责任。然而，利益相关者在乡村环境治理方面的职责模糊和功能缺位，限制和阻碍了乡村环境软法治理的效果。

一是基层政府片面追求经济发展的高速度，忽视对乡村环境的监管。在 GDP 锦标赛体制下，基层政府将大量的人力、物力、财力用于经济建设，乡村环保投入严重不足；政府监管部门设置只停留在县级政府以上，乡、镇、村没有环保机构及其工作人员，乡村环保属于“末端治理”，处于监管真空；乡村环保法律法规陈旧过时，缺乏权威性和执行力；基层政府不善于运用软法规范填补环保法律空白，难以应对环境保护“搭便车”行为，避免乡村环境污染的“公地悲剧”。

二是乡镇企业坚持“经济人理性”，以利润最大化为价值导向，在一定程度上忽视了社会责任和道德伦理。为减少企业污水废气治理成本，个别企业将大量的工业污水、废水和毒水直接排放到乡村沟渠河道之中。有的企业从事的是高耗能、高污染的初级加工产业，不仅浪费大量资源，而且严重污染乡村环境，近年来环境抗争事件多与此有关。据统计，因环境问题引发的群体性事件以年均 29%的速度增长，已成为引发社会矛盾、影响经济社会发展的重大障碍。①

三是乡村环保组织存在“心有余而力不足”的治理困境。乡村环保组织具有很强的专业性和优越性，能够克服单个个体参与环境保护的局限性；能够整合分散的环保力量，汇聚成共同的环保诉求，推动环保事业的发展。然而，目前乡村环保组织力量较为薄弱，对污染乡村环境的行为缺乏制裁手段；乡村环保组织资金短缺，无法开展大规模的乡村环境保护活

① 参见肖萍、朱国华：《农村环境污染治理模式的选择与治理体系的构建》，《南昌大学学报》(人文社会科学版)2014 年第 4 期。

动；乡村环保组织数量有限，参与乡村环境保护的广度和深度不足。

四是村民欠缺环保意识和行动，乡村环境整治难度较大。乡村是村民的生存家园，理应受到农民的格外珍惜和倍加爱护。但是，村民在经济利益的驱使下，为提高农作物产量，大量使用农药、化肥、地膜、除草剂，引发土壤破坏和水污染问题。个别村民卫生习惯差，生活垃圾随意丢弃，畜禽粪便随意堆放，乡村环境“脏、乱、差”现象得不到有效改观，乡村环境治理面临较大困难。

4. 原有的乡村环境意识逐渐淡漠，村庄建设无序随意

传统的村庄建设有自身独特的逻辑和规律，存在自我规范机制，一般由村支书、村主任、族长等乡村能人来负责规划。而现在部分村庄，乡村能人逐渐丧失村庄规划话语权，村民选址建房自由随意，原有的和谐性被打破；有的村庄盲目跟风，发展乡村旅游，单纯建设仿古建筑，忽略了建筑与村民生活、周边环境的协调性和统一性，村庄建设呈现混乱无序的局面。不仅如此，在城市化快速扩张的背景下，部分乡村发展向城市看齐，在乡村盲目建造类似于城市的景观。于是，土地被大规模开发，村落民居被大量拆除，人工环境系统逐渐取代自然生态系统，城镇化的快速发展改变了乡村的整体面貌，个别乡村自然生态系统有发生功能紊乱的风险。

（四）乡村环境软治理的推进路径

“生态环境保护是功在当代、利在千秋的事业。”① 随着乡村环境治理体制的深刻变革和乡村治理现代化的持续推进，乡村环境治理需要改变片面依赖硬治理的做法，适当嵌入软法的资源和力量，注重柔性手段的合理适用，从理念变革、资源挖掘、模式创新和文化重塑层面推动乡村环境软治理取得实效。

1. 发挥利益诱导的软治理效用，推动乡村环境多元主体合作共治

尊重多元主体的利益诉求，发挥利益诱导的作用，做好利益协调与均衡，是乡村环境软治理的内在要求和生动体现。乡村环境软治理过程中的多元主体，是指在乡村环境治理决策、执行、监督等环节直接或间接参与的个人或群体，主要包括基层政府、村委会、社会组织、村民等。乡村环境治理多元主体寻求利益共同点，自觉参与乡村环境治理，这符合“善治”的精神，因为“善治应当有合法性、法治、透明性、责任性、回应性、有效性、参与等基本要素”②。乡村环境软治理的过程，是多元主体

① 《习近平谈治国理政》，北京，外文出版社，2014 年，第 208 页。

② 俞可平：《治理与善治引论》，《马克思主义与现实》1999 年第 5 期。

正确处理利益冲突和博弈，进行利益沟通和协调，最终形成乡村环境利益“最大公约数”的过程。在此基础上，乡村环境治理多元主体团结、互助与合作，进而探索协同推进乡村生态优先和绿色发展的理想路径。

首先，准确把握多元主体的利益诉求，明确利益诱导的方向。基层政府应将维护乡村环境利益放在首位，将工作重点放在提高村庄环境质量、改善村民生活条件、倡导环保生产方式上来。乡村环境具有公共产品的属性，具有使用上的非竞争性和受益上的非排他性。针对公共产品外部性问题，基层政府应将其内在化，推行提供者获益原则和污染者付费原则，即对美化乡村环境者进行经济激励，对污染乡村环境者征收费用。除此之外，基层政府还可实施“以奖促治”和“以奖代补”政策，激励乡村环境治理达标，切实发挥利益诱导的软治理效用。村委会作为村民利益的代言人，应当以维护村民利益为目标，当基层政府与村民环境利益发生冲突时，村委会应协调二者的利益诉求，寻求双方的环境利益联结点和共同点。乡村社会组织着眼于乡村环境公共利益的维护，坚持自愿、自治、合作、互助和民主管理的原则，构建“风险共担、利益共享”的发展机制，把“原子化”的村民个体凝聚为利益共同体，并运用专业知识和社会资本协调各方利益、提供多元服务，促进乡村可持续发展。村民对自身环境利益要有高度的自觉性，主动维护自身的环境权益，妥善处理环境利益纠纷，最大限度地享有乡村环境治理的知情权、参与权、决策权和监督权，积极同破坏乡村环境的行为做斗争。

其次，优化多元主体利益关系结构，增强利益诱导的内驱力。在乡村环境利益关系格局中，多元主体地位和作用各不相同，既有独特的环境利益主张，又有通力合作以改善乡村环境的愿望。基层政府作为决策中枢，居于乡村环境软治理的核心地位。基层政府要做好乡村环境治理的宏观引导，注重与村委会、乡村社会组织的合作，采用奖励手段鼓励民间资本参与乡村环境治理，加强与乡贤、村民的对话，汇聚乡村环境治理的力量和智慧。村委会作为基层政府和村民的沟通桥梁，扮演乡村环境软治理的中介角色。村委会要以建设文明村镇为利益导向，不断加强乡村卫生环境整治。社会组织作为乡村环境软治理的监督力量，发挥乡村环境软治理的辅助功能。村民作为乡村环境软治理的直接参与者和受益方，是乡村环境软治理的中坚力量。上述努力旨在协调多元主体的利益关系，明确各自的地位和作用，形成基层政府引领推动、村委会协调动员、社会组织帮助支持、村民自愿配合的乡村环境软治理格局，为乡村环境利益诱导提供强大的内驱力。

最后，创造多元主体参与乡村环境软治理的条件，打造利益诱导的动态过程链条。为建设宜居美丽的乡村环境，整合多方环境利益诉求，应将利益相关方纳入乡村环境软治理的总体框架，为其在决策、执行、监督等动态环节的全方位介入提供条件。从决策层面看，基层政府要构建公开透明的决策协商机制，整合多元主体的环境利益诉求，创建乡村环境软治理共同体，营造多元主体平等协商的氛围。从执行层面看，要以多元主体的利益需求为导向，立足乡村资源与环境特色，优化村庄结构和功能，以弹性动态的方法推进乡村环境软治理，灵活调整多元主体的参与程度。从监督层面看，要找准多元主体的环境利益关切点，构建乡村环境动态监测系统，建立激励引导机制，平衡多元主体的权益和责任，激发乡村环境监督的内生力，形成基层政府、村庄自治组织等共同参与的乡村环境软治理监督机制，共同维护乡村环境公共利益。

2. 提高村规民约创制质量，彰显乡村环境软法之治的精神

村规民约是共同体成员达成的内部协议，对内部成员具有普遍约束力，在乡村农田保护、林业资源保护、饮用水资源保护、乡村卫生、农业废弃物处理、畜禽养殖污染防治等方面具有独特作用。例如，《柳州市志》记载，在白露乡小村发现乾隆五十年（1785）《水排塘碑》，碑上记载："闻盖筑池（防）旱，积谷防饥。俾有塘而不知修筑，焉知桑田不变为海乎？……然塘头之山崩坏，皆由于牛马践踏，亦因强蛮之徒不许挖掘，致令一处亏缺者，百处随缺。底下之田，或遭旱槁，或（遭）淹没，其为害不少也……故立禁条于后，永远为志。"[①] 安吉当地村民为养护竹笋自发制定《阖村公禁》，约定："凡山脉、水口及一切公所关系等处，概不许明拌暗砍，并暨有时或被水倒风挠，亦归公用，不得争取以为己有。如有贪图渔利仍蹈前辙者，鸣公究治，决不徇情。"[②] 在现代社会，为守住绿水青山，有些地方的村民自发制定村规民约。海宁市利用传统社会治理资源对村民形成的约束力，将水环境整治工作纳入乡规民约，助推水环境整治工作向纵深开展。[③] 温州永嘉县桥下镇梅岙村村两委还专门制定了九条村规民约来制约村民的乱扔垃圾行为，成功引导村民树立环保意识。[④]

① 阳燕平等：《论西南山地少数民族保护水资源习惯法》，《生态经济》2010 年第 5 期。

② 汪君英：《惊现"阖村公禁"碑》，2009 年 9 月 10 日，http://ajnews.zj01.eom.en/ajnews/system/2009/09/10/011414041.shtml。

③ 参见贺诗明：《海宁：水环境整治纳入乡规民约》，http//www.zjwater.eom/pages/document/106/document_518.htm。

④ 参见戴晶莹：《本土法治资源下浙江农村山区生态环境的共治》，《绍兴文理学院学报》（哲学社会科学版）2014 年第 6 期。

新时期，为推动村规民约更好地发挥乡村环境治理的作用，有必要提高村规民约的创制质量。首先，基层政府应当对村规民约的创制提供指导性意见，增加有关环境保护的内容，约定对破坏环境行为的惩罚措施。在遵守国家法的前提下，建立健全村规民约审查备案程序、清理检查机制、效力确认机制、效果评估机制等，确保村规民约有关环境保护的约定符合实际，真正管用。其次，创制村规民约时，应广泛征集村民意见，将村民的合理环保建议吸收进村规民约条款之中。村规民约应由口耳相传的形式转化为成文形式，明确环境保护的约定，并在村庄张贴公布，加大乡村环保宣传力度。再次，创制村规民约，要因地制宜，尊重各地的风俗习惯，认真考察每个乡村的环境保护状况，灵活采用适合本地的环保处理方式和管理模式。最后，提高村规民约创制质量，还应在改善其规范性、民主性、实用性上做文章，并将生态文明和生态道德的要求融入村规民约之中，更好地凸显乡村环境软法之治的效果。2022 年初，江苏省常州市武进区横山桥镇金丰村结合新版《金丰村村民自治章程》修订工作，在村民代表大会上一致表决通过“文明积分”制度。“文明积分”从政治强引领、法治强保障、德治强教化、自治强基础、美治强活力、善治强提升六个方面，出台 18 项文明行为奖励措施，按两年分值排序，授予金丰村文明家庭“金、银、铜”牌匾，给予物质和精神双重奖励，激励全体村民积极参与推进移风易俗、树立文明新风的实践中（见附录 10）。① 金丰村村民自治章程作为一种特殊的村规民约，具有鲜明的软治理色彩，规范性、民主性、实用性较为突出，取得良好的治理效果。

3. 探索乡村环境的柔性治理，签订新型生态契约

乡村环境柔性治理的手段多种多样，生态道德实践、评比环保公益项目、签订环境行政合同、加强环境行政指导等都属于乡村环境软治理的范畴，这些措施在实践中具有重要作用。

一是推动村民生态道德实践，践行绿色生活方式，实现消费生态化。要发动村民积极参与“生态人居建设行动”“生态文化培育行动”“乡风文明行动”等形式多样的道德实践活动，培养生态德性，严格规范自己的消费行为和生活方式。要自觉远离一次性消费、享乐消费、奢侈消费等，倡导节俭型、循环型、环保型消费行为，在衣、食、住、行、游等方面勤俭节约、绿色低碳，努力养成文明健康、绿色消费的生活方式。

二是大力开展以治理和美化乡村环境为主题的公益项目的创建与评比

① 参见朱雅萍、蒋王娇、丁文锦：《横山桥镇金丰村：“小积分”汇“大文明”“挂金牌”成“新追求”》，《常州日报》2022 年 9 月 16 日。

活动，以奖励表彰机制激发乡村环境治理的积极性。例如，河南省于2014年启动了“水美乡村”创建工作，力争到2020年建成100个以上的省级“水美乡村”和一批市级、县级“水美乡村”。“水美乡村”建设以“河畅、水清、岸绿、景美”为目标，开展水环境治理和水生态保护，把水生态文明建设同新农村建设有机结合起来。乡镇和村庄均可参与“水美乡村”评选。“水美乡村”评比原则上每年组织一次申报、评估和命名、授牌，被命名乡村将获得适当奖励和补贴。“水美乡村”实行优胜劣汰动态管理，省水利厅将不定期对已命名的“水美乡村”进行抽检，对成果不能巩固的，取消命名。[①] 该做法具有重要的启示和借鉴意义，可在村民中开展环境卫士、文明卫士标兵评比和奖励活动，发动村民参与，让村民受益，营造乡村环境软治理创先争优的良好氛围。

三是签订乡村环境合同，加强乡村环境的软法之治。“环境合同（协议）一般指企业与政府之间或者企业与周边居民之间基于合意，就企业可以采取的具体防治环境污染或破坏措施商定并缔结的协议。环境协议是环境法协同合作原则的具体体现。”[②] “企业的承诺虽然无行政法上的效力，但由于其一般属于附条件的单方私法承诺，其私法上的法律效力和道德上的约束力是显而易见的。”[③] 环境合同由于没有规定硬性的法律义务和违反合同的制裁措施，对当事人仅有指导作用，没有强制执行力，因此属于“绅士协议”，具有软法属性。为减少乡村环境污染，基层政府可以建议和指导乡镇企业与村民自治机构、村民代表、农村环保组织等签订环境保护协议，约定乡村环保和污染赔偿事宜。乡镇企业与其他主体签订的环保协议属于一种自愿协议和自我规制，展现了较高的社会责任感。基层政府应当对自愿签订环保协议的乡镇企业给予政策或税收优惠，激励它们更好地履行“新型生态契约”，彰显乡村环境软治理的效用。

4. 加强软法规范教育，引导村民自觉保护乡村环境

观念是行动的先导，有什么样的观念，就有什么样的行动。因此，树立环保观念，是开展环保行动的前提条件。因此，加强环保软法教育，增强村民保护乡村家园的自觉性至关重要。

一是创新环保软法宣传方式，提升宣传效果。2015年4月25日，

---

① 参见《河南启动水美乡村创建工作　6年后要建成100个》，2014年8月18日，http://henan.sina.com.cn/news/z/2014-08-18/0743-155712.html。

② 汪劲：《环境法学》，北京，北京大学出版社，2006年，第259页。

③ 常纪文：《环境保护行政合同基本问题研究》（下），《河南公安高等专科学校学报》2004年第2期。

《中共中央国务院关于加快推进生态文明建设的意见》提出要“提高全民生态文明意识。积极培育生态文化、生态道德，使生态文明成为社会主流价值观，成为社会主义核心价值观的重要内容”。以此为指导，要对中央关于生态文明和生态道德的要求进行创造性转换，融入乡规民约之中，起到有效规范村民行为的作用。同时，在信息时代，村民接收信息的渠道日益多元，要善于利用电视、网络、广播、报纸、图书、手机App等各种平台和载体，重点宣传环境保护村规民约，潜移默化地提高村民的环保意识和能力。

二是以软法规范村民的公共和个人卫生习惯，恪守人与自然和谐共处的规则。要有的放矢地对村民开展环保知识和技能培训，引导其养成良好的卫生习惯。要树立人与环境和谐相处的理念，充分尊重自然规律和生态环境，科学合理地开发自然资源。呼吁村民树立生态责任观，培养热爱自然的生态道德，进而培育全体村民的群体生态伦理和生态文明。例如，重庆市沙坪坝区以村规民约为治理手段，实施乡村治理积分制，开展村庄清洁行动，增强广大农民群众的获得感、幸福感、安全感。“沙坪坝区乡村治理积分制以户为单位进行积分，目前全区共有2.35万户村民参与并获得了积分存折。各村围绕遵纪守法、乡村建设、人居环境、家庭美德、公益美德、移风易俗、兴业致富等方面制定了积分细则。积分评议小组由村干部、村党员、村民代表组成，每月逐户开展检查评比，确定每户积分并定期公示。”① 沙坪坝区乡村委员会制定了环境卫生管理村规民约，其中就有关于养成良好卫生习惯，保持村场环境整洁，自觉维护乡村环境资源，提高群众环保意识的具体规定，这种软性规范有利于培养村民的卫生习惯和环境意识，在乡村营造良好的生态文明保护氛围（见附录11）。

三是激发村民参与乡村环境治理的主动性和积极性，既要严以律己，以身作则，又要敢于监督，承担责任。村民要充分认识到乡村环境与自己休戚相关，爱护环境就是爱护自己的生存家园，积极主动地遵守环境规则，不随手乱扔垃圾，不随便排放生活污水，不露天焚烧垃圾秸秆杂物，不过度使用化肥、农药、除草剂等，以良好的自律行为展现爱护环境的风貌。另外，村民要积极同污染环境的不文明行为斗争，主动依法开展环境维权，对企业、村民等污染环境的行为加强监督，并向有关部门和新闻媒体反映，以主人翁的姿态参与乡村环境治理，构建乡村人居环境治理新格局。

---

① 郭思云、赵杰昌:《重庆沙坪坝区:积分“兑”出乡村好风尚》,《农民日报》2021年12月16日。

5. 弘扬乡村生态文化，培育乡村环境道德

文化是美丽乡村建设最为核心的基因。发展乡村生态文化，契合乡村环境软治理的要求。乡村环境文化是由村落环境历史文化传承、乡村民居建筑蕴含的地域文化、村民环境意识和观念等构成的一种文化形态。重塑乡村环境文化，要以“科学保护和合理开发”原则为指导，切实提高乡村环境的容纳能力，将生态环境保护、村落文化传承、旅游开发建设等有机结合，建设天人合一、情景交融的优美乡村环境。要发挥宗祠、牌坊、碑刻等乡村建筑的道德教化功能，利用互联网和新媒体技术宣传乡村环境文化的特色和亮点，增强美丽乡村建设的文化底蕴，实现传统文化、地域文化、乡土文化、民间文化的汇聚，提升村民的环境文化素养，凸显乡村环境保护的历史韵味和人文情怀。

培育村民的生态道德，形成良好的生态德性，是改善乡村环境的精神依托和道德基石，也是乡村环境软治理的题中应有之义。生态道德坚持人与自然和谐共生的理念，旨在唤醒村民的环保意识，树立正确的生态文明观，推进乡村生产生活方式绿色化和生态化。“要坚持生态惠民、生态利民、生态为民，重点解决损害群众健康的突出环境问题，加快改善生态环境质量，提供更多优质生态产品，努力实现社会公平正义，不断满足人民日益增长的优美生态环境需要。”①

一是将生态道德融入乡村生产活动之中，贯彻乡村绿色生产的理念。在信息时代，村民接收信息的渠道日益多元，要善于运用电视、广播、微信、报纸、图书、展板等各种平台和载体，通过漫画、诗歌、视频等方式普及乡村环保知识，树立人与环境、资源包容性发展的理念，潜移默化地提高村民的环境道德修养。要教育村民尊重自然、顺应自然和保护自然，维护乡村生态系统的平衡，正确处理眼前利益和长远利益的关系，科学合理地对待和利用乡村自然资源。要在乡村推广绿色生产、循环生产和低碳生产，实现生态环境与经济社会协同发展。“必须牢固树立和践行绿水青山就是金山银山的理念，站在人与自然和谐共生的高度谋划发展”②，要杜绝围湖造田、毁林开荒、竭泽而渔的做法，广大村民要做到不乱扔垃圾、不随意排放污水、不过度使用化肥农药，对垃圾进行无害化资源化处理，用良好的环境道德风尚优化和美化乡村环境。

---

① 《习近平谈治国理政》第3卷，北京，外文出版社，2020年，第362页。

② 习近平：《高举中国特色社会主义伟大旗帜 为全面建设社会主义现代化国家而团结奋斗——在中国共产党第二十次全国代表大会上的报告》，北京，人民出版社，2022年，第50页。

二是将生态道德融入村民日常生活之中，倡导绿色健康的生活方式。要大力宣传乡村环保生活习惯，做到合理消费、适度消费，养成自觉爱护卫生的生活习惯和节约资源的消费习惯。诚如梁漱溟所讲："农民自觉，乡村自救，乡村的事情才有办法；所以我们说乡村建设顶要紧的第一点便是农民自觉。"① 因此，要把环境整治与抵制乡村陋习相结合，引导村民自觉选择低碳、节俭的绿色生活方式和消费模式，自觉抵制奢侈消费、炫耀性消费，让绿色环保成为村民生活的常态。"要大力宣传绿色文明，增强全民节约意识、环保意识、生态意识，倡导简约适度、绿色低碳的生活方式，把建设美丽中国转化为全体人民自觉行动。"② 基层政府、乡镇企业、乡村社会组织等要重视对环保规则的宣传，教育和监督村民学会垃圾分类和搞好室内室外卫生，倡导邻里之间加强卫生监督，开展乡村卫生标兵评比活动，让村民从日常生活中的点滴小事做起，树立适度和文明的生活观和消费观。

三是将生态道德融入乡村环保责任体系，推动乡村环保责任伦理的构建。基层政府应妥善处理好"金山银山"与"绿水青山"的关系，在生态环境和资源保护等方面履行公共职责，更好地维护村民的环境权益。要加强乡村干部教育培训，使其承担起与基层政府、乡镇企业或个人协商谈判的职责。要重建乡村环境伦理秩序，引导村民提高环境道德觉悟，由环境治理"旁观者"转变为环境治理"亲力亲为者"，不断加强环境道德自律，自觉按环保标准来衡量和约束自己的行为。同时，广大村民要以主人翁的姿态参与乡村环境治理，树立危机意识、忧患意识和家园意识，坚持集体主义原则，提高自身参与村庄公共事物的能力，改变仅以个体利益为出发点考虑村庄环境治理的行动逻辑，自觉担负起保护乡村环境的伦理责任，主动监督和抵制污染乡村环境的不文明行为，保障村民始终能够"望得见山、看得见水、记得住乡愁"。

总之，乡村环境治理是一个长期复杂的过程，需要软硬结合、刚柔相济，既要有刚强有力的举措，又要有春风化雨的机制，唯有如此才能形成良性的运行态势。乡村环境硬治理和软治理相辅相成、不可偏废，乡村环境硬治理是乡村环境软治理的基础和依托，乡村环境软治理是乡村环境硬治理的拓展和延伸。在乡村环境硬治理的基础上，嵌入乡村环境软治理模式，推进乡村生态环境软法之治，有利于提高村民的环境主体性地位，增强软权力的道德感召力，促进乡村环境伦理建设，同时还能够解决乡村环

① 《梁漱溟全集》第1卷，济南，山东人民出版社，1989年，第618页。

② 《习近平谈治国理政》第4卷，北京，外文出版社，2022年，第366页。

境立法滞后、环境执法刻板生硬、环境伦理责任缺失、环境执法成本高昂等问题。乡村环境软治理应在多维互动的过程中加以推进，综合发挥利益诱导、软法之治、生态契约、环境道德等多重因素的治理效用，以期推动乡村生态环境的优化，加快美丽乡村建设步伐。

结　语

乡村治理是国家治理的基石，是检验国家治理成效的重要变量。推动乡村治理体系和治理能力的现代化，不仅需要法律规制、规章限制、政策控制等硬治理的开展，还需要文化塑造、价值认同、责任履行等软治理的保障。乡村软治理适应了乡村社会由刚性控制向韧性治理转变的趋势，反映了国家治理方式、治理结构、治理内容、治理模式等在微观领域的诉求。乡村软治理在乡村社会的实践应用，并不是要替代已有的乡村治理理念和行为方式，而是对现有治理模式的一种纠偏和改善。应当看到，乡村软治理与硬治理各有优点和缺点，二者相辅相成、相得益彰。从一定意义上讲，软治理成果的巩固离不开硬治理提供力量支撑与制度保障，硬治理的持久效应依赖软治理提供合法性基础。单一的乡村硬治理模式会带来治理失灵，片面依靠乡村软治理模式也无法适应乡村社会治理需要。正因为二者各有优缺点，强调或者偏重其中任何一个方面都会带来治理的偏差和治理效能的降低，因此有必要在保证国家权威制度刚性运行的前提下，丰富乡村治理的工具箱，灵活嵌入乡村软治理模式，适度增加乡村治理的弹性和韧性。概而言之，构建硬治理和软治理相互结合的“复合共治”格局，做到刚柔相济和情、理、法兼容，有利于发挥硬治理和软治理的叠加效应，助推乡村善治进程。

参考文献

一、中文文献

（一）著作

《江苏常州府江阴县乡约局规》（咸丰五年五月）。

（西晋）陈寿：《三国志》，北京，中华书局，1959 年。

（汉）班固：《汉书》，北京，中华书局，1964 年。

（南朝宋）范晔：《后汉书》，北京，中华书局，1974 年。

《马克思恩格斯全集》第 36 卷，北京，人民出版社，1974 年。

（清）张廷玉等：《明史》，北京，中华书局，1974 年。

《清圣祖实录》，北京，中华书局，1985 年。

梁章钜：《谓录》，天津，古籍书店，1987。

吴晗、费孝通：《皇权与绅权》，天津，天津人民出版社，1988 年。

《毛泽东选集》第 1 卷，北京，人民出版社，1991 年。

《彭真文选（一九四一——一九九〇）》，北京，人民出版社，1991 年。

《王阳明全集》，上海，上海古籍出版社，1992 年。

《邓小平文选》第 2 卷，北京，人民出版社，1994 年

《管子》，北京，燕京出版社，1995 年。

《列宁选集》第 1 卷，北京，人民出版社，1995 年。

《马克思恩格斯选集》第 1 卷，北京，人民出版社，1995 年。

《马克思恩格斯选集》第 4 卷，北京，人民出版社，1995 年。

张厚安、徐勇：《中国农村政治稳定与发展》，武汉，武汉出版社，1995 年。

杜婉言、方志远主编：《中国政治通史》第 9 卷，北京，人民出版社，1996 年。

王铭铭、王斯福：《乡土社会的秩序、公正与权威》，北京，中国政法

大学出版社，1997 年。

张静：《乡规民约体现的村庄治权》，《北大法律评论》第 1 辑，北京，北京大学出版社，1999 年。

俞可平：《治理与善治》，北京，社会科学文献出版社，2000 年。

张厚安、徐勇、项继权：《中国农村村级治理》，武汉，华中师范大学出版社，2000 年。

费孝通：《江村经济——中国农民的生活》，北京，商务印书馆，2002 年。

金太军、施从美：《乡村关系与村民自治》，广州，广东人民出版社，2002 年。

俞可平等：《中国公民社会的兴起与治理的变迁》，北京，社会科学文献出版社，2002 年。

贺雪峰：《新乡土中国》，桂林，广西师范大学出版社，2003 年。

黄宗智：《中国乡村研究》第 1 辑，北京，商务印书馆，2003 年。

徐勇、徐增阳：《流动中的乡村治理》，北京，中国社会科学出版社，2003 年。

张鸣：《乡村社会权力和文化结构的变迁》，南宁，广西人民出版社，2003 年。

陈家刚选编：《协商民主》，上海，上海三联书店，2004 年。

李水山、单正丰：《城乡一体化发展中的中国农民教育研究》，北京，中国农业科学技术出版社，2004 年。

苗春德：《中国近代乡村教育史》，北京，人民教育出版社，2004 年。

朱新山：《乡村社会结构变动和组织重构》，上海，上海大学出版社，2004 年。

《古代乡约及乡治法律文献十种》第 1 册，哈尔滨，黑龙江人民出版社，2005 年。

郭正林:《中国农村权力结构》，北京，中国社会科学出版社，2005 年。

黄宗智：《中国乡村研究》，北京，社会科学文献出版社，2005 年。

郑欣：《乡村政治中的博弈生存》，北京，中国社会科学出版社，2005 年。

周琳琅：《统筹城乡发展理论与实践》，北京，中国经济出版社，2005 年。

张宝文：《新阶段中国农民教育战略研究》，北京，中国农业出版社，2005 年。

廖其发：《中国农村教育问题研究》，成都，四川教育出版社，2006 年。

李水山、赵方印：《中外农民教育研究》，南宁，广西教育出版社，2006年。

卢福营等：《冲突与博弈——乡村治理中的博弈》，上海，上海交通大学出版社，2006年。

《论语》，北京，中华书局，2006年。

罗豪才：《软法与公共治理》，北京，北京大学出版社，2006年。

《孟子》，北京，中华书局，2006年。

温铁军：《新农村建设理论探索》，北京，文津出版社，2006年。

王子科：《中国传统文化精神指要》，北京，中国环境科学出版社，2006年。

郑杭生：《社会学视野中的社会建设与社会管理》，北京，中国人民大学出版社，2006年。

苏力：《制度是如何形成的》，北京，北京大学出版社，2007年。

金太军：《村庄治理与权力结构》，广州，广东人民出版社，2008年。

贺雪峰：《村治模式——若干案例研究》，济南，山东人民出版社，2009年。

贺雪峰：《村治的逻辑：农民行动单元的视角》，北京，中国社会科学出版社，2009年。

唐晓腾：《中国乡村的嬗变与记忆》，北京，中国社会科学出版社，2010年。

李水山：《面向现代农业的中国农民教育研究》，北京，中国农业科学技术出版社，2011年。

梁漱溟：《乡村建设理论》，上海，上海人民出版社，2011年。

吴理财：《当代中国农民文化生活调查》，北京，知识产权出版社，2011年。

陈晓莉：《新时期乡村治理主体及其行为关系研究》，北京，中国社会科学出版社，2012年。

费孝通：《乡土中国》，北京，北京大学出版社，2012年。

赵树凯：《农民的政治》，北京，商务印书馆，2012年。

金太军、张振波：《乡村社区治理路径研究》，北京，北京大学出版社，2016年。

《习近平总书记系列重要讲话读本》，北京，学习出版社、人民出版社，2016年。

周庆智：《乡村治理制度建设与社会变迁——基于西部H市的实证研

究》，北京，中国社会科学出版社，2016 年。

《习近平谈治国理政》第 2 卷，北京，外文出版社，2017 年。

王浦劬、臧雷振：《治理理论与实践：经典议题研究新解》，北京，中央编译出版社，2017 年。

习近平：《决胜全面建成小康社会　夺取新时代中国特色社会主义伟大胜利——在中国共产党第十九次全国代表大会上的报告》，北京，人民出版社，2017 年。

徐勇：《乡村治理的中国根基与变迁》，北京，中国社会科学出版社，2018 年。

贺雪峰：《乡村治理的社会基础》，北京，生活·读书·新知三联书店，2020 年。

刘刚：《乡村治理现代化：理论与实践》，北京，经济管理出版社，2020 年。

王少伯：《新时代乡村治理现代化研究》，北京，知识产权出版社，2021 年。

（二）译著

〔美〕英格尔斯等：《人的现代化》，殷陆君编译，成都，四川人民出版社，1985 年。

〔美〕巴林顿·摩尔：《民主与专制的社会起源》，拓夫等译，北京，华夏出版社，1987 年。

〔美〕马斯洛：《动机与人格》，许金声等译，北京，华夏出版社，1987 年。

〔法〕莫里斯·迪韦尔热：《政治社会学》，杨祖功、王大东译，北京，华夏出版社，1987 年。

〔美〕罗伯特·莫菲：《文化和社会人类学》，吴玫译，北京，中国文联出版社，1988 年。

〔英〕T. H. 马歇尔等：《公民身份与社会阶级》，郭忠华、刘训练译，南京，江苏人民出版社，1992 年。

〔德〕马克斯·韦伯：《经济与社会》下卷，阎克文译，北京，商务印书馆，1997 年。

〔美〕约翰·罗尔斯：《政治自由主义》，万俊人译，南京，译林出版社，2000 年。

〔英〕安东尼·吉登斯：《失控的世界》，周红云译，南昌，江西人民出版社，2001 年。

〔美〕罗伯特・D. 帕特南：《使民主运转起来》，王列、赖海榕译，南昌，江西人民出版社，2001 年。

〔美〕詹姆斯・N. 罗西瑙：《没有政府的治理》，张胜军、刘小林等译，南昌，江西人民出版社，2001 年。

〔美〕塔尔科特・帕森斯：《社会行动的结构》，张明德译，南京，译林出版社，2003 年。

〔古希腊〕亚里士多德：《尼各马可伦理学》，廖申白译，北京，商务印书馆，2003 年。

〔美〕马克・荷兰诺维特：《镶嵌：社会网与经济行动》，罗家德译，北京，社会科学文献出版社，2007 年。

（三）期刊论文

刘德生：《乡约统治的时代》，（香港）《二十一世纪》1996 年 3 月号。

徐勇：《论中国农村“乡政村治”治理格局的稳定与完善》，《社会科学研究》1997 年第 5 期。

祝黄河、姚焕：《农村精神文明建设理论与实践的思考》，《江西社会科学》1997 年第 1 期。

贺雪峰：《村级组织制度安排：理想与现实的差距及其原因》，《社会科学研究》1998 年第 4 期。

景跃进：《国家与社会关系视野下的村民自治》，《中国书评》1998 年第 5 期。

杨雪冬：《乡镇和村：当代中国农村民主建设中的博弈》，《天津社会科学》1999 年第 4 期。

俞可平：《治理和善治引论》，《马克思主义与现实》1999 年第 5 期。

郭正林：《中国农村权力结构的制度化调整》，《开放时代》2000 年第 7 期。

金太军、董磊明：《村民自治背景下乡村关系的冲突及其对策》，《中国行政管理》2000 年第 10 期。

杨善华：《家族政治与农村基层政治精英的选拔、角色定位和精英更替——一个分析框架》，《社会学研究》2000 年第 3 期。

项辉、周俊麟：《乡村精英格局的历史演变及现状》，《中共浙江省委党校学报》2001 年第 5 期。

项辉、周威锋：《农村经济精英与村民自治》，《社会》2001 年第

12 期。

郑永廷、张彦：《当代精神文化价值研究》，《中山大学学报》（社会科学版）2001 年第 3 期。

朱启臻：《晏阳初平民教育实践对现代农民教育的启示》，《中国农业大学学报》（社会科学版）2001 年第 8 期。

吴清军：《乡村中的权力、利益与秩序》，《战略与管理》2002 年第 1 期。

汪毅夫：《试论明清时期的闽台乡约》，《中国史研究》2002 年第 2 期。

曾丽雅：《中华民族传统精神文化述论》，《江西社会科学》2003 年第 11 期。

赵树凯：《乡村治理：组织和冲突》，《战略与管理》2003 年第 6 期。

谢晖：《当代中国的乡民社会、乡规民约及其遭遇》，《东岳论丛》2004 年第 4 期。

马宝成：《乡村治理结构与治理绩效研究》，《马克思主义与现实》2005 年第 2 期。

赵树凯：《乡村关系在控制中脱节》，《华中师范大学学报》（人文社会科学版）2005 年第 5 期。

姜明安：《软法在构建和谐社会中的作用》，《法学家》2006 年第 1 期。

罗豪才、毕洪海：《通过"软法"的治理》，《法学家》2006 年第 1 期。

周飞舟：《从汲取型政权到"悬浮型"政权———税费改革对国家与农民关系之影响》，《社会学研究》2006 年第 3 期。

甘信奎：《中国当代新农村社区建设的现实条件及路径选择》，《理论学刊》2007 年第 1 期。

蔺雪春：《当代中国村民自治以来的乡村治理模式问题》，《当代世界社会主义问题》2007 年第 3 期。

孙强强、李华胤：《乡村弹性化治理：一个概念性框架及其三重维度》，《南京农业大学学报》（社会科学版）2007 年第 3 期。

徐勇：《在社会主义新农村建设中推进农村社区建设》，《江汉论坛》2007 年第 4 期。

董磊明、陈柏峰、聂良波：《结构混乱与迎法下乡——河南宋村法律实践的解读》，《中国社会科学》2008 年第 5 期。

陈春燕：《农民从自在到自为的文化超越》，《社会科学战线》2009 年第 7 期。

付春：《软治理：国家治理中的文化功能》，《中国行政管理》2009 年第 3 期。

厉以宁：《走向城乡一体化：建国 60 年城乡体制的变革》，《北京大学学报》（哲学社会科学版）2009 年第 6 期。

刘云生：《统筹城乡模式下的乡村治理：制度创新与模式设计》，《河北法学》2009 年第 2 期。

夏兴有：《论人的精神生活》，《中国特色社会主义研究》2009 年第 5 期。

庄西真：《教育政策执行的社会学分析—嵌入性的视角》，《教育研究》2009 年第 12 期。

唐绍洪、刘屹：《多元主体治理的科学发展路径与我国的乡村治理》，《云南社会科学》2009 年第 6 期。

肖勇、龚晓、伍晓雪：《“多元”对“一元”的否定：村庄“多元”治理模式及其构建》，《社会科学研究》2009 年第 3 期。

应小丽：《政府对农村新兴经济精英参与的引导和规范——对浙江省永康市的调查与分析》，《中国行政管理》2009 年第 3 期。

周军、韩广富：《农村改革进程中的乡风文明问题及其对策》，《沈阳师范大学学报》（社会科学版）2009 年第 6 期。

黄晴、刘华兴：《“软实力”理论视角下我国地方政府治理能力分析》，《公共管理》2010 年第 3 期。

侯菊英、冷雪霜：《新农村乡风文明建设应正确处理的几个关系》，《河南理工大学学报》（社会科学版）2010 年第 2 期。

李莉、卢福营：《当代中国的乡村治理变迁》，《人民论坛》2010 年第 6 期。

徐勇：《“宣传下乡”：中国共产党对乡土社会的动员和整合》，《中共党史研究》2010 年第 10 期。

赵岚：《乡村文化：解构和扬弃》，《中华文化论坛》2010 年第 1 期。

赵增彦：《经济欠发达农村乡风文明建设研究》，《理论学刊》2010 年第 8 期。

丁元竹：《加强和创新社会管理的几个着力点》，《中国党政干部论坛》2011 年第 6 期。

李红辉：《梁漱溟农民教育与文化复兴关系刍论》，《中共中央党校学报》2011 年第 3 期。

王帅一：《法律多元视角下乡规民约的嬗变》，《云南大学学报》2011 年第 1 期。

刘丽敏：《城乡一体化视域下的新农村法治建设》，《河北学刊》2013 年第 4 期。

刘祖云、孔德斌：《乡村软治理：一个新的学术命题》，《华中师范大学学报》（人文社会科学版）2013 年第 5 期。

罗豪才、周强：《软法研究的多维思考》，《中国法学》2013 年第 3 期。

张梓太、郭少青：《结构性陷阱：中国环境法不能承受之重》，《南京大学学报》（哲学·人文科学·社会科学版）2013 年第 2 期。

魏程琳、徐嘉鸿、王会：《富人治村：探索中国基层政治的变迁逻辑》，《南京农业大学学报》（社会科学版）2014 年第 3 期。

王春光：《建构一个新的城乡一体化分析框架：机会平等视角》，《北京工业大学学报》（社会科学版）2014 年第 6 期。

裘有度：《村规民约在乡村治理中的软法作用》，《中共四川省委党校学报》2015 年第 3 期。

朱喜群：《城乡一体化发展中的政府与市场合力驱动：一个理论分析框架》，《江苏社会科学》2015 年第 4 期。

秦德君、毛光霞：《中国古代“乡绅之治”：治理逻辑与现代意蕴》，《党政研究》2016 年第 3 期。

徐勇：《城乡一体化进程中的乡村治理创新》，《中国农村经济》2016 年第 10 期。

袁祖社：《文明的人性整全性逻辑与文化实践的价值自主性品格——“文化自性”养成的根据、限度及其意义》，《西北师大学报》（社会科学版）2017 年第 3 期。

唐皇凤、王豪：《可控的韧性治理：新时代基层治理现代化的模式选择》，《探索与争鸣》2019 年第 12 期。

张爱军、张媛：《迈向善治：制度与乡规民约的契合逻辑与建构理路》，《河南师范大学学报》（哲学社会科学版）2019 年第 5 期。

杜鹏：《转型期乡村文化治理的行动逻辑》，《求实》2021 年第 2 期。

李宁：《城乡生态共同体：新时代乡村生态治理的现代转型》，《云南行政学院学报》2021 年第 3 期。

刘月霞、刘曼琪：《乡村治理现代化进程中传统美德的传承与弘扬》，

《高校马克思主义理论研究》2021年第1期。

邱春林：《中国共产党乡村治理的百年变迁与现实启示》，《广西社会科学》2021年第5期。

魏冬：《新时代乡约文化与乡村治理的理路探讨》，《唐都学刊》2021年第4期。

谢小芹：《乡村社区“三治协同”的理论逻辑与社区实践》，《学术探索》2021年第4期。

（四）学位论文

梁胜初：《当代中国人的精神文化需要研究》，中共中央党校博士学位论文，2003年。

王琦：《晏阳初乡村教育实践的现代价值》，华东师范大学博士学位论文，2005年。

李秀芳：《全面建设小康社会进程中的乡村文化建设》，中共中央党校博士学位论文，2006年。

李飞龙：《建国初期农民教育和农村社会变迁（1949—1957）》，河北大学博士学位论文，2006年。

陈启新：《试论陶行知的乡村教育思想及其对我国新农村建设的启示》，华中师范大学博士学位论文，2007年。

付铁峰：《新农村建设中新型农民培育问题研究》，东北农业大学博士学位论文，2007年。

佟玲玲：《梁漱溟乡村教育思想与社会主义新农村建设》，山东师范大学博士学位论文，2007年。

张春喜：《试论陶行知乡村教育思想及其现实意义》，华中师范大学博士学位论文，2007年。

孔德斌：《农村社区治理：从硬治理向软治理的转变》，南京农业大学博士学位论文，2014年。

（五）报纸文章

《习近平在省部级主要领导干部学习贯彻十八届三中全会精神全面深化改革专题研讨班开班式上发表重要讲话》，《人民日报》2014年2月18日。

《关于加大改革创新力度加快农业现代化建设的若干意见》，《人民日报》2015年2月2日。

《习近平在中共中央政治局第三十七次集体学习时强调坚持依法治国和以德治国相结合推进国家治理体系和治理能力现代化》，《人民日报》2016 年 12 月 11 日。

二、外文文献

Mancur Olson, 1980: *The Logic of Collective Action: Public Goods and the Theory of Groups*, Cambridge: Harvard University Press.

Theodore W. Schultz, 1964: *Transforming Traditional Agriculture*, New Haven: Yale University Press.

The World Bank, 2007: *World development Report 2008: Agriculture For Development*, Washington, D. C., US: World Bank Publications.

Ulrika Morth, 2004: *Soft Law in Governance and Regulation: An Interdisciplinary Analysis*, Edward Elgar.

Francis Snyder, 1994: "Soft Law and Institutional Practice in the European Community", in Steve Martin, ed., *The Construction of Europe: Essays in Honor of Emile Noel*, Holland: Kluwer Academic Publishers.

Linda Senden, 2005: "Soft Law, Self-Regulation and Co-Regulation in European Law: When Do They Meet?", *Electronic Journal of Comparative Law*, Vol.27, No.9.

Lily L. Cai, 2007: "Social Groups, Informal Accountability, and Local Public Goods Provision in Rural in American", *Political Science Review*, Vol.101, No. 2.

附　录

1. 宣威市阿都乡同兴村蚕桑协会章程
2. 宣威市阿都乡同兴村村民代表会议制度
3. 河南省柘城县梁庄乡党委的软治理实践
4. 《吕氏乡约》：北宋时期乡规民约软治理的典范
5. 《南赣乡约》的颁布
6. 德清县乡贤参事会的软治理实践
7. 宁波慈溪农村基层多种形式推进乡风文明建设
8. 临邑修改村规民约成立红白理事会 倡导新风尚
9. 村庄违章建筑的软治理
10. 门头沟区170余村将环境保护义务写进村规民约
11. 庄灶村环境卫生村规民约

附录 1

宣威市阿都乡同兴村蚕桑协会章程①

第一章 总 则

第一条 随着农业经济的全球化和科学技术不断发展，为使本地农业经济与入世市场经济接轨，适应社会主义市场经济的需要，促进农业科技成果的转化和农技科技知识的普及，提高广大农民的文化科技素质，发展壮大蚕桑产业，报民政局批准，本会定名为“阿都乡同兴村蚕桑协会”。

第二条 本会自 2011 年 1 月 1 日起，办公地点设宣威市阿都乡同兴村委会。

第三条 本会以从事蚕桑培植、蚕茧销售和蚕丝被加工销售的农户为主体，是按照自愿互助的原则建立起来的专业性的合作经济组织，对会员进行经济和技术等服务，依照法律、法规，维护会员的合法权益，增加会员的经济收入。

第四条 协会的宗旨是：依靠科技进步，充分发挥资源优势，精诚团结，交流技术，互通信息，扶贫帮困，振兴农村经济，增加农民收入。

第五条 本会兴办的原则是“民办、民管、民受益”，实行民主管理，利益共享、风险共担、会员享受平等权益、入会自愿、退会自由。

第六条 本会遵守国家的法律法规，依法组织生产经营，接受主管部门的指导和监督，在经济活动中独立承担责任。

第二章 会 员

第七条 凡从事与本会业务目标相同的生产经营的农民或相关事业的个人，年满 18 周岁有行为能力，承认并遵守本章程者，个人提出书面入会申请，并经理事会审查批准，报会员代表大会备案即为本会会员。

第八条 义务

1. 遵守本会章程，执行会员大会和理事会的决定；
2. 维护本会利益，保护本会的共有财产，爱护本会的设施；
3. 积极参加本会活动，支持理事会履行职责；
4. 发扬互协作精神，共同发展本会专业生产；
5. 承诺不从事同本会相竞争或本会利益相对立的活动。

---

① 参见《宣威市阿都乡同兴村蚕桑协会章程》，http://www.chinadmd.com/file/rpcvrvrtzwti6xospestr6tz_3.html。

第九条　会员退会须提前一个月，以书面形式提出，经理事会或会员大会（或会员代表大会）讨论通过方可退会。

第十条　会员发生死亡的，其法定继承人须在6个月内提出入会申请，经理事会审查批准后获得继承会员资格。

第三章　管理机构

第十一条　本会设立会员大会、理事会。会员大会是本会的最高权力机构，会员大会由全体会员组成。召开会员大会有困难时可召开会员代表大会，执行会员职权。代表由会员直接选举产生，代表任期五年，可连选连任。

第十二条　会员（代表）大会职权如下：

1. 通过和修改本会章程，决定有关本会的解散或与他会合并，联合等重大问题；

2. 选举或罢免理事会成员；

3. 审查批准本会理事会的工作计划、财务收支情况；

4. 审查批准本会生产经营方针及发展规划；

5. 决定本会有关对外重要合同的签订；

6. 接纳新会员，审查和通过对本会会员和工作人员的奖励和处分（含除名）；

7. 讨论和决定其他重大事项。

第十三条　会员大会每年召开1～2次。遇有下列情况之一时，可以召开临时会员大会：(1) 理事会认为有必要时；(2) 1/5以上会员或1/3以上代表提出要求时。

第十四条　会员大会（或会员代表）应当在2/3以上会员（或代表）出席方可召开。本会表决实行一人一票制。会员因故不能到会，可向理事会书面委托其他会员代理。一个会员最多只能代表两名会员。各项决议须由出席会议半数以上的会员（或代表）同意，重要决议须由2/3会员（或代表）同意，方可生效。

第十五条　召开会员大会前，理事会须提前5天向会员通报会议内容，否则会员有权拒绝参加。

第十六条　理事会是本会的执行机关，理事由会员大会选举产生。理事会由15人组成，理事会选举理事长1人，常务理事长1人，副理事长2人，秘书长1人，理事3人，监事会3人。理事会任期5年，可连选连任。

第十七条　理事会的职权如下：(1) 执行会员大会（或会员代表大会）决议；组织召开会员大会（或代表大会）；(2) 制定本会发展会员和发展业务等计划，提交会员大会（或代表大会）通过，并组织实施本会的各项工作任务；(3) 对外代表本会签订协议、合同和契约；(4) 对会员进行培训，组织会员参加各种协作活动；(5) 管理本会的财务与资金；(6) 履行会员大会授予的其他职责，办理章程中规定的事项。

第十八条　理事会应严格遵守各种报告制度，按期向会员大会提出有关业务、财务工作报告。

第十九条　理事会负责经营业务、保护本会利益，协调各项关系，如有违法失职、徇私舞弊造成损失，追究当事人的经济责任。情节严重者，须负法律责任。

第二十条　理事会实行充分协商表决一致原则，重大事项由代表大会集体讨论，并经2/3以上代表同意方可形成决定。理事会由理事长主持。理事会开会邀请会员代表列席，但列席均无表决权。

第二十一条　理事长为本会的法定代表人。

第二十二条　发展会员间合作与联合。本会经会员大会讨论同意后，可以与其他农民专业合作经济组织联合成立联合会，成为联合会的团体会员。联合会与各成员会是协作关系，联合会向成员会提供指导、服务和咨询等。

第四章　职　能

第二十三条　本会根据生产经营发展及会员的需要，以会员为主要对象，根据不同内容采用无偿、低偿等方式，开展以下服务：

1. 对会员进行技术指导和服务，引进新技术、新品种，举办技术培训，开展技术交流，组织内外经济技术协作；

2. 采购和供应会员所需的生产资料和生活资料；

3. 收购和推销会员生产的产品；

4. 兴办会员生产经营所需要的贸易、加工、运输、储藏等经济实体；

5. 向会员提供有关经济技术信息。

第二十四条　提高本会产品科技含量，努力开拓新的品牌。

第二十五条　对外签订合同，开展与经济部门、科研单位及其他经济组织的合作。

第五章　财　务

第二十六条　本会用服务的自有资金来源包括以下几项：(1) 会员会

费；(2) 本会每年度从结余中提留的公积金、公益金；(3) 其他非返还的收入；(4) 社会捐赠款。

第二十七条　本会的会费定为每个会员每年10元。

第二十八条　本会接纳外部无偿资助，均按接收时的现值入账，作本会的共有资产。经会员大会讨论决定，本会可以按决定的数额和方式参加社会公益捐赠。任何单位与个人无权平调本会的资产。

第二十九条　理事会须在每月（或每一季度）初将上月（或上一季度）财务收支情况向会员公布一次。

第三十条　本会理事会成员为自愿无偿管理服务成员。

第六章　终止和清算

第三十一条　本会遇下列情况之一时，经会员大会（或会员代表大会）决定报有关主管部门批准后予以解散。(1) 人数少于10人，无法开展活动；(2) 与其他专业合作经济组织合并；(3) 本专业合作经济组织合并；(4) 本会2/3成员要求解散或重组。

第三十二条　在批准解散或重组后，理事会应在一个月内向会员和社会宣布解散或重组。

第三十三条　本会决定解散时，应由会员大会或代表大会选出5人的清查小组，对本会的资产和债权、债务进行清理，并制定清偿方案报会员大会或代表大会批准。

第七章　附　则

第三十四条　本章程如有未尽事宜，由理事会负责修订或制定其他管理制度，经会员大会或代表大会讨论修改，半数以上会员通过有效。

第三十五条　本章程由成立大会表决通过，并报有关部门批准后生效。本章程由理事会负责解释。

第三十六条　本章程有关条款若与国家颁布的法律相抵触，应按国家有关法律法规进行修改。

附录2

宣威市阿都乡同兴村村民代表会议制度①

第一条　为进一步规范、完善村民代表会议制度，发展基层民主，实行村民自治，根据《中华人民共和国村民委员会组织法》《云南省实施〈中华人民共和国村民委员会组织法〉办法》的有关规定，结合本村实际，制定本制度。

第二条　村民代表会议是村民委员会实行民主决策、民主管理、民主监督的一种有效形式。它向村民会议负责，村民会议闭会期间由村民代表会议主席负责召集村民代表会议，讨论决定村民会议授权的事项。

第三条　村民代表会议的参加人员由本村村民推选产生的村民代表组成，不是本届村民代表的村两委成员和本村的各级党代表、人大代表、政协委员可以列席村民代表会议，但没有投票权和表决权。

第四条　村民代表会议经村民会议授权行使下列职权：（一）审查和批准本村经济和社会发展规划；工农业生产计划和村庄建设规划；（二）听取审议村民委员会对村务公开监督小组、村民主理财小组的工作报告，评议村民委员会成员的工作；（三）审议村财务收支情况，讨论决定集体资产的管理和使用；（四）讨论决定涉及全村利益的重要工作措施和重大工作安排；（五）讨论通过村民自治章程（草案）、村规民约（草案）并监督实施；制定和修订村民自治的各项制度。（六）监督村民委员会执行、落实村民会议或村民代表会议的决议、决定情况和管理本村自治事务活动。（七）在上级政府的指导下接受村民委员会成员的辞职请求；决定村民委员会成员停止履行职务，并受权他人代理其职务。（八）授权履行应当由村民会议讨论决定的涉及村民利益的其他事项。

第五条　村民代表根据村民委员会的核定名额由各村民小组推选产生，但是总数不少于二十人。村民代表中，妇女应当有适当名额。村民代表产生后向全体村民张榜公布，并报乡人民政府备案。

第六条　村民代表会议代表每届任期与村民委员会任期相同，可以连选连任。

第七条　村民代表应接受本村民小组村民的监督，有本村民小组五分之一以上村民联名，可以要求撤换村民代表。

第八条　村民代表在任期内有违反国家法律、法规受刑事处罚和计划

---

①　参见《宣威市阿都乡同兴村村民代表会议制度》，https://wenku.baidu.com/view/2b894f230722192e4536f6a6.html? re=view。

外生育的，应当撤换，从原村民小组中补选。

第九条　村民代表会议每季度召开一次。在特殊情况下，有五分之一以上的村民代表联名提议或村民代表会议主席认为需要召开时，应当召开村民代表会议。

第十条　村民代表会议议题由村民委员会提出，也可以由村民代表单独或联名提出。村民代表提出议题需填写议题表，报村民委员会同意后列入会议议题。五分之一以上村民代表联名提出的议题，必须列入会议议题。

第十一条　召开村民代表会议要认真做好会前准备工作。提前两天把会议内容告诉村民代表，以便村民代表征求村民的意见。

第十二条　村民代表会议讨论和决策问题的原则必须符合国家法律、法规和党的政策，少数服从多数，局部服从全局。村民代表会议必须有三分之二以上的村民代表参加，作出的决定和决议经全体代表过半数通过方为有效。

第十三条　村民代表会议要有会议记录，工作报告、会议议题、讨论情况、表决结果和通过的决定、决议等要整理立卷存档。

第十四条　村民代表会议作出的决定和决议要向村民公布和公开，村民代表必须及时主动地把会议的决定、决议传达给联系户。

第十五条　村民代表会议决定的事项，在不违背国家法律法规和政策的情况下，村民委员会和全村村民必须贯彻执行和自觉遵守。

第十六条　村民委员会在执行村民代表会议决定中要明确责任，分工负责，保证决定、决议的有效实施。执行中遇到的问题，一般情况下由村民委员会集体研究决定，确需作重大变更和修订的，应提交下一次村民代表会议决定。

附录 3

河南省柘城县梁庄乡党委的软治理实践①

河南省柘城县梁庄乡党委为了加强社会治安综合治理，注重采用软治理的手段和方法。为切实搞好综治宣传活动，营造一个“维护治安，人人有责”的氛围，梁庄乡党委组织全体乡、村干部、乡直机关人员、全体教师共计1000余人，进行平安建设知识测试，同时举办了平安建设知识竞赛，安排乡综治办刷写了永久性标语7幅，悬挂条幅、过街彩46条，出动《平安建设纲要》宣传车，对全乡各村巡回宣传了20余天，发放平安建设知识宣传单30000余份，利用多种载体、多种形式营造浓厚的平安建设纲要学习氛围，使平安建设纲要深入到每个群众心中，知晓率达到100%，收到了良好的宣传效果和社会效果，并以此为契机推动我乡平安乡、平安村、平安组、平安户的创建工作，各中小学校配备法制副校长和法制辅导员，乡综治办、司法所、派出所以及调处中心工作人员定期到各中小学校进行法制宣传教育，同时对轻微违法人员和“两劳”回归人员加强法制教育，一是把底数搞清；二是建立健全“两劳”释解人员安置帮教档案，做到一人一档，实行“一帮一”的帮教法，从各方面体贴他们、关心他们，让他们真正感受到党和政府的温暖与社会的热情，防止了他们重新犯罪。

河南省柘城县梁庄乡党委开展了一系列卓有成效的工作，充分发挥社会矛盾纠纷排查调处中心的作用，共调解民事纠纷40起，民事调解率100%，调结率98%，没发生一起民事转刑事案件。为了加大调解力度，提高调成率，综治办及调处中心人员进行了业务知识培训。在办案时做到秉公执法、不徇私情，增强了在群众中的威信，并聘请了常年法律顾问，参与民事调解，参与乡政府重大事务法律文书的起草，避免和减少不必要的行政诉讼。调处中心实行领导接待日制度，及时处理人民群众关心的热点、难点问题，有效化解矛盾，避免了冲突，减少了上访或越级上访的数量，为乡镇经济发展打下了良好基础。

---

① 参见《乡镇党委书记社会治安综合治理工作先进事迹》，http://www.njliaohua.com/lhd_6z2gx1uten507xn0vypv_1.html。

附录 4

《吕氏乡约》：北宋时期乡规民约软治理的典范①

乡规民约起源于北宋，与著名的“蓝田四吕”有关。北宋蓝田人吕大钧与另外三兄弟被誉为“蓝田四吕”，曾师从宋代大儒张载，做过一段时间官。辞官回乡后，带头与当地百姓制订了《吕氏乡约》。在组织设置上，每约推举一位或者两个品行较好的长者为“约正”，负责执行赏罚。有什么大事，大家一起商讨解决。《吕氏乡约》以儒家价值观为指导，对乡民修身、立业、齐家、交友等行为，以及送往迎来、婚嫁丧娶等社会性的活动，做出规范性的要求。这些主要表现在德业相劝、过失相规、礼俗相交、患难相恤四大条款上。这一乡约组织以地缘关系为纽带，超越了传统的宗族组织和地方行政单位组织，是一种由乡贤组织起来的自治组织。在吕氏兄弟的倡导和推行下，蓝田地区民风淳朴，甚至关中一带的社会风气也深受其影响。不仅如此，《吕氏乡约》也对后来乡规民约的发展起到了重要作用，对于维系传统乡村的社会秩序发挥了巨大作用。②

《吕氏乡约》第一章由德业两部分组成，“德谓见善必行，闻过必改。能治其身，能治其家，能事父兄，能教子弟，能御僮仆。能肃政教，能事长上，能睦亲故，能择交游，能守廉介，能广施惠，能受寄托，能救患难。能导人为善，能规人过失，能为人谋事，能为众集事。能解斗争，能决是非，能兴利除害，能居官举职。业谓居家则事父兄，教子弟，待妻妾；在外事长上，接朋友，教后生，御僮仆。至于读书、治田、管家、济物、畏法令、谨租赋，如礼、乐、射、御、书、数之类皆可为之，非此类皆为无益”。第二章列举了6项“犯义之过”，包括酗博斗讼、行止逾违、行不恭孙、言不忠信、造言诬毁、营私太甚；5项“犯约之过”，分别是交非其人、游戏怠惰、动作无仪、临事不格、用度不节。第三章“礼俗相交”有“造请拜辑”3条、“请召送迎”4条、“庆吊赠遗”4条，主要是提倡尊老爱幼、礼尚往来。第四章内容最为完整详细，包含水火、盗贼、疾病、死丧、孤弱、诬枉、贫乏，共7条，要求大家在患难时互相帮助。

---

① 参见方钰、孙华莹：《浅析宋明时期乡约的发展及功能发挥》，《哈尔滨学院学报》2011年第7期。

② 参见奉清清：《以乡贤文化助推社会主义核心价值观在乡村落地生根》，2016年9月27日，http://news.ifeng.com/a/20160927/50030858_0.shtml。

附录 5

《南赣乡约》的颁布[①]

《南赣乡约》是由明王阳明撰写的乡学著作，于明正德十五年（1520）颁布实行，目的是教化“新民”，企图通过乡约把乡民组织起来，提高乡民的道德意识，养成仁厚的乡风民俗。其内容涵盖如下方面：

一是召开全约会议，纠恶扬善。《南赣乡约》在第一条就规定每乡“推年高有德为众所敬者一人为约长，二人为约副，又推功之果断者四人为约正，通达明察者四人为约史，精健廉干者四人为知约，礼仪习熟者二人为约赞”[②]。约长负责掌管乡里彰善、纠过之事。彰善，要态度宽和忠厚。纠过的，约长、约副“须先期阴与之言”，细心教诲。例如，如有某人不孝，忤逆父母，不是直言批评，而是引导、启发当事人，使当事人反思改正。“若不能改，然后纠而书之；又不能改，然后白之官；又不能改，同约之人执送之官，明正其罪；势不能执，戮力协谋官府请兵灭之。”[③]根据行为违背乡约的严重程度，采取步步升级的应对措施。乡约还规定，每月中旬召开全约大会，同约之人务必参加，“若有疾病事故不及赴者”，要事先请假；对于无故不与会者，“罚银一两公用”。同约之人每月要捐出三分银两作为会议经费，用以“饮食”，但是切忌奢侈，以免饥渴为标准。除此之外，乡约还对会场布置、会议议程、形式及各个部门所负责的工作做了明确的规定和详细的分工。

二是倡导互帮互助，化解纠纷。同约成员碰到困难，由约长及同约其他成员群策群力，帮助解决。出现不平之事，皆由约长出面协调解决。乡约规定：“凡有危疑难处之事，皆须约长会同约人与之裁处区画，必当于理济于事而后已；不得坐视推托，陷人于恶，罪坐约长约正诸人。”[④] 对于乡民之间的纠纷，乡约规定要由约长出面裁定是非，如不服裁决，仍然妄为，交予官府处理。对于那些新招抚的所谓“新民”，要求他们改过自新，退还其所占的田产，“勤耕勤织，平买平卖，思同良民”，“毋得再怀前仇，致扰地方”。如有不服从约长劝诫的，交予官府惩治。

三是关爱百姓，维护治安。乡约从百姓利益出发，规定：寄庄人户，

① 参见张岩：《论王阳明乡村治理思想及其现代启示》，《重庆工商大学学报》（社会科学版）2008 年第 2 期。

② 王阳明：《南赣乡约》，《王阳明全集》第 17 卷，上海，上海古籍出版社，1992 年，第 600～601 页。

③ 王阳明：《南赣乡约》，《王阳明全集》第 17 卷，上海，上海古籍出版社，1992 年，第 600～601 页。

④ 王阳明：《南赣乡约》，《王阳明全集》第 17 卷，上海，上海古籍出版社，1992 年，第 600～601 页。

要同当地人一样纳粮当差；“本地大户，异境客商，放债收息，合依常例，毋得磊算；或有贫难不能偿者，亦宜以理量宽；有等不仁之徒，辄便捉锁磊取，挟写田地，指令穷民无告，去而为之盗”的现象，各约长要进行劝解，“取已过数者，力与追还；如或恃强不听，率同约人鸣之官司”①；对于那些背地勾结，贩卖牛马，获取一己之利，殃及百姓的同约成员，一经发现，“约长等率同约诸人之事劝诫，不悛，呈官究治”；同时，乡约还规定禁止吏书、里老等地方官吏肆意勒索乡民，对“索求赍发者，约长率同呈官追究”。

四是移风易俗，整饬社会秩序。移风易俗需要破立结合，即破除旧积习，树立新风尚。王阳明提出“共兴恭俭之风，以成淳厚之俗”② 的主张，对婚丧嫁娶风俗进行改革：男女长到一定年龄，宜及时嫁娶。不要与以往一样，因聘礼或嫁妆的多少而推迟婚期，要依照自家条件量力而行，随时婚嫁。对于丧事，子女承办父母的丧事，是为了尽诚孝，衣衾棺椁，要依各家情况而选择，不可铺张浪费。这对于树立婚丧嫁娶良好风尚、安定百姓生活、加强社会教化等具有重要作用。乡约出台以后，如“有仍蹈前非者，即与纠恶簿内书以不孝”③。除了对婚丧嫁娶习俗的规定之外，王阳明还极力反对乡村父老听信邪术，专事巫祷，亲戚之间交往“徒事虚文，为送节等名目，奢靡向上”等积习。他认为这些活动不仅铺张浪费，而且对身心也是无益的，因此规定“街市村坊，不得迎神赛会”④；对于官吏贪污和豪强弄权，他也极力反对，认为“贪污者，乘肥衣轻，扬扬自以为得意，而愚民竞相歆羡，清谨之士，至无以为生”⑤。在树新风方面，他认为“表扬忠孝，树之风声，以兴民俗，此最为政之先务”，强调忠孝廉洁在乡村治理中的重要作用。

---

① 王阳明:《南赣乡约》,《王阳明全集》第 17 卷,上海,上海古籍出版社,1992 年,第 600～601 页。

② 王阳明:《仰南安赣州印行告谕牌》,《王阳明全集》第 16 卷,上海,上海古籍出版社,1992 年,第 566 页。

③ 王阳明:《南赣乡约》,《王阳明全集》第 17 卷,上海,上海古籍出版社,1992 年,第 602 页。

④ 王阳明:《告谕》,《王阳明全集》第 16 卷,上海,上海古籍出版社,1992 年,第 565～566 页。

⑤ 王阳明:《优奖致仕县丞龙韬牌》,《王阳明全集》第 16 卷,上海,上海古籍出版社,1992 年,第 570 页。

附录 6

德清县乡贤参事会的软治理实践[①]

浙江省德清县出台《德清县培育发展乡贤参事会创新基层社会治理实施方案（试行）》，积极培育发展农村基层社会组织——乡贤参事会，充分发挥其在社会治理中的作用，推动城乡融合的法治、德治、自治“三位一体”社会治理新模式的构建。

德清县吸纳“本土”“外出”“外来”三类乡村精英加入乡贤参事会。明确了乡贤参事会在弘扬优秀传统文化、推进乡风文明，组织慈善公益活动、开展扶贫济困等活动，积极引智引才引资、助推农村经济社会发展，参与公共事务管理、为村两委提供决策咨询，推动实施村规民约、维护公序良俗，了解村情民意、反馈群众意见建议，承办政府和主管部门委托的其他事项七个方面的主要职责任务。其乡村软治理实践主要如下。

一是畅通渠道，强化民情沟通引导。乡贤参事会积极完善工作方式方法，进一步畅通了民意沟通渠道，落实了民声分析化解，促使群众呼声要求得到及时回应。如新安镇新桥村乡贤参事会通过设立民声信箱，开通民声热线，召开民声恳谈会，开展民生走访活动，掌握民声热点及民情需求，积极引导村民建言献策，及时反映民情民意，为村两委决策提供参考。

二是集思广益，强化民主协商议事。乡贤参事会积极参与村务管理，在村党组织领导下，充分考虑各方意见，在解决决策事项矛盾争议的前提下求同存异，提出较为妥善的协商意见。如武康镇民进村确定每周三为“村务议事日”，邀请乡贤理事、党员组长和村民代表共同召开村务议事会，把复垦房屋补助、安置房分配、工程项目招投标、建设资金管理等事项摆在桌面上商议，通过集中智慧、群策群力、协商解决推动各项决策科学化、民主化、制度化。

三是化解矛盾，强化民诉疏导调处。乡贤参事会积极推动村两委制定落实法制教育规划，为村调委会处理村民纠纷提供法律指导，定期向村民宣传法律法规知识。同时，配合村两委召开民声恳谈会，针对前期收集掌握的矛盾纠纷进行协调化解。如禹越镇依托各村法制学校，充分发挥乡贤的优势与特长，利用党员、村民小组长、村民代表会议等各类会议前的10分钟开展法制讲座，以土地征用、社会保障等各类村民热切关注的法

---

① 参见德清县民政局：《基层社会治理新模式——德清县培育发展乡贤参事会》，《中国民政》2015年第10期。

律法规政策为宣讲主题，从源头上减少和控制了矛盾的发生。

四是弘扬传统文化，推进乡风文明。在全国首创农村“和美乡风馆”，以“和美”为馆藏主线，把村史、村落文化及古今乡贤的事迹，以各种“榜”的形式陈列在馆内，促使村民进一步熟知和传承本村历史与文化。同时，开展“民间设奖、民奖民评”活动，奖励尊老爱幼、拥军爱国、热爱环保等品行优良的基层道德模范逾6000人次。并且通过获奖者现身说法、村民效仿学习，形成由点到面、由少到多、由个体到群体“滚雪球”效应，有效地推进了乡风文明。

五是参与社会治理，促进社会和谐。乡贤参事会发挥了乡贤在凝心聚力方面的独特作用，推动落实村规民约和协助调解邻里纠纷，架起了政府和农民之间的桥梁和纽带。雷甸镇洋北村乡贤参事会成立后，积极推动修订村规民约工作，并修编洋北村训，提炼出10条洋北村民公约，切实传承好家风好家训，助推形成乡村文明新风尚。同时，组建了“德清嫂”美丽家园行动队、“新财富”兴业帮扶指导队、“老娘舅”平安工作队、“喜洋洋”文化社4支乡贤服务队，以“只要乡亲需要，服务队就在”为原则，开展结对帮扶、调解矛盾纠纷等活动十余次。

附录 7

宁波慈溪农村基层多种形式推进乡风文明建设①

为开展家风家训传承活动，慈溪专门出台了开展“我们的家训—浙江百姓重家风”活动的通知，统筹推进整体活动。

一是开展家风家训传承活动。各镇（街道）运用多种方式推动活动开展。如浒山街道各社区（村）通过组织形式多样的讨论、征集活动，古塘、水南社区举行家风家训亲子讨论会、分享会、座谈会，上叶家等社区举行家训书写传承活动，虞波、寺山路社区组织小学生开展了“家风家训伴我行”演讲比赛、宣讲活动。

二是开展公民道德之歌传唱活动。如白沙路街道扎实开展公民道德之歌传唱和村歌征集制作传唱活动。群丰社区和长春村村歌已制作完成，群丰村歌参加了宁波市的评选。

三是进一步打造社区邻里节。把邻里节活动纳入年度全市宣传思想文化工作要点，整体推进工作开展。各镇（街道）因地制宜、结合实际广泛开展了丰富的活动。如浒山街道第六届邻里节以“和谐邻里，幸福浒城”为主题，组织举办了“唱响邻里之歌、拥抱幸福生活”歌咏大会、“核心价值观·我们在践行”宣传展板展评、“我们社区的好邻居”演讲比赛、“展智慧翅膀·巧手妆点美”家庭手工艺博览会、“手牵手浇灌文明之花”幸福家庭评选五项活动。

另外，可以把优秀传统文化转化为影视作品、歌剧舞剧等，丰富乡村文化生活。例如，河南省有些地方非常重视农村题材乡风文明作品的创作、选拔和推广。近年来涌现出一批优秀作品，如豫剧《程婴救孤》、电影《村官李天成》等获中宣部“五个一工程”奖，豫剧《常香玉》获第十二届文华大奖和“观众最喜爱剧目”奖，另外《我爱我爹》《好人谢延信》等豫剧电影的社会反响也非常好。因此，基层政府应大力支持农村题材文艺作品的创作，陆续推出反映农村生活、农民喜闻乐见的文艺精品，传播正能量，弘扬真善美，为乡风文明建设增砖添瓦。

① 参见《宁波慈溪农村基层多种形式推进乡风文明建设》，2014 年 8 月 15 日，http://www.wenming.cn/syjj/dfcz/zj/201408/t20140815_2122422.shtml。

附录 8

临邑修改村规民约成立红白理事会　倡导新风尚[①]

在乡村文明行动中，临邑县针对村民反映强烈的红白事大操大办、相互攀比等陋习，通过修改村规民约，成立红白理事会，积极倡导新风尚。

前不久，临邑县临盘街道办事处孟寨村村民王凤全的妻子因病去世，按照本村红白理事会的规定，骨灰送祠堂，待客一碗端，不雇丧乐，一天入葬，一场简朴的葬礼全部费用 2000 多元。该村红白理事会成员孟善军说，这场丧事若放在以前，少说也得花一万七八。

一个村庄的红白事"改革"

王凤全家这场丧事的变化源于该村 2011 年成立的红白理事会。"老百姓挣钱不容易，不能花在攀比讲排场上。"村党支部书记王兆海说，针对红白事大操大办的现象，结合乡村文明行动，村里成立了红白理事会，制定了红白理事会制度，提倡红白事一天办完，白事不成席，一律一碗端，红事招待只限双方直系亲属，并严格限制烟酒饭菜标准。为便于群众接受，制度拟定后，村党支部还把本村辈分较高、热心本族红白事务、群众威信高的人召集起来，征求他们的意见，并根据意见进一步修改具体条款。全部通过后，正式成为村规民约，对红白事中宾客接待、烟酒标准等事项进行严格监督。

同时，发动党员带头改变红白事大操大办陋习。今年 5 月，党员王富成嫁女，按照以前的规矩，待客要 30 多桌。但他带头移风易俗，嫁女当天仅摆了 3 桌酒席款待亲戚，只给前来贺喜的朋友分了喜糖，一场热闹的婚礼喜庆中透着节俭。

村民王兆和说："谁不明白红白事大操大办的钱是打水漂，可人家都那样办，你不办怕被人看不起，面子上也过不去呀。现在好了，村里有了规矩，谁也不用再相互攀比了。"有村民粗略算了一下，一年下来全村仅红白事就可节省开支 10 万元。

一场由"入土"到"入室"的"革命"

"俺们村本来地就少，土葬再占用土地让人心疼。有了骨灰堂，既避免了死人与活人争地，又让村民减少了丧葬费用，真是一件大好事。"

① 参见《临邑修改村规民约成立红白理事会　倡导新风尚》，http://blog.sina.com.cn/s/blog_942a8f270102v1sw.Html。

9月1日，在恒源街道办事处李家胡同村的骨灰堂，村党支部书记李绍刚说。

“全县每年死亡3400多人，过去人死后要厚葬，购置寿衣、棺材，并进行土葬。这样一来，不仅浪费了土地、木材，还增加了农民负担，败坏了社会风气。”县民政局局长刘兰波说。

为节约土地资源，2002年以来，临邑县掀起了一场由“入土”到“入室”的“革命”，大力推动村级公益性骨灰堂建设。县里根据每个村的人口、经济状况、村民意愿等因素的不同，来确定骨灰堂的建设类型、建设标准和建设规格。

针对村级财力不足这一情况，县里及时出台了村级骨灰堂建设补贴政策。截至目前，全县已累计投资2800余万元，建成村级公益性骨灰堂134座、社区骨灰堂10座；累计迁出旧坟近5000座，年减少坟头1400余个，年节约土地20余亩。

村规民约“护航”，破陋习有了“尚方宝剑”

“近年来，农村群众确实富了起来，但文明节俭意识却相对滞后，那种淳朴的民风被红白事大操大办给搅得乌烟瘴气。针对这一问题，我们将移风易俗，倡导文明节俭办红白事作为乡村文明行动的一项重要内容，以此净化社会风气，倡导文明生活。”县委常委、宣传部部长马桂芳说。为此，一场移风易俗、红白事“瘦身”运动在临邑乡村兴起。

据县委副书记李楠介绍，县委印制了《关于提倡文明节俭制止农村婚丧事大操大办的倡议书》《“开展‘乡村文明行动’倡树文明新风尚”倡议书》等四个破旧立新倡议书，并录制成磁带、光盘，发放到全县所有村庄。同时，下发了《关于提倡文明节俭制止农村婚丧事大操大办的通知》和《关于大力开展移风易俗活动的实施意见》，要求婚事新办，严格控制宴请规模档次，丧事简办，只吃一碗端。目前，全县831个村（社区）都成立了红白理事会，并将“白事一碗端”“不请乐队”“不土葬”等新规写进村规民约。

红白事写进村规民约，破陋习有了“尚方宝剑”。翟家镇刘小楼村党支部书记刘华征说：“铺张浪费这事谁也不愿做，就是撇不开乡土民情的约束。现在好了，县乡出台了专门文件，这就是咱节俭办事的‘尚方宝剑’。”如今在临邑农村办红白事已形成文明之风、节约之风。据民政部门统计，仅今年上半年，全县2200多场婚事、1500多起丧事就节约资金5300余万元。

附录 9

村庄违章建筑的软治理[①]

中国古代的农村人们习惯使用乡约的方式来规范乡村治理。随着传统价值观念的淡薄和村落聚居逐渐瓦解，村规民约在民间的治理作用渐渐式微。杭州拱墅区祥符桥社区借鉴古代立乡约的做法，以《村规民约》进行违规建筑防控治理，开辟了现代村庄管理的新模式构成了独特的社会主体复合新形式。

祥符桥村位于杭州市城北城乡接合部，是杭城外来人口租房的主要区域之一。随着外来人口不断涌入，一些村民出于建房出租谋利的考虑，也纷纷在自家房前屋后违法占地建房。2003 年至 2004 年上半年，全村违法占地建房达 20 户，成了拱墅区控制违法建房的重点难点区域。

为遏制违建蔓延势头，在区、镇等上级政府的指导推动下，经过充分实践调查和可行性研究，祥符桥村开始探索以《村规民约》进行违建管理的方式。2004 年 8 月，该村村民代表大会通过集体表决，将违建防控条款加入原有的《村规民约》中，规定：对村民举报或巡查发现的新建违建，首先劝阻自拆；拒绝自行拆除的，予以强制拆除，同时取消村、组二级分红等福利待遇三年。违法建房不听劝阻要受到处罚，从而大大增加了违法建房的成本，这是《村规民约》在违建管理工作中发挥作用的一个重要体现。新规增补之后，在祥符桥村，村民不再像以前那样比谁占地多、违建多，而是相互监督、相互劝阻，防止违法建房情况发生。每个村民家里都有一本蓝底白字的《村规民约》的小册子和一张增补《村规民约》条例的通知。当地村民称："村规民约在我们村可不是摆设，比如在管理违法建房上就发挥了大作用。"

该项规定推行后，祥符桥村违建现象得到有效控制。据拱墅区拆违办统计，2005 年 1～9 月祥符镇接到 200 多起违建的信访中，祥符桥村仅 12 起，经查实的只有两起，仅占全镇查实的 0.39%，占全镇违建面积的 0.07%，而且一经发现就及时予以拆除。现在村庄呈现出村容整洁、管理有序、村民安居乐业、稳定和谐的局面。

祥符桥村以《村规民约》为纽带，构建了一个新型社会复合主体：拱墅区和祥符镇政府，祥符桥村村民代表大会和村委会及全体村民等多方面力量组合成为一个有效遏制村庄违建的社会机制。在区、镇政府的指导和

① 参见张晓：《"乡约"中的现代契约精神——杭州祥符桥社区"村规民约"防控模式新解》，《杭州》2013 年第 8 期。

推动下，村民代表大会制定的关于村庄治理的村规民约经过全体村民的一致同意后进入执行期。除了土管巡查人员之外，每一位村民都负有监督执行的责任。

在祥符桥村村规民约违建自治模式中，政府主要发挥引导推动作用，具体如下：发挥镇对村考核的指挥棒作用，对自治规范中违建防控条款的设置和执行情况予以重点考核；以激励手段调动村民抵制和监督违建的积极性；指导团体加强宣传，提高成员守法意识；监督确保自治规范的规定合乎法律、国家政策和社会公序良俗；监督确保规范制定程序的公开、民主和公正；通过提供资金、人员培训以及违建管理专业技术支持，促进区域违建自治能力的发展。

祥符桥“自我管理、自我约束、自我服务”的立约精神，反映了村民权利意识的觉醒和发展，法律中的契约精神逐渐发展成为主体的一种自我需求。通过村民代表大会形式讨论制定村规民约，表明村民自治已经发展成为一项实践中的制度。这些村规的变化可看作从“治民之法治”到“民治之法治”的一个巨大进步。祥符桥村把违建管理写进《村规民约》，通过村组分配来制约违法建房。这里的村规民约将传统的人治同现代的法治结合，为村规乡约注入新意，彰显了人治与法理的双重价值。

附录10

横山桥镇金丰村：“小积分”汇“大文明”“挂金牌”成“新追求”[①]

文明村镇创建不仅要注重环境面貌的持续优化，更需要长效机制来驱动村民不断提升自身素质，常州市经开区横山桥镇金丰村创新探索，用“小积分”汇聚起大文明。

中秋假期，45岁的刘华云又来到常州经开区横山桥镇金丰村新时代文明实践站，帮忙打理农家书屋、维持活动秩序。作为常年活跃在实践站的文明志愿者，刘华云的“文明积分”目前高达62分，暂居全村第一。

“不仅是志愿服务这一项，华云还先后参与无偿献血10次，共计献血2600毫升。其他方面的表现也很出色，所以，她这个‘文明积分’是非常过硬的。”金丰村村委会工作人员朱成波告诉记者。

今年初，金丰村结合新版《金丰村村民自治章程》的修订工作，在村民代表大会上一致表决通过“文明积分”制度。“文明积分”从政治强引领、法治强保障、德治强教化、自治强基础、美治强活力、善治强提升六个方面，出台18项文明行为奖励措施，按两年分值排序，授予金丰村文明家庭“金、银、铜”牌匾，给予物质和精神双重奖励，让全体村民积极投身推进移风易俗、树立文明新风的实践。

根据这一制度，村民的文明行为都可获取相应分值：

村民在学习强国APP年度学分达5000分的赋5分，叠加计分；

村民积极参与新时代文明实践工作，加入志愿者队伍参与理论宣讲，赋3～15分，志愿者参加派单任务每次3分；

居民无偿献血200～400毫升者赋3～5分，成为中华骨髓库捐献志愿者赋5分，成功实现骨髓（造血干细胞）捐献者赋20分；

家庭户遵守《金丰村私房出租“红黄蓝”分级公示管理实施细则》，出租户首次被评定绿牌，赋5分……

金丰村现有常住居民近5000人，过去村民主动参与践行乡风文明的意愿不强、积极性不高。为此，金丰村大力推进新时代农村自治、法治、德治相结合的治理体系，以制度约束、奖惩激励、政策引导打造共建共治共享的乡村治理新格局。在此过程中，村里以村民自治章程、“文明积分”

---

① 参见朱雅萍、蒋王娇、丁文锦：《横山桥镇金丰村：“小积分”汇“大文明”“挂金牌”成“新追求”》，《常州日报》2022年9月16日。

洁意识，改正不良作为。

6. 大力实施改水改厕。彻底清除露天厕所，采用卫生旱厕、水冲厕。生活废水做到集中排放，逐步清除露天排水沟，不准向排水沟倒放垃圾，禁止向排水沟倾倒有毒的固体、液体。

7. 强化禽畜粪便管理，禽畜应实行圈养，不乱搭乱建棚舍，不乱排禽畜粪便，不在公共场所晾晒或堆放禽畜粪便，不使用未经充分发酵腐熟的农家肥，储粪池、化粪池和沼气池等要做好防护，并定期清掏。

8. 自觉维护田园环境资源，选用低毒低残留农药和生物农药，不使用高毒高残留农药，自觉回收农药瓶，不乱扔农药瓶、肥料袋。

9. 达成共识，互相监督，共同进步，逐步提高群众的环保意识。村民要自觉加强对环保知识、技术的学习，提高环保技能。村民之间要加强交流，对不良的生活习惯、不正确的垃圾处理方式要敢于提出批评。对别人的批评意见要虚心接受，并加以改正，不得有怀恨心理。

10. 本村规民约由村民代表讨论通过，自公布之日起生效，未尽事宜由村民代表协商决定。

沙坪镇双六村委

2013 年 5 月 27 日

后　记

本书是国家社会科学基金后期资助项目“城乡一体化进程中的乡村软治理研究”（课题编号：17FZZ005）的最终成果。

作为青岛大学政治与公共管理学院的教师，我长期从事城乡基层治理方向的教学和研究工作。党的十八大以来，我国城乡一体化进程大大加快，乡村治理面临新的机遇和挑战，需要不断探索契合实际和行之有效的治理模式，我尝试对乡村软治理模式做出探索。

经过五年多的潜心学习和研究，我对乡村软治理问题产生浓厚的兴趣，并力争做出多维度的深度思考。本书主要阐释和分析了乡村软治理的理论维度、历史维度和现实维度，并对其运作逻辑及其具体应用进行了综合扫描和全景呈现。

本书的撰写和出版得到国家哲学社会科学规划办的资助、国内同行专家的指导、山东大学出版社的支持、青岛大学人文社科处的帮助，在此一并表示衷心的感谢！

由于水平所限，书中难免存在疏漏和不足之处，敬请广大读者提出宝贵意见。

陈洪连

2023 年夏日于青岛